中国系统重要性银行负外部性监管研究

Research of China Systemically Important Banks Regulation of Negative Externalities

张晓燕 著

中国社会科学出版社

图书在版编目（CIP）数据

中国系统重要性银行负外部性监管研究 / 张晓燕著. —北京：中国社会科学出版社，2019.12

（中国社会科学博士后文库）
ISBN 978 – 7 – 5203 – 5545 – 2

Ⅰ.①中… Ⅱ.①张… Ⅲ.①银行监管—研究—中国 Ⅳ.①F832.1

中国版本图书馆 CIP 数据核字（2019）第 248860 号

出 版 人	赵剑英	
责任编辑	王　曦	
责任校对	孙洪波	
责任印制	李寡寡	

出　　版	中国社会科学出版社	
社　　址	北京鼓楼西大街甲 158 号	
邮　　编	100720	
网　　址	http://www.csspw.cn	
发 行 部	010 – 84083685	
门 市 部	010 – 84029450	
经　　销	新华书店及其他书店	

印　　刷	北京君升印刷有限公司	
装　　订	廊坊市广阳区广增装订厂	
版　　次	2019 年 12 月第 1 版	
印　　次	2019 年 12 月第 1 次印刷	

开　　本	710×1000　1/16	
印　　张	17.75	
字　　数	283 千字	
定　　价	98.00 元	

凡购买中国社会科学出版社图书，如有质量问题请与本社营销中心联系调换
电话：010 – 84083683
版权所有　侵权必究

第八批《中国社会科学博士后文库》编委会及编辑部成员名单

（一）编委会

主　任：王京清
副主任：崔建民　马　援　俞家栋　夏文峰
秘书长：邱春雷
成　员（按姓氏笔画排序）：
　　　　卜宪群　王立胜　王建朗　方　勇　史　丹
　　　　邢广程　朱恒鹏　刘丹青　刘跃进　孙壮志
　　　　李　平　李向阳　李新烽　杨世伟　杨伯江
　　　　吴白乙　何德旭　汪朝光　张车伟　张宇燕
　　　　张树华　张　翼　陈众议　陈星灿　陈　甦
　　　　武　力　郑筱筠　赵天晓　赵剑英　胡　滨
　　　　袁东振　黄　平　朝戈金　谢寿光　樊建新
　　　　潘家华　冀祥德　穆林霞　魏后凯

（二）编辑部（按姓氏笔画排序）：

主　任：崔建民
副主任：曲建君　李晓琳　陈　颖　薛万里
成　员：王　芳　王　琪　刘　杰　孙大伟　宋　娜
　　　　张　昊　苑淑娅　姚冬梅　梅　玫　黎　元

序 言

博士后制度在我国落地生根已逾30年，已经成为国家人才体系建设中的重要一环。30多年来，博士后制度对推动我国人事人才体制机制改革、促进科技创新和经济社会发展发挥了重要的作用，也培养了一批国家急需的高层次创新型人才。

自1986年1月开始招收第一名博士后研究人员起，截至目前，国家已累计招收14万余名博士后研究人员，已经出站的博士后大多成为各领域的科研骨干和学术带头人。这其中，已有50余位博士后当选两院院士；众多博士后入选各类人才计划，其中，国家百千万人才工程年入选率达34.36%，国家杰出青年科学基金入选率平均达21.04%，教育部"长江学者"入选率平均达10%左右。

2015年底，国务院办公厅出台《关于改革完善博士后制度的意见》，要求各地各部门各设站单位按照党中央、国务院决策部署，牢固树立并切实贯彻创新、协调、绿色、开放、共享的发展理念，深入实施创新驱动发展战略和人才优先发展战略，完善体制机制，健全服务体系，推动博士后事业科学发展。这为我国博士后事业的进一步发展指明了方向，也为哲学社会科学领域博士后工作提出了新的研究方向。

习近平总书记在2016年5月17日全国哲学社会科学工作座谈会上发表重要讲话指出：一个国家的发展水平，既取决于自然科学发展水平，也取决于哲学社会科学发展水平。一个没有发达的自然科学的国家不可能走在世界前列，一个没有繁荣的哲学社会科学的国家也不可能走在世界前列。坚持和发展中国特色社会主义，需要不断在实践和理论上进行探索、用发展着的理论指导发展着的实践。在这个过程中，哲学社会科学具有不可替代的重要地位，哲学社会科学工作者具有不可替代的重要作用。这是党和国家领导人对包括哲学社会科学博士后在内的所有哲学社会科学领域的研究者、工作者提出的殷切希望！

中国社会科学院是中央直属的国家哲学社会科学研究机构，在哲学社会科学博士后工作领域处于领军地位。为充分调动哲学社会科学博士后研究人员科研创新积极性，展示哲学社会科学领域博士后优秀成果，提高我国哲学社会科学发展整体水平，中国社会科学院和全国博士后管理委员会于2012年联合推出了《中国社会科学博士后文库》（以下简称《文库》），每年在全国范围内择优出版博士后成果。经过多年的发展，《文库》已经成为集中、系统、全面反映我国哲学社会科学博士后优秀成果的高端学术平台，学术影响力和社会影响力逐年提高。

下一步，做好哲学社会科学博士后工作，做好《文库》工作，要认真学习领会习近平总书记系列重要讲话精神，自觉肩负起新的时代使命，锐意创新、发奋进取。为此，需做到以下几点：

第一，始终坚持马克思主义的指导地位。哲学社会科学研究离不开正确的世界观、方法论的指导。习近平总书记深刻指出：坚持以马克思主义为指导，是当代中国哲学社会科学区别于其他哲学社会科学的根本标志，必须旗帜鲜明加以坚持。马克思主义揭示了事物的本质、内在联系及发展规律，是"伟大的认识工具"，是人们观察世界、分析问题的有力思想武器。马克思主义尽管诞生在一个半多世纪之前，但在当今时代，马克思主义与新的时代实践结合起来，越来越显示出更加强大的生命力。哲学社会科学博士后研究人员应该更加自觉坚持马克思主义在科研工作中的指导地位，继续推进马克思主义中国化、时代化、大众化，继续发展21世纪马克思主义、当代中国马克思主义。要继续把《文库》建设成为马克思主义中国化最新理论成果的宣传、展示、交流的平台，为中国特色社会主义建设提供强有力的理论支撑。

第二，逐步树立智库意识和品牌意识。哲学社会科学肩负着回答时代命题、规划未来道路的使命。当前中央对哲学社会科学越发重视，尤其是提出要发挥哲学社会科学在治国理政、提高改革决策水平、推进国家治理体系和治理能力现代化中的作用。从2015年开始，中央已启动了国家高端智库的建设，这对哲学社会科学博士后工作提出了更高的针对性要求，也为哲学社会科学博士后研究提供了更为广阔的应用空间。《文库》依托中国社会科学院，面向全国哲学社会科学领域博士后科研流动站、工作站的博士后征集优秀成果，入选出版的著作也代表了哲学社会科学博士后最高的学术研究水平。因此，要善于把中国社会科学院服务党和国家决策的大智库功能与《文库》的小智库功能结合起来，进而以智库意识推动品牌意识建设，最终树立《文库》的智库意识和品牌意识。

第三，积极推动中国特色哲学社会科学学术体系和话语体系建设。改革开放30多年来，我国在经济建设、政治建设、文化建设、社会建设、生态文明建设和党的建设各个领域都取得了举世瞩目的成就，比历史上任何时期都更接近中华民族伟大复兴的目标。但正如习近平总书记所指出的那样：在解读中国实践、构建中国理论上，我们应该最有发言权，但实际上我国哲学社会科学在国际上的声音还比较小，还处于有理说不出、说了传不开的境地。这里问题的实质，就是中国特色、中国特质的哲学社会科学学术体系和话语体系的缺失和建设问题。具有中国特色、中国特质的学术体系和话语体系必然是由具有中国特色、中国特质的概念、范畴和学科等组成。这一切不是凭空想象得来的，而是在中国化的马克思主义指导下，在参考我们民族特质、历史智慧的基础上再创造出来的。在这一过程中，积极吸纳儒、释、道、墨、名、法、农、杂、兵等各家学说的精髓，无疑是保持中国特色、中国特质的重要保证。换言之，不能站在历史、文化虚无主义立场搞研究。要通过《文库》积极引导哲学社会科学博士后研究人员：一方面，要积极吸收古今中外各种学术资源，坚持古为今用、洋为中用。另一方面，要以中国自己的实践为研究定位，围绕中国自己的问题，坚持问题导向，努力探索具备中国特色、中国特质的概念、范畴与理论体系，在体现继承性和民族性，体现原创性和时代性，体现系统性和专业性方面，不断加强和深化中国特色学术体系和话语体系建设。

　　新形势下，我国哲学社会科学地位更加重要、任务更加繁重。衷心希望广大哲学社会科学博士后工作者和博士后们，以《文库》系列著作的出版为契机，以习近平总书记在全国哲学社会科学座谈会上的讲话为根本遵循，将自身的研究工作与时代的需求结合起来，将自身的研究工作与国家和人民的召唤结合起来，以深厚的学识修养赢得尊重，以高尚的人格魅力引领风气，在为祖国、为人民立德立功立言中，在实现中华民族伟大复兴中国梦征程中，成就自我、实现价值。

　　是为序。

中国社会科学院副院长
中国社会科学院博士后管理委员会主任
2016 年 12 月 1 日

摘 要

由美国次贷危机引发的2008年国际金融危机以来，宏观审慎监管已经成为国际金融监管的新趋势。道理很简单，即使微观审慎监管做得再好，也无法解决金融机构之间由于复杂关联而导致的风险累积，而且系统性风险传播依赖于金融机构彼此之间的相互作用。"大而不倒"逐渐成为金融监管领域的重点与难点，国际社会逐渐认识到由系统重要性金融机构（以下简称SIFIs）引发系统性金融风险时所带来的负外部性问题，所造成的金融、经济、社会巨大的破坏力。系统重要性银行是金融业的"领头羊"，在支持本国实体经济和金融发展方面起到了不可替代的作用，其在本国乃至国际金融体系中的地位远非包括中小金融机构在内的其他非系统重要性金融机构可以替代。而且，系统重要性银行的负外部性使得系统性风险从本国金融体系向国际金融体系蔓延成为可能。由于当前中国金融体系呈现出"倒金字塔形"，银行在金融机构里的作用不言而喻，尤其是系统重要性银行在我国特殊而又重要的地位，加强对系统重要性银行负外部性监管已成为共识，无疑是中国金融监管的重点，也是不发生系统性、区域性金融风险的底线。为了防范系统重要性银行（以下简称SIBs）负外部性引发的系统性风险，对系统重要性银行进行有效的监管就成为一种必然的选择。然而，当前无论是从微观到宏观，还是从效率到安全，抑或从金融到经济，仍然是从经济层面去解决社会问题，而没有从社会层面来看待并解决已然是社会问题的问题。人类对金融创新与金融监管的治乱循环的困局，是缺乏一种更公平的但又可以促进金融发展的理念——金融包容是实现社会实质公平的手段。

目前对我国系统重要性银行负外部性监管的研究尚处在起步阶段，对监管者以及理论研究者来说，还处于接受和吸收的阶段。本书采用经济学与法学相结合的研究范式，运用比较分析法、回归分析法、成本—收益法等方法，做到研究过程和结论的科学性与可靠性的统一。第一，从经济学与法学两个层面对系统重要性银行负外部性加以认识并寻求理论破解之法，提出构建纠正系统重要性银行与利益相关主体权益冲突的处置机制。形成以经济学系统重要性银行外部性研究为起点，而以法学系统重要性银行负外部性监管为终点的研究路径，达到既有利于金融监管理论的夯实，又有利于防范系统重要性银行引发的系统性风险。同时，系统地阐述并分析了当前中国系统重要性银行负外部性的传导机制，为我国政府有效隔断经由系统重要性银行负外部性引致的系统性风险提供现实思考。第二，对当前中国针对系统重要性银行负外部性监管的立法现状进行总结分析，运用经济学方法选取16家上市银行相关数据，从资产质量、营利能力、流动性等方面对系统重要性银行的监管现状予以量化分析，探究中国系统重要性银行在监管中存在的问题，并运用比较分析法分析当前最新的国际金融监管改革实践成果，对我国监管当局防范系统性风险具有一定的借鉴意义。第三，通过运用计量经济学中的回归分析法，验证原银监会2011年印发的《关于中国银行业实施新监管标准的指导意见》实施后对银行安全、效率和公平的影响，提出基于金融包容理念，加强对系统重要性银行的监管。金融包容具有金融稳定、保护金融消费者权益的正向作用，对指导当前金融监管治乱循环模式具有重要的理论意义。第四，结合本书的理论与实证分析，提出构建中国系统重要性银行负外部性监管框架的相关设想及对策建议。

相比以往的研究，本书在如下几个方面有所突破：（1）研究视角：法学与经济学相结合。本书对系统重要性银行负外部性监管问题从经济学与法学两个层面去分析，并基于经济学系统重要性银行外部性内涵引出法学外部性内涵；同时在如何解决系统重要性银行负外部性问题上，一方面从经济学角度出发给出政府解（构建征税理论模型）和市场解；另一方面从法学视角提出构建纠正系统重要性银行与利益相关主体权益冲突的处置机制；最后从法学视角对当前立法实践进行了分析，从经济学视角对系统重要性银行监管指标进行了定量研究，明确系统重要性银行负外部性监管存在的问题。（2）研究理念：创造性地提出运用金融包容理念进行金融监管。金融包容理念是一个新的视角，是一个约束"道德风险"的新理念，是一种具有约束力的监管新导向，是国际金融监管改革的新趋势。金融包容崇尚公平的监管目标，有助于金融机构不唯利益至上，不对利润无限疯狂地追求，是对加强系统重要性银行监管的补充。本书创设性地提出通过系统重要性银行践行金融包容理念的社会责任来解决负外部性问题，弥补法学与经济学监管中的不足，解决由于监管机构预期救助下的道德风险，减弱监管制度不合理带来的社会成本的加大，并进而有助于对全体消费者利益的保护，有利于破解银行业"倒金字塔形"金融服务缺位矛盾的激化，在金融深化改革的背景下构筑隔离风险的防火墙。（3）研究内容：创新性地提出构建中国系统重要性银行负外部性监管框架的相关政策建议。本书首次采用法学的思路对系统重要性银行的负外部性基础理论进行阐述、分析，并在对其监管进行系统性的梳理和总结的基础上，结合现有的国际监管实践经验和审慎监管的基本理论，赋予金融学的内涵，创新性地提出构建中国系统重要性银行负外部性监管框架的政策建议，注重理论与实践相结合，确保研究上的针对性、政策上的时效性和工具选择上的可操作性，为中国系统重要性银行负外部性的监管实践提供了理论支持。（4）研究方法：法经济学方法的适用。本书在提出运用金融包容理念进行监管时采用了法经济学的方法，即选择中国16家上市银行2006—2014年年度数据，将计量经济学中的回归分析法用于验证《关于中国银行业实施新监管标准的指导意见》发布后对中国银行业安全、效率与公平的影响。通过选取指标进行实证分析进而得出监管规则有效与否是法经济学中经常采用的方法，也是对本书研究过程和结论科学性与可靠性的有力支撑。

　　金融是一把"双刃剑"，金融业是一个正外部性与负外部性都很强的产业，尤其是系统重要性银行。从宏观层面而言，促进经济与社会的发展是系统重要性金融机构正外部性的突出表现；

而通货膨胀、通货紧缩以及金融危机是金融负外部性的突出表现。因此，抑制金融负效应生成，积极针对外部性危害进行对策性治理研究，防范由于系统重要性金融机构倒闭而带来社会成本的增加，意义非常深远。本书的研究对政府及其监管部门具有现实指导意义，对于正处于经济逐步企稳回升关键时刻的我国维护金融安全、构建良好金融生态有着重要的理论指导意义。

Abstract

Since the US subprime mortgage crisis, macro prudential supervision has become a new trend of international financial supervision. It's simply because that even if micro-prudential regulation is done well, it can't solve the risk accumulation caused by complex correlations between financial institutions, and the spread of systemic risk relies on the interaction of different financial institutions. "Too big to fall" has gradually become the focus and obstacles in the field of financial supervision, and the international community has gradually realized the negative externalities of systemically important financial institutions (hereinafter called SIFIs) triggering systematic risk, resulting in great damage to finance, economy and society. Systemically important banks are the "bellwether" of financial sector and play an irreplaceable role in supporting the development of domestic real economy and finance entities, whose position in the domestic and international financial system couldn't be replaced by other non-systemically important financial institutions, including small and medium-sized financial institutions. Moreover, the negative externality of systemically important banks makes the spread of systematic risk from the domestic financial system to the international financial system possible. As the current Chinese financial system is an "inverted pyramid", the role of banks as financial institutions is self-evident. Especially due to the special and significant position of the systemically important banks in China, to strengthen the supervision of systemically important banks' negative externalities has become a consensus, which is undoubtedly the focus of China's financial regulation but also the bottom line to avoid systematic and regional financial risk. In order to prevent systemically important banks' (hereinafter called SIBs) negative externalities from triggering systematic risk, effective supervision of SIBs has become an inevitable choice. However, at present, whether from microcosmic to macroscopic, from efficiency to security, or from finance to economy, it is still solving a social problem from the aspect of economy, but not from the social perspective seeing and solving the problem, which has become already a social problem. The dilemma of human beings' financial innovation and financial regulation is due to the situation where we lack a more equitable approach but are also eager to promote financial development-financial inclusion is the means to achieve social substantive fairness.

At present, the supervision research of the negative externality of the systemically important banks in China is still in its infancy, and the policy has not been made in time, resulting in the "nominal" situation of the systemically important banks'negative externality supervision, which is still in the stage of acceptance and absorption for the regulators and the theoretical researchers. Based on the theory of monetary banking, economics, finance and jurisprudence, this paper applies the research paradigm of combining economy with jurisprudence, insisting on the combination of empirical analysis and normative analysis, qualitative analysis and quantitative analysis, micro-analysis and macro-analysis to achieve the scientificity and reliability of the research process and conclusion. First of all, from the two perspectives of economics and jurisprudence to understand the negative externality of systemically important banks and seek the method of solving the theory, this paper puts forward the mechanism to solve the conflict between the bank and the interest-related subject. The research path which takes the externality study of economic SIBs as the starting point, and the negative externality supervision of juristic SIBs as the end point, achieves the research goal that not only helps tamp the theory of financial supervision,

Abstract

but also helps prevent the systemic risk caused by SIBs. At the same time, this paper systematically expounds and analyzes the conduction mechanism of negative externalities of the systemically important banks in China, which provides realistic thinking for our government to effectively partition the systemic risk caused by the negative externality of systemically important banks. Secondly, this paper summarizes and analyzes the current legislation situation of SIBs' negative externality supervision in China, and uses the economic method to select 16 listed banks' relevant data, quantitatively analyzing the current situation of supervision of SIBs from the aspects of asset quality, profitability and liquidity to probe into the problems existing in the supervision of China's SIBs. By using the comparative analysis method to review and analyze the current practice results of international financial supervision reform, it is of referential significance for our regulatory authorities to guard against systemic risk. Thirdly, by using the regression analysis method in econometrics, the paper verifies the influence of the original CBRC on the safety, efficiency and equity of banks in 2011, and puts forward that the supervision of the banking system is strengthened by the concept of financial inclusion. Financialinclusionhas the positive effect of financial stability and protection of financial consumers' rights, which is of great theoretical significance to guide the current financial supervision and regulation mode of circulation. Finally, combining with the theoretical and empirical analysis of this study, the author adopts the thinking of jurisprudence, endows the connotation of finance, and puts forward some ideas and suggestions on the construction of the negative externality supervision frame of China's systemically important banks.

Compared with previous studies, this paper has a breakthrough in the following aspects: (1) Research perspective: The combination of jurisprudence and economics. This paper analyzes the problem of SIBs' negative externality regulation from two aspects of economics and jurisprudence, and put forward the connotation of legal externalities based on the externality connotation of economics SIBs. At the same time, on how to solve the problem of negative externalities of SIBs, on one hand, it gives the government solution (constructing the tax theory model) and market solution from the angle of economics. On the other hand, from the perspective of jurisprudence, the author put forward the mechanism to solve the conflict between SIBs and interest-related subjects. Finally, on the issue of Chinese SIBs' negative externality supervision, the paper sums up the current legislative situation from the angle of jurisprduence, and quantitively analyzes the SIBs' regulation index from the angle of economics, crystallizing the problem of negative externality supervision of SIBs. (2) Research concept: Creatively put forward the use of financial inclusion concept for financial supervision. The concept of financial inclusion is a new perspective, a new idea of restricting "moral hazard", and is a new direction of binding supervision and a new trend of international financial regulation reform. The goal of fair supervision advocated by financial inclusion will help the financial institutions not only focus on the pursuit of unlimited profit, and also is a supplement to strengthen the supervision of SIBs. This paper proposes an approach that SIBs should execute the social responsibility of financial inclusion to solve the social problem of negative externalities, to make up the deficiency in the regulation of jurisprudence and economics, to solve the moral hazard under the expected aid of the supervision institutions, and to weaken the social cost caused by the unreasonable supervision system, and further help to protect the interests of all consumers, in order to solve the intensified contradictions caused by the absence of banking "inverted pyramid system" financial services, in the context of financial deepening reform building a firewall to isolate risk. (3) The content of the research: Creatively put forward the relevant policy suggestion to construct the Chinese SIBs negative externality regulatory framework. This paper, for the first time, expounds and analyzes the negative externality theory of the systemically important banks, using the thought of jurisprudence, and based on the systematic carding and summarizing of its supervision, unifies the existing international supervision practice experience and the basic theory of prudential supervision, and endows the connotation of finance. This paper creatively puts forward the policy suggestion of constructing China's SIBs negative externality regulatory framework, attaches great importance to the combination of theory and practice, ensures the pertinence of the research, the timeliness of the policy and the operability of the tool selection, and provides theoretical support for the negative externalitysupervision practice of China's systemically important banks. (4) Research method: The Application of jurisprudence and economics method. This paper adopts the method of jurisprudence and economics to supervise under the concept of financial inclusion, through the annual data from 2006-2014 of 16 listed banks in China, using the regression analysis method in econometrics to validate the impacts of the New Regulatory Standards Guidance on the safety, efficiency and equity of China's banking sector. Selecting indicators for empirical analysis to find out the effectiveness of regulatory rules is a common method in jurisprudence and economics, but also a strong support for the study process as well as the scientificity and reliability of the conclusion.

Finance is a double-edged sword, the financial sector has both strong positive externalities and strong negative externalities, especially for systemically important banks. At the macro level, promoting the development of economy and society is the prominent manifestation of the positive externalities of systematically important financial institutions, while inflation, deflation and financial crisis are the prominent manifestations of financial negative externalities. Therefore, it is very far-reaching to restrain the formation of financial negative effects, to carry out countermeasures research on negative externalities, and to prevent the social cost increase caused by the failure of systematically important financial institutions. The research of this paper has a realistic guiding significance to the government and its supervisory department, and it is of great theoretical significance to maintain financial security and construct good financial ecology for our country which is in the critical moment of economic steady recovery.

目 录

第一章 绪论 …………………………………………………………（1）
  第一节 研究背景及意义 ……………………………………（1）
  第二节 文献综述 ……………………………………………（6）
  第三节 研究内容与方法 ……………………………………（23）
  第四节 本书的基本结构 ……………………………………（26）
  第五节 主要创新与不足之处 ………………………………（27）

第二章 系统重要性银行外部性的经济学与法学解析 ……（30）
  第一节 系统重要性银行外部性的经济学内涵 ……………（30）
  第二节 外部性法学的历史进阶 ……………………………（36）
  第三节 外部性的法学内涵 …………………………………（40）
  第四节 小结 …………………………………………………（44）

第三章 系统重要性银行负外部性问题的理论
       探析与破解 …………………………………………（45）
  第一节 系统重要性银行负外部性治理的征税
         理论模型构建 ………………………………………（45）
  第二节 科斯定理与系统重要性银行负外部性
         问题探析 ……………………………………………（50）
  第三节 系统重要性银行外部性问题的法学探析 …………（54）
  第四节 解决系统重要性银行负外部性问题的法学途径 ……（59）

第五节　解决系统重要性银行负外部性问题的
　　　　道德、良心因素 …………………………………… (61)
第六节　小结 ……………………………………………………… (62)

第四章　中国系统重要性银行负外部性的传导
　　　　机制及表现 …………………………………………… (64)

第一节　中国银行业发展现状及面临挑战 ……………………… (64)
第二节　中国的系统重要性银行 ………………………………… (79)
第三节　中国系统重要性银行负外部性的传导机制 …………… (85)
第四节　中国系统重要性银行负外部性的表现 ………………… (91)
第五节　小结 ……………………………………………………… (98)

第五章　中国系统重要性银行负外部性监管
　　　　实践及存在的问题 …………………………………… (99)

第一节　中国银行业监管立法现状及存在的问题 ……………… (99)
第二节　中国系统重要性银行负外部性监管立法实践 ……… (103)
第三节　中国系统重要性银行主要监管指标分析 …………… (125)
第四节　中国系统重要性银行负外部性监管中存在的
　　　　问题 ………………………………………………… (139)
第五节　原银监会颁布相关办法的 SWOT 分析 ……………… (146)
第六节　小结 …………………………………………………… (148)

第六章　系统重要性金融机构监管的国际经验及
　　　　趋势分析 ……………………………………………… (150)

第一节　国际组织对系统重要性金融机构监管的推进 ……… (150)
第二节　美、英、日系统重要性金融机构监管实践 ………… (160)
第三节　利益博弈与后危机金融监管发展趋势 ……………… (163)
第四节　小结 …………………………………………………… (171)

第七章 基于金融包容理念的系统重要性银行监管探究 …… (172)

  第一节 金融包容与金融监管 …… (172)
  第二节 《关于中国银行业实施新监管标准的指导意见》影响的实证分析 …… (176)
  第三节 金融包容与加强系统重要性银行监管 …… (183)
  第四节 小结 …… (185)

第八章 构建中国系统重要性银行负外部性监管框架的建议 …… (187)

  第一节 建立基于金融包容理念的金融监管体系 …… (187)
  第二节 构建纠正系统重要性银行与利益相关主体之间权益冲突的处置机制 …… (189)
  第三节 健全货币政策和宏观审慎政策双支柱调控框架 …… (209)
  第四节 践行金融包容理念下的中国系统重要性银行社会责任 …… (212)
  第五节 完善股东及存款人权利救济制度 …… (215)
  第六节 小结 …… (218)

第九章 结论与展望 …… (220)

  第一节 结论 …… (220)
  第二节 展望 …… (222)

附录 …… (224)

参考文献 …… (232)

索引 …… (248)

后记 …… (251)

Contents

Chapter One Introduction ··· (1)

Section One Research background and significance ···················· (1)
Section Two Literature review ·· (6)
Section Three Research questions and methodology ···················· (23)
Section Four Layout of the book ·· (26)
Section Five Innovations and limitations of this research ············ (27)

Chapter Two Analysis of SIB Externality from the Perspectives of
　　　　　　Economics and Law ··· (30)

Section One Economics connotations of SIB externality ············· (30)
Section Two History of SIB externality from legal perspective ······ (36)
Section Three Legal connotations of externality ··························· (40)
Section Four Summary of this chapter ··· (44)

Chapter Three Underpinning Theories of SIB Negative
　　　　　　　Externality ·· (45)

Section One Construction of theoretical model in taxation for
　　SIB negative externality governance ······································· (45)
Section Two Coase Theorem and SIB negative externality ········· (50)
Section Three Legal analysis of SIB negative externality ············ (54)
Section Four Legal solution to the problem of SIB negative
　　externality ·· (59)

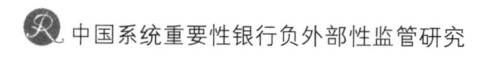

Section Five Moral and ethical factors in solution to SIB negative externality ··· (61)

Section Six Summary of this chapter ······································ (62)

Chapter Four Transmission Mechanism and Manifestations of SIB negative externality in China ······································ (64)

Section One Development of and challenges for China's banking ··· (64)

Section Two SIB in China ··· (79)

Section Three Transmission mechanism of SIB negative externality in China ··· (85)

Section Four Manifestations of SIB negative externality in China ··· (91)

Section Five Summary of this chapter ······································ (98)

Chapter Five Practice and Problems in SIB Negative Externality Regulation in China ······································ (99)

Section One Status quo and problems in China's banking regulatory legislation ··· (99)

Section Two Regulatory legislation practice of SIB negative externality ··· (103)

Section Three Regulatory indicators analysis of SIB in China ······ (125)

Section Four Problems of SIB negative externality regulation in China ··· (139)

Section Five SWOT analysis of relevant measures issued by the former CBRC ·· (146)

Section Six Summary of this chapter ······································ (148)

Chapter Six International Experience and Trend Analysis of SIFI Supervision ··· (150)

Section One Advancement of SIFI regulation by international organizations ··· (150)

Contents

Section Two Practice of SIFI regulation in USA, UK and
  Japan ··· (160)
Section Three Benefit gambling and development trend of financial
  institution regulation in Post-crisis era ····················· (163)
Section Four Summary of this chapter ·· (171)

**Chapter Seven Enquiry of SIB Supervision in View of Financial
  Inclusion Concept** ·· (172)

Section One Financial inclusion and financial regulation ············ (172)
Section Two Empirical analysis of the Impact of Guidelines on
  Implementation of New Regulatory Standards in China's
  Banking ··· (176)
Section Three Financial inclusion and SIB regulation
  enforcement ·· (183)
Section Four Summary of this chapter ·· (185)

**Chapter Eight Suggestions on Regulatory Framework Construction
  for SIB Negative Externality** ································· (187)

Section One Establishment of financial regulation system in view
  of financial inclusion concept ··································· (187)
Section Two Construction of disposal mechanism in resolution of
  conflict between SIB and stakeholders ················ (189)
Section Three Enhancement of two-pillar control framework of
  monetary policy and macro-prudential policy ······················· (209)
Section Four Fulfillment of social responsibility of China's
  SIB ··· (212)
Section Five Improvement of right remedy system for shareholders
  and depositors ·· (215)
Section Six Summary of this chapter ·· (218)

Chapter Nine Conclusions and Research Prospects ···················· (220)

Section One Conclusions ·· (220)

· 3 ·

Section Two Research prospects ……………………………………… (222)

Appendix …………………………………………………………………… (224)

Reference ………………………………………………………………… (232)

Index ……………………………………………………………………… (248)

Postscript ………………………………………………………………… (251)

第一章 绪论

第一节 研究背景及意义

一 研究背景

金融危机对整体经济往往会造成严重影响。历次危机中以最近的美国次贷危机损害最大,仅在危机爆发头两年,美国和欧盟地区干预费用已经高达14万亿美元,相当于2008年全球GDP的1/4(Haldane,2009)。基于历次金融危机的总结,以及美国次贷危机对全球金融破坏的分析,系统重要性金融机构[①]在国际金融危机发生、蔓延、深化过程中扮演着重要的角色。而系统重要性金融机构为什么"大而不倒"?因为"大而倒"引发的严重后果在其自身可接受范围外,无论对财政还是经济稳定都造成强烈的冲击,给社会带来灾难性的后果。但是"救助"后引发的一系列问题(比如道德风险、市场公平性以及监管权力寻租)也摆在了"大而倒"或者"大而不倒"的面前。"大而不倒"问题逐渐成为国际金融监管领域的重点,对系统重要性银行负外部性的防范也就成为重中之重。

因此,2008年的国际金融危机发生后国际组织对金融监管展开了新一轮实践改革,以提升金融体系效率,维护金融体系安全和公平。作为当前国际金融监管改革的主要推动者,金融稳定理事会(FSB)、巴塞尔银行监管委员会(即巴塞尔委员会,BCBS)、国际货币基金组织(IMF)、国际清

[①] 按照金融稳定理事会(FSB)的定义,系统重要性金融机构指由于规模、复杂度与系统相关度,其无序破产将对更广范围内金融体系与经济活动造成严重干扰的公司。

算银行（BIS）、二十国集团（G20）等国际金融标准制定机构，通过制定一系列文件共同搭建起目前系统重要性银行国际监管基本框架，国际货币基金组织、国际清算银行和金融稳定理事会提出了系统重要性银行识别和评估方法，巴塞尔委员会以及金融稳定理事会提出了加强系统重要性银行监管的具体措施，为各国监管机构的监管提供了基础。从国际机构及各国实践来看，次贷危机后金融监管体系改革的核心是提高监管标准、形成互为补充的监管合力和风险处置能力，中央银行金融稳定和金融监管职能得到不同程度的强化，宏观审慎监管的重要性上升，系统重要性银行监管不断加强。

与此同时，美国次贷危机后金融监管目标也逐渐发生着变化。各国监管改革共同折射出一个新的理念，即安全重于效率，公平不断上升。金融包容理念作为次贷危机后金融发展新理念，成为衡量金融监管目标"效率、公平、安全"的全新介质，也成为实现社会发展权利的重要手段。金融包容是伴随金融发展而出现的新理念，从金融排斥走向金融包容，有利于形成有效金融市场体系，有利于经济参与者对社会福祉的分享。

从国内来看，2018年3月以前的原"一行三会、分业监管"模式，以及资本市场不开放等都为中国防范次贷危机风险起到了显著的作用。次贷危机过后，中国的经济甚至一度高涨。但是2012年以后，受国际经济政治环境复杂多变的影响，中国经济发展面临的困难增多，中国经济进入新常态，处在一个经济增长速度换挡期、结构调整阵痛期、前期刺激政策消化期的"三期叠加"阶段，中国对外贸易的增长速度明显下降、经济增长速度下滑、经济转型压力加大、产能相对过剩加剧。不断降低的经济增长速度也给中国银行业带来了严峻的考验，中国工商银行、中国农业银行、中国银行、中国建设银行、交通银行五家大型商业银行利润总额2015年增加不到1%，中国农业银行不良贷款率2015年突破2%；整体行业不良贷款率从2013年以来一直增长。而且，银行业流动性比例也存在较大的波动，2013年6月一度甚至出现了流动性紧缺的问题，疲软的需求无法消化过剩的产能，商业信贷亲周期的行为也逐步显现，经济下行，发生信用违约风险的概率增加。此后，2015年5—6月的股票市场非理性下跌导致的汇市与股市相互反馈波动、2016年1月初熔断机制导致的股市暴跌、2016年以来房地产市场价格疯狂上涨、2016年8月以来银行间市场流动性偏紧、2016年年底人民币贬值以及国债期货的跌停等事件，充分显示我国金融体系的风险日益显性化，长期高速增长积累的金融风险开始暴露，系统性风险防范压力加剧。

因此，2016年以来，中共中央政治局会议和中央经济工作会议多次提到要防范金融风险。2017年3月国务院总理李克强所做的《政府工作报告》中，再次强调要坚决守住不发生系统性金融风险的底线，2017年的《中国金融稳定报告》更加注重防范银行业的风险，而2017年7月召开的第五次全国金融工作会议更是明确将防范和化解金融风险列为下一步最重要的任务，在党的十九大报告中列示的"三大攻坚战"中，第一战就是防范金融风险。同时，党的十九大报告提出健全货币政策和宏观审慎政策双支柱调控框架的要求，更好地将币值稳定和金融稳定结合起来，发挥金融管理部门和地方政府的作用，加强金融统一监管和协调监管，有效地平衡经济周期和金融周期调控。中国人民银行贯彻落实党中央、国务院战略部署，积极构建和完善宏观审慎政策框架。

具体而言，针对系统重要性银行监管方面规制的空缺，2008年以后中国相关部门下达了一系列密集的规定，加强对中国银行业的监管，避免系统性风险的发生。2011年出台的《中华人民共和国国民经济和社会发展第十二个五年规划纲要》明确提出"构建逆周期的金融宏观审慎管理制度框架，建立健全系统性金融风险防范预警体系、评估体系和处置机制"。同时，规划纲要进一步提出"积极稳妥推进金融业综合经营试点"，提高综合金融服务能力。2014年，根据党的十八届三中全会提出的"完善金融机构市场化退出机制"，原银监会制定了《商业银行系统重要性评估、资本要求与处置指引（试行）》与《商业银行逆周期资本要求实施指引（试行）》，完善宏观审慎政策框架、探索完善逆周期监管机制、加强全球系统重要性金融机构（G–SIFIs）处置机制。中国工商银行、中国农业银行、中国银行、中国建设银行被FSB识别为全球系统重要性金融机构，均按照FSB要求建立了危机管理小组（CMG），制订并按年度更新其恢复和处置计划（RRP）。中国银行和中国工商银行已完成第二轮RAP，中国农业银行已完成第一轮RAP，中国建设银行在2017年开展首轮RAP，中国人民银行2016年年初推行的宏观审慎评估体系（MPA）开始有效运行。同时，围绕新形势，中国金融业出台一系列规章制度，以加强对整个金融机构监管，特别加强对系统重要性银行负外部性监管。有关系统重要性银行监管立法主要集中在2010年后依据《巴塞尔协议Ⅲ》及相关国际社会文件出台的《关于中国银行业实施新监管标准的指导意见》《商业银行杠杆率管理办法》《商业银行流动性风险管理办法》《商业银行资本管理办法（试行）》等文件中，从宏观上结合中国金融新常态、利率深化改革的背景，加强对银行业的监管，包括系统重要性银行负外部性监管。特别值得一提的是，在2018年国际金融危机十周年之际，中国对于防范金融机构"大而不倒"祭出了重磅利器——2018年11月27日，中国人民银行会同银保监会、证监会发布《关于完善系统重要性金融机构监管的指导意见》，从而进一步完善对系统重要性金融机构的监管。与巴塞尔委员会27个成员国中的绝大部分国家相比而言，我国还未建立本国的系统重要性金融机构名单和监管办法，中国系统重要性银行监管机制建设依然处于发展初期，系统重要性银行风险管理的基础并不稳固，经营效率和资金配置效率尚有待提升，系统重要性银行负外部性监管存在诸多问题，构建系统重要性银行负外部性监管相关制度迫在眉睫。正是在这样的国际、国内背景下，笔者展开了本书的研究。

二 研究意义

系统重要性银行是金融业的"领头羊"，在支持本国实体经济和金融发展方面起到了不可替代的作用，其在本国乃至国际金融体系中的地位远非包括中小金融机构在内的其他非系统重要性金融机构可以替代。同时，系统重要性银行的负外部性使得系统性风险从本国金融体系向国际金融体系蔓延成为可能。由于当前中国金融体系呈现出"倒金字塔形"，银行在金融机构里的作用不言而喻，尤其是系统重要性银行在我国特殊而又重要的地位，加强对系统重要性银行负外部性监管已成为共识，这无疑是中国金融监管的重点，也是守住不发生系统性、区域性金融风险的底线。然而，当前无论是从微观到宏观，还是从效率到安全，抑或从金融到经济，仍然是从经济的层面去解决社会的问题，而没有从社会的层面来看待并解决已然是社会问题的问题。人类对于金融创新与金融监管的治乱循环的困局，是缺乏一种更公平的但又可促进金融发展的理念——而金融包容是实现社会实质公平的手段。

目前对我国系统重要性银行负外部性的监管研究尚处在起步阶段，政策尚未跟进，造成我国系统重要性银行负外部性监管有名无实。而本书较

第一章 绪论

前沿的研究对于防范系统性风险、避免系统重要性银行外溢的负效应造成的破坏，具有一定的意义：

（1）本书从经济学与法学的两个层面对系统重要性银行负外部性加以认识并寻求理论破解之法，提出构建纠正系统重要性银行与利益相关主体权益冲突的处置机制，具有一定的理论价值。从庇古到科斯再到斯蒂格利茨，从外部性到交易定理再到产权清晰，从福利经济学到新制度经济学再到法律经济学，外部性理论开拓了研究的起点，而外部性理论的终点正是对外部性问题的破解。外部性是经济学的概念，法学中已有关于外部性的解读甚至存在误读的问题。本书试图基于经济学中的外部性理论，结合法学原理的演绎，阐释外部性正确的法学内涵，形成以经济学的系统重要性银行外部性研究为起点，以法学系统重要性银行负外部性监管为终点的研究路径，达到既有利于金融监管理论的夯实，又有利于防范系统重要性银行引发的系统性风险的研究目标。即严格按照经济学中关于外部性的界定，基于法学相关原理，展开对系统重要性银行负外部性监管问题的研究。

同时，本书通过法经济学的实证分析法，提出了基于金融包容理念加强对系统重要性银行的监管，对当前金融监管治乱循环模式具有较强的理论指导意义。因为，金融包容理念是约束道德风险的新理念，是一种具有约束力的监管新导向。其通过系统重要性银行践行金融包容理念的社会责任，既有利于构筑防范风险的防火墙，又有利于破解银行业"倒金字塔形"金融服务缺位矛盾的激化，促进金融包容的深化。如何提高系统重要性银行的抗风险能力和降低系统重要性银行的道德风险成为未来我国金融监管改革中重要的挑战之一。

（2）本书系统阐述了当前中国系统重要性银行负外部性的传导机制，对我国政府有效隔断经由系统重要性银行负外部性引致的系统性风险具有重要的现实意义。同时，本书回顾总结了当前最新的国际金融监管改革实践成果，对我国监管当局防范系统性风险具有一定的借鉴意义。而且通过系统重要性银行负外部性的研究，督促系统重要性银行加强自身风险管理，避免在未来金融危机中首当其冲遭受损失，对于系统重要性银行自身而言具有现实意义。

（3）本书的研究对政府及其监管部门具有现实指导意义，对于正处于经济逐步企稳回升关键时刻的我国而言，维护金融安全、构建良好金融生态有着重要的意义。金融是一把"双刃剑",金融业是一个正外部性与负外部性都很强的产业,尤其是系统重要性银行。从宏观层面而言,促进经济与社会的发展是系统重要性金融机构正外部性的突出表现;而通货膨胀、通货紧缩以及金融危机是金融负外部性突出表现。因此,抑制金融负外部性生成,积极针对负外部性危害进行对策性治理研究,防范由于系统重要性金融机构倒闭而带来社会成本的增加,意义非常深远。

综上所述,本书横跨两个学科,尤其是在研究范式与写作思路完全不同的背景下,查阅大量的金融学与法学学科相关文献后,通过使用两个学科不同的研究方法,完善经济学与法学对系统重要性银行负外部性理论分散的认识,为系统重要性银行负外部性监管提供理论依据及现实建议。而且,随着世界经济全球化和国际法律经济学运动的迅猛冲击,无论经济学家和法学家是否愿意将成本与收益、权利与义务联系在一起解决问题,都无法拒绝社会科学相互渗透的发展趋势,无法拒绝对经济问题法学方法的研究,或者对法学问题经济学方法的研究,多学科的融合是未来发展的大趋势。

第二节　文献综述

一　关于系统重要性银行外部性问题的研究

1. 金融外部性

较早提及金融外部性的是瓦伊纳(1931),但此时的外部性不对资源配置的效率产生影响,与福利经济学无关;而阿温·杨的论文《收益递增与经济进步》(1928)开辟了金融外部性的研究领域。Emiel Maasland 和 Sander Onderstal(2007)在《最优拍卖与金融外部性》中提及了金融外部性的概念,从国外研究金融外部性来看,对金融外部性研究文献较少,而且多将外部性作为一种分析方法,从外部性的角度研究某个金融问题。

国内方面,对于金融外部性的研究,初期的学者有较高的成就,比如徐联初(2000)对存款人提款的行为与金融机构间的竞争行为产生的外部性进行了分析，认为这些金融外部性会破坏金融体系的稳定。吴竞择（2001）给出了金融外部性的定义，即金融行为中私人成本或私人收益向第三方溢出的外部经济效应，并从多方面对其进行了研究。吴竞择在《金融外部性与金融制度创新》（2003）一书中，阐述了金融外部性的内涵、特征及表现形式，并分析了金融外部性计量方法，以此为基础展开对金融制度变迁与发展的研究。方平（2000）指出，当某个银行机构的金融资产价格发生贬损以致流动性受限时，单个银行或局部的金融困难会因信息不对称引起全局性的危机。宋翠玲（2004）从信贷非均衡的角度分析了国有商业银行的负外部性表现。即一是理性表象下中小企业的融资困境，二是政策扩张与体制收缩银行部门的自保护阻滞效应，三是银行信贷市场策略调整将加剧区域以及城乡经济差距。宋翠玲（2007）指出，银行负外部性会导致货币紧缩效应和经济紧缩效应。主父海英（2010）系统地分析了金融全球化背景下各层次的金融负外部性、虚拟金融的负外部性、政府行为的金融负外部性。在法学方面，以魏建、黄少安、邹先德、王廷惠、黄文艺、张维迎、应飞虎、李昌麟等为代表的学者，对外部性法学发展起到了奠基作用。

2. 系统重要性银行正负效应

在美国的次贷危机发生前，学者们都认为系统重要性银行可以促进金融稳定。第一，Boyd 等（2004）认为大型银行因为自身所拥有的较高的市场份额而增加利润率，可以通过加强资本缓冲而降低金融脆弱性，从而减小由于政策变化流动性等因素而造成的金融体系的冲击。第二，Keeley（1990）、Park 和 Peristiani（2007）等也认为，大型银行有其特定的优势，即拥有特许权价值。在一定程度上，这种优势一旦失去会带来很高的机会成本，所以一般来说金融机构会更加注重并加强内部管理、贷款监管等。一般来说，金融机构会审慎地分析是否承担了过多的风险业务，银行的管理者乃至银行的股东都不会接受可能危害它们未来收益的风险投资。此外，Boot 和 Thakor（2000）指出大型银行有三个优势，一是由于可选择的投资领域广，它们参与的项目都是信用较好的项目，有利于经济的稳定；二是能够提高金融机构的平均投资收益，而实现这一优势的途径则是降低大量的信用投资产品；三是由于其所占的市场份额大，分支机构多，研究、跟踪、防范、监管服务具有比较优势，起到稳定金融体系的作用。第三，Boyd 和 Prescott（1986）认为，大型银行可以通过贷款组合多样化分散风险；通过从事跨国业务，形成地域上多样化组合并降低区域风险，还可以形成更大的规模经济优势和范围经济优势，如此可使金融机构面临的风险降到最低，为金融稳定提供保障，而且由于整个金融体系的市场份额主要由几家大型银行占据，监管则更加容易。Allen 和 Gale（2000）也认为，只要保证这些大型金融机构自身的稳健性，提高资本要求、流动性要求、杠杆率要求等，就可以降低其受到宏观冲击和被其他金融机构传染的风险，这样对金融体系的监管将更加快捷有效，系统性的风险传染性也必然会有所下降。

"大而不倒"问题如不能有效地监管，必然会对金融、经济产生很大的负面影响，甚至形成系统性风险，引发金融危机。对于系统重要性银行的负效应的认识，首先是从 Mishkin（1999）"大而不倒"理论开始，由于社会公众的隐性保证和补贴的存在，大型银行通常会利用金融安全网，一味追求高利润率而转向高风险高回报的业务领域，最终引发道德风险危机。其次，大型金融机构利用其垄断地位会给金融体系增加风险，De Nicoló 等（2004）对 100 多个国家分析后发现，当几个垄断金融公司占据市场时，市场中的关联性风险就会增加，系统性风险也就易于形成并传播。Boyd 和 De Nicoló（2006）指出由于大型银行对于借款人的利率较高，导致借款人只能将贷款投入到更高风险的项目中去，违约风险增高，银行破产可能性加大。Beck 等（2006）指出，大型金融机构有诸多不利于监管的因素，比如结构复杂、透明度较低，而且对于产品结构复杂的金融机构，其管理效率低下，一旦某一环节出现操作风险问题，很容易导致监管的失效和风险的传染（Cetorelli et al., 2007）。同时，规模巨大、跨地区、跨行业经营一方面促进了规模经济，但另一方面会使监管透明度更低，风险更难以防范。Nishimura（2011）指出金融危机中的系统性危机爆发往往有固有的前奏，那就是大公司开始倒闭。Tarashevet 等（2009）和 Huang 等（2012）在认可"大而不倒"理论的基础上，指出系统重要性金融机构系统性风险发生的最主要原因就是它们的规模度，这一点毋庸置疑。Huang 等（2009）的研究表明，当金融市场的平均破产概率增大或风险暴露增强都会使该指标有所上升。Brown 和 Dine（2011）基于银行生存的竞争性风险危害模型开展研究，结果表明存在一个"大而不倒"效应，即一国银行的体系越脆弱，政府越不愿意接管甚至关闭一家经营失败的银行，并且该效应随着该国银行和政府预算赤字的增大而变强。Billio等（2011）利用格兰杰因果关系检验和主成分分析来测算银行、保险公司、对冲基金和证券交易商对系统性风险传播产生的影响，结果发现银行和保险公司对证券和对冲基金的正效应大于负效应，且银行和保险公司给系统性风险带来的影响更为强烈。20世纪以来世界较大金融危机情况见表1—1。

表1—1　　　　　　20世纪以来世界较大金融危机情况

时间	危机名称	直接原因	损失/救助	备注
1907年	美国银行危机	美国第三大信托投资公司尼克伯克信托投资公司举债收购联合铜业公司股票，但投资失利，引发了华尔街大恐慌及尼克伯克即将破产的传言	银行纷纷收回贷款，股市暴跌，民众挤兑，恐慌最终蔓延至美国全国各地，多家银行破产。摩根公司与政府联合救市，动用了3500万美元	美国缺乏法定最后贷款人
1929—1933年	经济大萧条	—	—	—
1974年	美国富兰克林国民银行破产倒闭	在外汇买卖中出现巨额损失，7家欧洲银行联合接管	—	加强跨国银行监管成为重要方面
1974年	德国赫斯塔特银行危机	受低估浮动汇率下外汇风险以及外汇交易市场风险影响，发生巨亏	在外汇投机中受到的损失高达约4.5亿美元外汇和其他损失	
20世纪80年代初	拉美债务危机	以阿根廷、智利为代表的拉美国家发生了银行危机，取消对资本项目的限制	非产油发展中国家债务上升了近7000亿美元；非产油发展中国家国际收支恶化，外汇储备剧减	放松银行监管
1980—1990年	美国储贷危机	众多金融机构因不良房地产贷款或商业贷款而倒闭或濒临倒闭	1000多家银行倒闭，资产损失超过5000亿美元	政府救市，共耗资3000亿美元
1984年	美国伊利诺伊大陆银行倒闭	由于过度扩张造成的风险敞口过大，银行贷款从20世纪80年代开始遭遇偿付问题	依据《联邦存款法》第13（c）（2）节进行救助。政府向其注入10亿美元作为可转换优先股	存款保险制度隐含道德风险是引发这场危机的重要原因

续表

时间	危机名称	直接原因	损失/救助	备注
1985—1989年	北欧银行危机	以芬兰、瑞典为代表的北欧国家为解决经济过热问题，从1982年开始不断升息	资产价格大幅下跌，资产蒸发约650亿克朗	
20世纪90年代	日本银行赤字危机，又称日本股市泡沫	1994年以来，中小银行、大型银行、证券公司和保险公司相继倒闭	1989年到1992年日本股市蒸发了331万亿日元；1996年日本房地产价格下跌75%	20世纪80年代，资产价格恶性膨胀和泡沫经济异常"繁荣"
1995年2月	英国巴林银行事件	以金融衍生工具为代表的金融创新打垮了资本充足率为8%的防范金融风险的规则	—	缺乏内部约束、监督机制
1997年	亚洲金融危机	主要受害国是泰国、马来西亚、印度尼西亚、韩国四国，仓促金融自由化存在极大的弊端	仅汇市和股市的损失金额就超过1000亿美元、东南亚国家企业倒闭、资本外逃，并影响到俄罗斯、巴西、哥伦比亚、美国和西欧国家	市场风险与信用风险的综合管理以及操作风险的量化问题
1998年	美国对冲基金长期资本管理公司（LTCM）危机	发生流动性危机	美联储牵头组织了十几家投行向LTCM注资36亿美元进行援助，充当了"大投资者"的角色	—
1998年	俄罗斯卢布危机	俄罗斯政府延期偿付以卢布计价的内债和部分外债，并禁止银行兑现外汇，成为导火索	俄罗斯金融体系和经济运行几乎瘫痪，发生了严重的财政、债务危机	引起了投资者心理恐慌

续表

时间	危机名称	直接原因	损失/救助	备注
2001年	阿根廷银行业危机	7月，零财政赤字计划实施，加剧了经济波动；11月，银行挤兑发生	其国际债务高达1200亿美元	金融领域开放与资本外逃失控
2001年	美国互联网泡沫	危机主要发生在美国的加州硅谷地区，经济泡沫在2000年3月10日达到高峰，当天美国纳斯达克指数上升到5048.62点；泡沫最终破裂，该指数连续狂跌至1114.11点，跌幅达78%，股市濒临崩溃	危机期间，许多互联网公司遭受重创，大批投资者损失惨重，从2000年3月至2002年10月，股市崩溃导致美国公司5万亿美元市场价值的损失，由此引发了21世纪初的经济衰退	
2008年	国际金融危机	过度应用资产证券化产品和金融衍生工具、以高杠杆为特征的经营战略等诸多因素	直接损失5000亿美元，间接损失规模大概为1.3万亿美元，流动性不足导致银行最终倒闭	破产金融机构大多能够满足当时的资本充足标准
2009年	中东欧银行业危机	以金融衍生品创新为依托，2008年下半年以后，危机开始跨进中东欧，向全世界扩散和转移	波兰、捷克等国深陷债务危机，众多中东欧银行流动性紧缺	外资银行在中东欧国家中占据了支配地位

3. 系统重要性银行负外部性传导机制

关于系统重要性银行如何将自身的风险传递进而放大成为世界级的金融危机，有更多的学者通过实证的手段进行考证研究，并为理论的发展做出了巨大的贡献。比如Adrian和Brunnermeier（2011）采用CoVaR方法明确单个金融机构对系统性风险的贡献程度。同时，通过前瞻性CoVaR的变

· 11 ·

动来推断未来金融机构对系统性风险的作用变化，指出能够对系统性风险做出贡献的不只是单个金融机构的规模、杠杆率，还有期限错配、行业虚拟变量。Devereux和Yetman（2010）指出，系统性风险的形成是因为银行之间资产负债表有较强的传染性，系统重要性金融机构倒闭的风险会传导至整个金融系统，尤其是在资本充足率的限制下。

　　Elsinger（2006）和周强（2013）等研究发现银行间的资产或负债是系统性风险发生的关键因素，这种相互关联的途径包括传统银行间的借贷市场、现代资产证券化市场的相互关联，以及银行之间相关的共同风险暴露。如果因外部冲击使银行发生破产，那么风险将由资产负债表潜入银行系统，相关银行将会受到波及，严重时可能引起流动性困难，从而银行系统会遭受链式冲击（Iman & Liedrop，2004）。而银行间相互交易带来的风险暴露会将整个金融体系置于潜在危机之中，银行间市场的大力发展确保了其短期资金的正常交易和快速流转，然而货币资金的经营存在内在不稳定性的缺陷，如果短时间内不能平稳地应对挤兑现象，这种银行之间的借贷关系将殃及其他银行甚至使其最终倒闭，爆发银行的系统性危机。Summer（2003）持有相同的看法，同时也指明信息效应产生的风险配置问题正是系统性风险的本质，即通过资产负债表渠道，造成资产与负债的错配，从而导致流动性风险甚至直接破产。Markose和Giansante（2009）指出，不仅资产负债关系，而且衍生品市场中持有与被持有、保护与被保护等复杂关系，也使得金融机构间联系愈加紧密，而这就是系统性风险发生的原因之一。此外，Chan-Law（2010）认为金融机构之间的相互关联是系统性风险的主要来源之一，资产价格变动对系统性风险具有强烈的影响。Dijkman（2010）专业地分析了信息渠道和真实渠道的不同之处，前者因为某事件的发生而带动经济主体行为的改变，后者则是因风险暴露和相互关联而产生"锁定效应"。Lenn和Victoria（2011）认为当信息不对称问题发生在金融市场时，出于对部分金融机构"大而不倒"的共识，市场参与者均表现出"羊群效应"，但这种趋同性会加大对共同风险因素的暴露，从而增加系统性风险。

二 关于金融机构负外部性解决方法的研究

1. 成本收益法在研究外部性问题上的使用

对于外部性的经济学解决方案，国外较早使用了法经济学的成本收益法。Stigler（1971）在研究金融监管问题时选取了基本的成本收益法进行分析。在研究问题银行的负外部性方面方法较多，比如阙方平（2000）采用了"庇古社会成本"分析法，同时在该方法的基础上构建了"问题银行的负外部效应反映了银行系统相对过剩状态"的模型。龚锋（2005）指出，负外部性的存在，导致银行业市场无效率问题。宋翠玲（2004）指出银行外部效应来自其主营业务社会资本以及因此形成的社会债务链，银行解救资金成本和破产造成的损失共同构成了外部边际成本。乔海曙、张贞乐（2006）指出成本溢出的负外部效应会导致银行道德风险，单个银行不承担隐性成本。因此，出于私欲，银行会增加产品供给，最终导致银行资源无效率。金融稳定理事会和巴塞尔委员会（2011）对全球系统重要性银行实行的新型监管计划带来的宏观成本与收益进行了专业的评估，其收益主要体现在降低了金融系统的整体风险暴露，成本表现在一旦银行为应对提高缓冲资本及增加附加资本而提高利率，将可能对投资产生负面影响。巴塞尔委员会的经济长期影响研究表明对全球系统重要性银行进行更为严格的监管，收益大于成本，更有利于经济运行。

2. 对系统重要性金融机构开征金融交易税

Markose 和 Giansante（2009）提出实现金融体系稳定的方式，可以通过对系统重要性金融机构征收庇古税来减轻它在金融中太强的作用。Thomson（2010）认为对系统重要性金融机构收取一定税费以减弱其因特殊地位而具备的比较优势，可以保证金融体系公平、稳定地运行。Acharya 等（2010）提出，根据每家机构的边际贡献与其在经济体中的价值权重之积得出的均值来实行一定"税收"，从而降低其负外部性。Matheson（2011）介绍了金融交易税在部分国家的使用情况，以及在实践中遇到的关键难题；Perotti 和 Suarez（2011）比较了庇古税和数量约束（稳定的资本充足率要求、流动性要求等）在控制系统风险方面的表现。Fricke 和 Lux（2013）通过构建一个订单驱动（order-driven）的人工金融市场，考察金融交易税的影响，研究表明，在较小的税率水平上，金融交易税存在较大的正效应，而且即便较高的税率水平也不一定会带来负面的影响。然而，Birebrauer（2012）探讨了存在资产买卖时金融交易税对金融稳定的影响，模型假设银行需要通过出售资产的方式筹集流动性，资产价格的决定采取以市定价，结果表明，如果银行投资风险的关联性较高，可能出现多家银行需要同时出售资产的状况，这会拉低资产价格，此时金融交易税会进一步降低通过资产变卖获得的流动性，进而导致更多的资产出售，因此金融交易税会加剧金融波动。

3. 多学科解决负外部性问题的方法

王都富和刘好询（2006）对基于金融脆弱性的不良资产的金融负外部性进行了分析，提出了防止不良贷款反弹应采取的措施。刘万明和李雪莲（2007）提出采用经济措施和行政手段的政府干预方法，或者界定、保护私有产权和促进其交易的法律方法来解决外部性问题。胡元聪和杨秀清（2010）从法学视角界定了农村金融外部性，提出农村金融正外部性的激励方法。毛小红（2010）指出银行的存款保险制度是金融负外部效应问题的解决途径。薛昊旸（2013）分析了系统重要性金融机构负外部效应的传导机制，并提出通过征税、业务管制、资本附加、良心效应等来防范系统性风险。胡元聪（2010）提出可以通过权利和义务的配置、平衡利益来解决外部性问题。胡元聪和唐灿（2014）提出利用经济法建立有效的标准体系，并通过运用经济法中特有的公益经济诉讼来解决外部性问题。

此外，学者们将负外部性与社会责任、政府职能、金融包容等联系起来，从更广义的角度来消除负外部性的效应，比如黄建新（2007）指出要通过社会责任认识的加强来消除国有商业银行带来的负外部效应。周路（2004）指出当前法律没有办法禁止政府行为给银行经营带来显著的负外部效应，而此前，由于长期形成的政府与银行的复杂关系，中国银行业风险与政府不当行为带来的经济风险具有高度的同步性，银行承担或分担了与其责任不相关的一些由政府指定的如继续支持困难企业、放弃抵押优先清偿权等帮助维护社会稳定的成本，因此，需要合理界定政府职能。同时，承担社会责任与政府职能界定有着清晰的划分，不可将政府职能越界的一些行为视为对社会责任的承担。

三 关于系统重要性银行负外部性监管问题的研究

当前,对系统重要性银行负外部性监管的研究,法学研究者主要从两个方面展开,一是规范监管主体的权利和义务,如袁达松、卢伊丽(2013)指出,系统重要性银行法律监管中的重点和难点是如何对系统重要性银行进行认定、对其进行监管的主体如何确定、如何平衡各方关系以制定监管并加强各监管方的合作。冯果、李安安(2012)提出中国制定金融法首先要保障各类主体,尤其是无歧视地为弱势群体提供金融服务,进而获得金融服务的权利。阳建勋(2014)提出了新的观点,他指出可以通过重新界定和调整各主体间的权利义务关系来平衡系统重要性金融机构的权益冲突。庄少绒(2013)认为现如今中国金融监管机构拥有的行政权限过大,因此提出了新的对策,即建立并完善公开透明的执法机制,以此来带动金融市场主体和利益相关者自愿自觉地参与到执法当中,从而有效地监督监管机构的执法行为。李臣(2012)指出薪酬属于公司内部治理的范畴,而且中国金融机构薪酬改革是一个去行政化的过程。黎四奇(2012)提出了在事后处置措施上应确立的目标。

二是从市场处置方式与内容方面展开研究,比如龚锋(2005)指出对公开性问题银行的处置制度主要有三类:一是救助,通过注资、提供流动性支持等手段;二是重组,包括资产重组、债务重组和机构重组;三是通过破产、关闭等手段,使问题银行退出市场,而且都应以建立国家存款保险公司为主来承担责任。周仲飞(2010)认为,问题银行的处置包括行政处置和司法处置两种方法。前者包括立即纠正措施、银行重组(纯市场的方式和政府干预的方式),后者为强制清算。由于需要处置的 SIFIs 本身就存在"市场失灵"的可能,但如果采取直接性的银行公共资金救助会助长"道德风险"并间接损害债权人利益,所以采取政府干预下的市场化救助方式更为合理。苏洁澈(2011)指出责任豁免会影响银行破产成本分担的公平性,所以监管机构应该对银行实行早期干预、吊销银行执照、启动破产程序和清算等。伏军(2012)认为银行危机行政处置程序是对银行设立的特殊行政程序。

2010 年以前,学者们侧重于从宏观层面设计对问题银行的处置机制等,而 2010 年以后,研究的重心开始转向对具体化、微观化处置工具的研究，诸如生前遗嘱和自救债问题等。

Dombret（2010）指出在对系统重要性银行监管上应健全金融市场的结构，借鉴国际经验改革监管框架，并且发展多样化市场产品，增加资本覆盖面。

Herring（2010）提出了通过发行或有可转换债券的方式以增加危机时期SIFIs的资本准备，降低其倒闭的风险，同时也减少了对其挽救的成本。FSB（2010）提出从资本、流动性和宏观审慎监管框架三个方面对SIFIs进行监管改革。Cont、Moussa和Santos（2011）通过CI（传染指数）测度各家金融机构的规模、异质性和相互关系对于系统性风险的贡献程度，认为异质性和集中度是影响系统重要性的关键因素，因此，对SIFIs资本要求的提高，不单单依据金融机构的总资产负债规模，更应该依据其风险暴露。

王飞、郑弘（2012）给出了具体的建议，中国应成立一个专职监管机构来统一监管，并建立问题机构处置制度，完善防火墙风险隔离机制，增加高管薪酬透明度，降低业务关联性和市场规模，加强跨境监管合作，限制市场规模以及业务关联性，等等。Sinha（2013）提出要增加资本覆盖要求，把压力测试、管理层审查和横向审查等结合起来，形成多监管方式，防范道德风险和负外部性的发生，而且应该减少政府负担，并将不损害纳税人利益等作为改革目标。

随着对次贷危机以及系统重要性银行认识的增加，经济学学者与法学学者也更加明确强调对系统重要性银行进行事前、事中、事后的监管，黎四奇（2014）认为在秩序的构建上，法律的功能在于惩恶扬善，因而对系统重要性机构的法律处理重在预防，而不在善后。刘庆飞（2013）指出完善"大而不倒"现象的事前立法防范；建立复杂金融产品的强制许可立法。隋平（2014）认为应该将具有系统重要性的金融机构置于统一的国家监管框架之下，为其设定事前的审慎监管机制，并且采取相关的控制机制来约束其复杂性和不透明的问题。同时，对于发生问题的SIFIs应当采取风险定价的措施予以事后的救助，避免道德风险问题，而对于确实不能救助的此类机构则应当保证对其进行有序清算，避免对金融体系造成系统性负面冲击。

总之，从已有的成果来看，基于金融学视角对系统重要性银行的研究，一是从系统性风险角度出发通过市场模型法等对系统重要性银行进行界定；二是依据国际组织发布的关于系统重要性银行监管的各种文件、指南等确立的标准，构建对系统重要性银行的识别、道德风险的防范和审慎监管的加强以及危机处置步骤的形成等。从法学视角来看，集中于对域外立法或国际规则的介绍与解释，对国际组织及各国相关的系统重要性金融机构监管措施予以解读，提出系统重要性金融机构监管的必要性与原则性的法律相关建议。目前学界对系统重要性银行负外部性及其监管的研究多是片面性的，并没有形成系统性的研究成果，尤其是对系统重要性银行外部性理论的研究是空白的。

四 关于2007年美国次贷危机以来的金融监管目标及理念的研究

1. 次贷危机后的金融监管目标

金融监管目标在效率与安全（稳定）之间一直有不同的争论，以 Levine（1997）、Allen 和 Gale（2001）为代表的学者认为效率是金融监管的目标；而以 Mishkin（1999）、Chant（2003）为代表的学者更侧重于将实现金融稳定视为金融监管的目标，认为金融安全是金融监管的逻辑起点（于朝印，2011）。而随着危机的不断深化，以 Jacques（2009）为代表的学者越来越认识到实现金融稳定和监管效率协调发展的重要性。叶永刚等（2009）构建了宏观金融监管指标体系，以检验金融监管所产生的实际效果，提出了金融稳定、消费者保护以及金融效率等目标。

Rudd（2009）提出新监管框架必须资助和提供公共产品，以实现社会平等。Francesc 和 Antonio（2009）指出金融机构在从事金融活动获取利润的同时，还需要承担促进经济增长、消除贫困、无歧视地提供金融服务和增进社会整体福利等社会责任。徐孟洲、杨晖（2010）指出应明确监管是为了社会公众（消费者和投资者）以及国家经济利益，而不是为了监管者、政治家和行业利益，金融功能异化的价值原因在于社会公正价值的缺失。邓大鸣（2011）认为，金融监管应以社会公众的金融利益为依归，注重社会的公平，而不是以金融机构的利益和绩效为金融监管立法的出发点。伏军（2011）指出美国2010年的立法反映了其银行立法基本价值取向已由一元的"系统安全优先"向二元的"系统安全与公共利益并重"转变，银行破产立法的实质就是在这些利益中做出权衡与取舍。田春雷（2012）强调了公平在监管中的重要性，不能保证监管的公平与效率，就不能最终实现金融体系的稳定与安全。当前，学者们将金融公平理念引入金融监管，对金融公平的研究也越来越多。正如盛学军（2011）所说，应当正本清源，明晰金融安全、金融效率与金融公平作为其基本价值，其中，金融安全价值居于核心地位，金融公平的延伸使学者们更加清楚地意识到"金融包容"的重要性。

2. 金融包容

Sinclair（2001）提出金融排斥意味着无法从合适的渠道获取必需的金融服务。Leeladhar（2006）认为，金融包容是相对于金融排斥而言，以合理价格向无法获得服务或低收入社会群体提供金融服务。Carbo等（2005）认为金融机构应该将工作重心放在为弱势群体提供基本的金融服务上，特别是储蓄、信贷服务，因为弱势群体更加缺乏获取金融服务的途径和渠道。而联合国在2006年提出了包容性金融体系的概念，其目的在于使广大被正规金融体系排斥的客户尤其是贫困、低收入人群获得金融服务，推动世界各国建立一个为社会所有阶层和群体服务的金融体系。Mahendra Dev（2006；2008）、Satya和Rupayan（2010）等认为金融包容是指以合理的价格为弱势群体提供基本的金融服务，金融包容有利于提高金融稳定性，应积极倡导包容性金融发展。Giovanna Priale Reyes（2012）在上述研究的基础上，将金融包容的内涵加以拓展，指出金融包容不仅体现在基本的银行服务中，还应该体现在支付、保险、养老金等其他服务上。世界银行更加明确地注入了新的理念，即金融包容所提供的金融服务涉及储蓄、支付、信贷、保险、养老金和证券市场等。显然，当前，促进金融包容已成为世界各国实现经济稳定增长、社会公平、消除贫困并提高个体生活质量的战略路径。

目前，国外对金融包容的研究已经不局限于上述定义、影响甚至政策的探讨，国际组织及各国不断建立金融包容数据库或者指标体系，联合国逐步在全球建立金融包容数据库；2012年，世界银行发布了《金融包容性战略参考框架》。目前中国学者也侧重于通过量化的研究提出构建中国普惠金融的路径，比如王婧和胡国辉（2013）运用变异系数法通过收集中国银行业2002—2011年的数据，构建中国普惠金融指数，并以此为根据来全面专业地评价中国普惠金融发展状况。陈三毛和钱晓萍

(2014) 利用 Chakravarty 和 Pal 指数方案测算了中国 31 个省市区 2007—2012 年金融包容性水平及其变化。粟勤和肖晶（2015）为了研究中国银行业的市场结构演变对金融包容的影响，选取 2006—2011 年全国 31 个省份的面板数据，结果表明大力促进中小银行的发展，才是实现金融包容区域均衡的正确途径和当务之急。基于上述研究，学者们提出了商业银行提升金融包容的对策，具体如支持并发展小额信贷机构参与普惠项目基金，解决农村地区大型银行排斥农户和中小企业不对称问题，并从总体上把握一个国家或地区的金融包容性水平及其发展变化，为政府政策的效果提供评估。

从已有研究成果来看，学者的侧重点是在肯定金融包容促进人类福祉利益分享的基础上，提出结合中国国情构建金融包容的具体对策，但金融包容的理念还未运用到中国金融监管问题的研究中。2008 年以后金融监管改革实践走在了理论之前，金融监管理论改革的去向也越来越明了——从金融抑制走向金融深化，从金融排斥走向金融包容，金融包容理念必将成为重新梳理金融监管理论的一种新价值观，这也正是本书的出发点。

3. 社会责任

Merrick Dodd, Jr（1932）最早从法律视角探讨企业履行社会责任的必要性；而被推崇为"企业社会责任之父"的 Howard Bowen（1952）在《商人的社会责任》一书中指出企业社会责任是指企业的所有者有按照社会公众的期望来制定相关政策的义务，即按照社会的期望作出相应的决策，并按照决策付诸具体的实际行动。McGuire（1963）认为企业社会责任要求企业不仅承担经济上和法律上的义务，也应对社会承担超越这些义务的责任。

George（1971）认为企业社会责任的多少与其规模大小成正比。David（1979）认为企业在追求利润最大化的同时，更应该切实履行促进社会公益事业发展和保护环境免遭破坏的义务。Robbins（1992）认为企业的社会责任在于有助于社会长远目标的实现，这是当今社会背景下企业取得长期成功的重要因素，并且超越了经济和法律对企业的要求。Freeman（1984）提出了利益相关者概念和管理理论。Carroll（1998）提出企业社会责任在其发展过程中应当重点考虑社会、经济和环境三重底线，并且对员工、供应商、消费者、环境、社区等群体尽到应负责任。

Campbell（2007）分析了企业履行社会责任的条件，并提出了相应理论。Drik 和 Jeremy（2008）分析了不同国家企业履行社会责任出现差异的根源。而 Michael（2011）将企业视为中介行为主体，该主体在社会中应该承担相应的辅助性共同责任。Andreas 等（2011）认为企业的社会绩效的提高依赖于企业对决策分权化和高管团队复杂程度的认知。

国内学界也从不同视角对企业社会责任进行了研究，比如朱文忠（2007）指出商业银行的社会责任归纳为五大类型：对公众的社会责任、对客户的社会责任、对员工（管理层和职工）的社会责任、对供应商和小型竞争者，以及对投资者（所有权人和债权人）的社会责任。刘俊海（1999）指出公司社会责任是公司法研究的重要内容之一。刘连煜（2001）则从公司治理的角度出发，探讨了将公司的社会责任切实贯彻到公司治理中的具体途径。沈洪涛（2005）基于国内外研究成果，深入分析了企业社会责任的衡量问题，提出利用企业利益主体的业绩指标来测算中国公司的社会责任。

目前，国内已有的研究成果仅仅停留在对国外研究成果的整理、总结和补充修改层面，这表明国内学界在银行社会责任问题上的研究成果还存在局限性。更重要的是，对银行社会责任的认识也比较落后，并不能指导当前银行业对社会责任的切实履行，而且对系统重要性银行如何履行社会责任从而有效防范系统风险没有具体制度安排。

五　关于"货币政策与宏观审慎政策"双支柱调控框架的研究

1. 宏观审慎政策

宏观审慎政策的概念早就出现，有关宏观审慎政策的研究也吸引了很多学者的关注（Bernanke & Reinhart, 2004; Gertler & Karadi, 2009; Motto et al., 2009; Curdia & Woodford, 2009; Lenza et al., 2010），它的提出最初是为了弥补传统货币政策在维护金融稳定的目标层面的缺失、缺陷。具体而言，宏观审慎政策的直接目标为抑制资产泡沫、防范系统性风险，只不过其研究的风险来源有所差别（Brunnermeier, 2009; Borio & Drehmann, 2009a; Landau, 2009; Caruana, 2010; 周小川, 2010; Borio, 2006）。但其后来逐渐成为一项宏观经济政策。Crockett（2000）从系统性风险产生的根源分析金融不稳定，提出从时间维度与空间维度对系统性风险进行研究的具体目标。并且大多数学者，通过借鉴货币政策目标体系的做法，采用信贷及其相关指标、房价等影响金融稳定因素作为宏观审慎政策具体操作目标（Tillmann，2014；Lee et al.，2015；方意，2016）。因此，从根本上说，宏观审慎政策与货币政策都对宏观经济稳定并且对实际经济变量产生影响（Galati and Moessner，2013）。宏观审慎政策与货币政策一样，同样具有政策目标、政策工具、传导机制以及政策有效性评价等。随着宏观审慎政策的进一步拓展，当前学者们主要对货币政策和宏观审慎政策之间的协调问题进行探讨，一是偏重于对货币政策与宏观审慎政策之间的相互作用分析（Alpada and Zubairy，2014；De Paoli and Paustian，2014；Rubio and Gallego，2014；Svensson，2012；梁璐璐等，2014；王爱俭和王璟怡，2014），二是在货币政策和宏观审慎政策协同效应的实证方面进行了较新的研究（王爱俭和王璟怡，2014；梁璐璐等，2014）。可以说，在一定程度上，经济学方面的相关研究为从法学视角进行"宏观审慎监管"奠定了基础。

2. 宏观审慎监管框架、协调机制的构建

国际金融危机后，国内外众多学者从宏观审慎监管的指标、监管范围、监管架构等方面构建了宏观审慎监管框架（Borio，2009；White，2006），介绍了宏观审慎监管框架的形成背景、内在逻辑和主要内容并进行了分析（周小川，2011）。从国内研究来看，在对美国、欧盟等世界主要国家或地区的宏观审慎监管框架详细研究的基础上（刘敏、孟兆波，2011），学者们对我国宏观审慎政策进行了探索（彭刚、苗永旺，2010；张健华、贾彦东，2012；高国华，2013）。在宏观审慎监管框架的构建上，国际组织贡献了很多成果，如FSB、IMF、BIS等国际组织（2011）指出在构建宏观审慎协调机制时，应至少考虑宏观审慎监管职责和职权、宏观审慎监管组织架构安排、国内外政策协调机制以及问责安排四个方面。中国人民银行（2010）提出宏观审慎监管框架主要包括以下三个方面：其一为宏观审慎分析，对系统性金融风险进行辨别和监测；其二为宏观审慎政策选择，根据宏观审慎分析的结果构建出一套对防范风险有一定效果的监管政策；其三为宏观审慎管理工具使用。此外，李妍（2009）、王力伟（2010）、杨霞（2010）等也有类似的研究。在宏观审慎协调机制方面，普遍认为应注意宏观审慎管理要与逆周期监管相协调；宏观审慎管理要配合宏观经济政策；订立合理有效的相机抉择政策；构建动态科学的预警机制和监管信息平台以便资源共享（薛建波等，2010；范亚舟，2018；陈三毛、钱晓萍，2018）。尽管美国次贷危机后关于系统性风险的研究非常多，包括预警机制、退出机制等，但是当前由于系统性风险理论以及金融监管理论等尚未形成成熟的理论体系，甚至学者们对金融监管的目标应该是实现金融稳定（Mishkin，1999；CHant，2003），还是实现金融效率（Levine，1997；Allen & Gale，2001）尚有争论。而且，已有对于宏观审慎政策的研究主要集中在经济学、金融学视角，如何德旭等（2010）指出宏观审慎监管的决策机制有规则行事与相机行事两种：规则行事简单易行却难以制定完善的标准，相机行事具有灵活性却容易引发道德风险。且更多的研究是针对金融监管制度的某一侧面进行探讨，如于震、刘熙源（2014）认为动态拨备制度事实上并不能完全消除拨备制度的顺周期作用。而从法律视角进行的研究并不多，更多的是针对监管原则、监管主体，或者是针对该理论的本身有效性及概念界定展开，如包勇恩、韩龙（2009）阐述了宏观审慎监管理念的内涵，并指出需要有法律制度的保障；闫海（2010）分析了各国宏观审慎监管立法现状。

综观现有文献发现，当前研究相对分散，理论研究明显滞后于金融监管改革实践，系统性研究的成果更为稀少。

总之，2007年美国发生次贷危机后，如何加强对系统重要性金融机构监管已成为各国监管改革的核心环节。无论是旨在有效破解系统重要性金融机构"大而不倒"的难题、防范系统性风险、避免金融危机重演的《多德—弗兰克华尔街改革与消费者保护法案》（以下简称"多德—弗兰克法案"），还是强调同时履行宏观审慎监管和微观审慎监管两大职责的泛欧金融监管体制，欧美国家对系统重要性金融机构监管重点从个体监测转向整体监测、从微观监管转向微观宏观监管并举、从事后救助转向事前预防和建立处置和清算机制、从银行监管为主转向整个金融机构的系统监管。但是对于我国理论界乃至监管者而言，系统重要性银行从概念到方法、从理念到政策，还是一个金融监管中的新生事物，仍在接受和吸收的阶段。相比于其他国家，我国系统重要性银行的研究尚处于起步阶段，尚未公布相关定义、识别标准和名单、相关监管细则等。

第三节 研究内容与方法

一 研究内容

本书以系统重要性银行负外部性经济学为起点,阐述了系统重要性银行负外部性的法学内涵及其法学机理,围绕当前中国系统重要性银行负外部性的机理及表现,运用法学和经济学两种不同研究范式及方法,结合国内国外监管实践,从微观和宏观两个角度对当前监管政策进行量化实证研究。在结合当前监管新趋势的发展变化下,提出基于金融包容理念构建中国系统重要性银行负外部性监管的可行政策,以为我国防范系统性风险,尤其避免"大而不倒"引发的系统性金融风险提供借鉴与理论思考。

第一章,绪论。本章主要介绍本书的研究背景与意义,通过对国内外文献的梳理与总结,确定了本书的研究内容、基本结构及可能的创新与不足之处。

第二章,系统重要性银行外部性的经济学与法学解析。本章以经济学为起点,阐释了经济学中系统重要性银行负外部性的内涵,并衍生出法学从经济学中引入外部性后所具有的系统重要性银行负外部性的内涵。

第三章,系统重要性银行负外部性问题的理论探析与破解。本章对理论上常用的解决负外部性的三种矫正手段是否适用于解决系统重要性银行负外部性问题加以分析,从而在经济学层面通过构建征税理论模型,对系统重要性银行负外部性征税进行理论破解;从法学视角基于前文探寻到的系统重要性银行负外部性的内涵,从理论层面提出法学的解决机制。

第四章,中国系统重要性银行负外部性的传导机制及表现。本章主要在分析系统重要性银行所具有的同质性、传染性、风险收益的不对称性对传导系统性风险具有致命性的特点上,阐释一旦由于系统重要性银行负外部性发生,系统性风险也就最终体现出来,最终酿成金融危机。

第五章，中国系统重要性银行负外部性监管实践及存在的问题。本章首先对系统重要性银行负外部性监管立法现状进行了总结，并选取16家上市银行相关数据，从资产质量、盈利能力、流动性等方面对系统重要性银行的监管现状予以量化分析，从而探究系统重要性银行监管中存在的问题。

第六章，系统重要性金融机构监管的国际经验及趋势分析。本章采用比较分析法回顾总结国际社会及各国在次贷危机后推进的系统重要性金融机构监管改革实践，为中国系统重要性银行监管的完善提供借鉴。尤其对《巴塞尔协议》中针对系统重要性银行的相关规定予以阐述，进而衍生出次贷危机后国际社会出现的金融监管新趋势、金融监管治乱循环模式的新介质——金融包容理念。

第七章，基于金融包容理念的系统重要性银行监管探究。本章首先阐明金融包容的概念及内涵，以及金融包容与金融监管的逻辑关系问题。金融包容具有金融稳定、保护金融消费者权益的正向作用。因此，本章运用计量经济学中的回归分析法，验证原银监会2011年出台的《关于中国银行业实施新监管标准的指导意见》实施后对银行安全、效率和公平的影响，进而得出基于金融包容理念进行金融监管的新主张，运用金融包容理念与加强对系统重要性银行的监管并不矛盾。

第八章，构建中国系统重要性银行负外部性监管框架的建议。结合本书的理论与实证分析，采用法学的思路，赋予金融学的内涵，本章对构建中国系统重要性银行负外部性监管框架提出相关设想及对策建议，如基于金融包容理念构建金融监管体系，纠正系统重要性银行与相关利益关系人之间的权益冲突问题，推进"货币政策与宏观审慎政策"调控下的监管，完善系统重要性银行事后危机处置机制，探索系统重要性银行践行金融包容理念下的社会责任，完善股东及存款人权利制度等，以使系统重要性银行发挥金融正效应的作用，维护金融稳定，促进经济发展。

第九章，结论与展望。

二 研究方法

本书综合运用货币银行学、经济学、金融学、法学等多学科理论，使用经济学与法学相结合的研究范式，基于经济学中的外部性理论，结合法学原理内涵，围绕系统重要性银行特点，对经济学、法学解决外部性问题的手段分别进行论证，结合实践，构建中国系统重要性银行负外部性监管理论框架。具体而言，采取数据处理法、比较分析法、成本收益法、回归分析法等实现研究过程和结论的科学性与可靠性。

（1）数据处理法。本书在对系统重要性银行负外部性监管立法现状进行总结分析的基础上，注重掌握第一手材料，广泛收集数据，从Wind、Bankscope、同花顺、各国监管当局、各金融机构等权威数据库或官方网站获取相关信息，从资产质量、盈利能力、流动性等方面通过对系统重要性银行的监管现状予以量化分析，从而探究系统重要性银行监管中存在的问题。

（2）比较分析法。比较分析法是法学的常用方法。在考察国际机构及各个国家已出台的一系列针对系统重要性金融机构监管的相关法规文件的基础上，分析比较各机构、各国监管经验，并结合中国及其有关部门制定的金融法律、法规和政策等，为中国系统重要性银行监管框架构建提出切实可行的建议。

（3）成本收益法。根据经济学原理中的成本收益法，运用效用函数，构建系统重要性银行成本收益理论模型，研究通过对系统重要性银行进行征税解决其负外部性问题。

（4）回归分析法。运用计量经济学中的回归分析法，通过16家上市银行2006—2014年年度数据，研究原银监会2011年出台的《关于中国银行业实施新监管标准的指导意见》实施后对银行业安全和公平的影响。

第四节　本书的基本结构

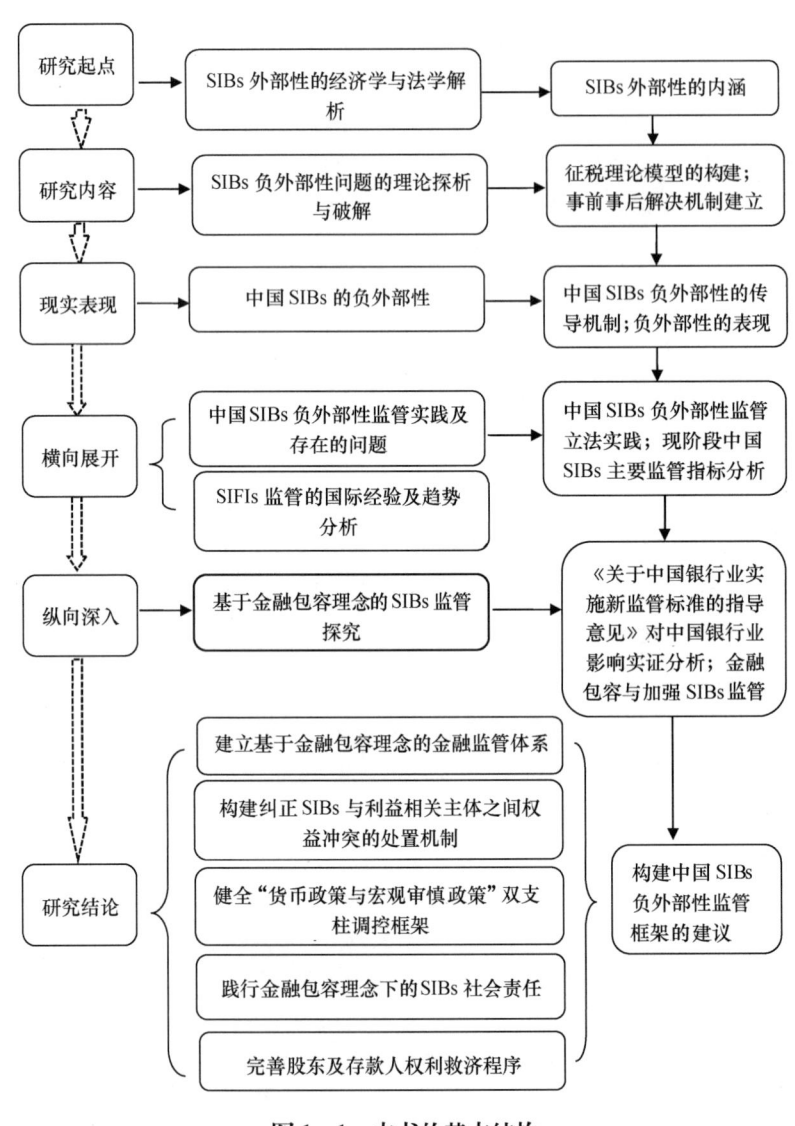

图 1—1　本书的基本结构

第五节 主要创新与不足之处

一 主要创新

相比以往的研究，本书在如下几个方面有所突破：

（1）研究视角：经济学与法学相结合。本书对系统重要性银行负外部性监管问题从经济学与法学两个层面去分析，并基于经济学系统重要性银行外部性内涵引出法学外部性内涵；同时在如何解决系统重要性银行负外部性问题上，一方面从经济学角度出发给出政府解（构建征税理论模型）和市场解；另一方面从法学视角提出构建纠正系统重要性银行与利益相关主体权益冲突的处置机制。在中国系统重要性银行负外部性监管问题上，从法学视角对当前立法现状进行了总结，从经济学视角对系统重要性银行监管指标进行了定量分析，明确了系统重要性银行负外部性监管存在的问题。

（2）研究理念：创造性地提出运用金融包容理念进行金融监管。金融包容理念是一个新的视角，是约束"道德风险"的新理念，是一种具有约束力的监管新导向，是国际金融监管改革的新趋势。金融包容崇尚公平的监管目标有助于金融机构不唯利益至上，不对利润无限疯狂的追求，是对加强系统重要性银行监管的补充。本书创造性地提出通过系统重要性银行践行金融包容理念来解决负外部性问题，弥补法学与经济学监管中的不足，解决由于监管机构预期救助下的道德风险，减弱监管制度不合理带来的社会成本的加大，并进而有助于对全体消费者利益的保护，有利于破解银行业"倒金字塔形"金融服务缺位矛盾的激化，在金融深化改革的背景下构筑隔离风险的防火墙。

（3）研究内容：创造性地提出构建中国系统重要性银行负外部性监管框架的相关政策建议。本书对系统重要性银行的负外部性基础理论进行阐述、分析，结合现有的国际监管实践经验和审慎监管的基本理论，赋予金融学的内涵，创造性地提出构建中国系统重要性银行负外部性监管框架的政策建议，注重理论与实践相结合，确保研究上的针对性、政策上的时效性和工具选择上的可操作性,为中国系统重要性银行负外部性的监管实践提供了理论支持。

(4)研究方法:法经济学方法的适用。本书在提出运用金融包容理念进行监管时采用了法经济学的方法,即通过中国上市银行2006—2014年的年度数据,将计量经济学中的回归分析法用于验证《关于中国银行业实施新监管标准的指导意见》的发布对中国银行业安全、效率与公平的影响。通过选取指标进行实证分析进而得出监管规则有效与否是法经济学中常采用的方法,也是对本书研究过程和结论科学性与可靠性有力的支撑。

二 不足之处

本书基本按照选题设定完成了研究任务,甚至有些认识与结论远远超过了预期。但由于笔者水平有限,本书还存在很多不足,可能会让经济学学者或法学学者读来感觉生涩或烦琐。

(1)基于金融监管问题跨学科的原因,本书在金融学与法学两个学科的文献收集及整理上进行了大量的工作。由于两个学科对外部性理论的认识存在一定偏差,因此又对两个学科中共性和异质的部分分别进行研究。又因法学与经济学写作范式及思维存在很大的不同,法学与经济学中对外部性研究的认识与侧重点也不同,为了顾及全书整体性,会对具体问题在安排上有不同的倾斜,在加大本书体系安排难度的同时,有可能对某一学科研究深度不够,或者对同一问题存在两个视角的探析。

(2)本书的对策建议的提出,并不局限于对系统重要性银行负外部性的监管,有时针对的是整个法律环境的改善,以及法律学科的发展前沿。表现在,一是基于金融监管理念进行监管。大环境没有构建,监管理念没有形成,具体问题解决是难以实现的。因此,提出基于金融包容理念进行监管,金融包容理念与对系统重要性银行加强监管并不矛盾。二是完善股东及存款人权利救济制度。作为外部性法学理论发展的前沿,完善股东及存款人权利救济制度是理论的呼声,也是实践的需求。基于监管机构对政府救助的预期,监管机构会懈怠于对系统重要性银行进行监管或者发生权力寻租现象,造成系统重要性银行道德风险的发生,而且监管机构的制度的不合理,也会侵害金融机构。因此,从负外部性解决法学发展理论上来看，也需要完善权利救济制度。所以难免会有偏离主题之嫌。

（3）我国金融机构数据披露时期较短、关键数据不全、早期数据缺失、计量口径不统一等，这些因素可能会影响本书运用计量经济学方法分析结论的准确性。

第二章 系统重要性银行外部性的经济学与法学解析

外部性这个词于19世纪末20世纪初进入经济学的视野，至今已经有一百多年的历史。外部性是重要理论问题及现实问题，它会导致市场失灵，从而难以实现帕累托最优。外部性尽管在经济学中已经有了较成熟的理论，但在法学中，外部性因为是援引自经济学，法学对外部性并无共性、统一的认识，甚至有些认识脱离了经济学外部性的本质。本章旨在以经济学中系统重要性银行外部性的含义为起点，基于法学原理，透过现象，明确法学外部性的内涵。因为监管本身不仅是经济学思考的内容，更是法学的范畴，而法学范畴的内涵阐释是对系统重要性银行负外部性监管的前提。

第一节 系统重要性银行外部性的经济学内涵

一 外部性理论及其发展

外部性最早是由英国剑桥学派奠基者——西奇威克提出的，在《政治经济学原理》一书中他提到外部性的存在，他最经典的一句话是"个人对财富拥有的权利并不是在所有情况下都是他对社会贡献的等价物"。

1890年，马歇尔在《经济学原理》一书中提出了"外部经济"概念，奠定了外部性研究的基础。自马歇尔之后，越来越多的经济学家多角度（成本、收益、经济利益、非竞争性等）地研究了外部性的含义及本质。1920年，英国的工业化已经完成，社会生产力获得了巨大发展，但却产生了诸如工业生产造成污染等社会问题。马歇尔的弟子庇古（Pigou）基于此在《福利经济学》中首次系统论述了经济外部性问题，无疑将这个空盒子填满了。庇古区别了生产中的私人边际成本和社会边际成本，提出了静态技术外部性理论。庇古最经典的论断是市场不是万能的，市场必须依靠政府干预，即庇古税收或补贴。阿温·杨（1928）提出了动态外部性理论，这种动态外部性的思想与货币的外在经济相关。

对于庇古的观点，许多经济学家提出了异议。奈特（1924）在《社会成本解释中的一些错误》一书中提出产生"外部不经济"的原因是对稀缺资源缺乏产权界定。埃利斯、费尔纳（1943）也认为"外部不经济"与产权有关。20世纪50年代以后，对"外部性"概念的理解更加宽泛，有的学者甚至将"外部性"视为市场失灵。20世纪60年代，科斯针对庇古外部性问题发表了《社会成本问题》，在文中科斯并没有对"外部性"进行界定，而是提出产权界定和按照成本最小化原则交易的观点，并指出政府干预不一定优于市场交易，对于"外部性"问题应该在两种解决方式中选择。20世纪70年代以后，一系列社会问题如工业化、环境污染等，使外部性问题愈加突出，政府干预更加频繁，但是问题却难以解决。公共选择学派主要代表人物美国著名经济学家布坎南和塔洛克，像在微观经济学中分析厂商行为和消费者行为那样，实证分析了政府行为，指出政府规制在一定程度上会扭曲资源配置，它并不能纠正市场失灵的问题，反而会给社会带来一定的负面影响，甚至诱发更多问题，即所谓政府行为的外部性。政府行为外部性理论的提出是对外部性理论的重大发展与补充。

不同时期的学者都给出了外部性的定义，马歇尔、庇古、赫勒和斯塔雷特、萨缪尔森和诺德豪斯、植草益、布坎南、斯蒂格利茨、盛洪、兰德尔等诸多学者都对外部性的定义做出了界定。其中，庇古指出如果私人成本不等于社会成本，企业就存在所谓的"外部性"，外部性分为正外部性和负外部性。简单而言，外部性是指由于经济行为而引发收益或成本向经济行为以外的第三方溢出。德姆塞茨将外部性内部化定义为一个能够在更大程度上使所有相互作用的人都承担这些（外部性）效应的过程，它通常是产权变迁的过程。

布坎南和斯塔布尔宾（1962）给外部性下的定义一直影响到今天，他们以数学语言方法对外部性行为的基本特征进行了言简意赅的阐述。即，若某消费者效用函数中包含了受其他经济主体控制的变量，这种外部性可以表示为：

$$U_A = U_A(X_1, X_2, \cdots, X_N; U_B) \quad (2—1)$$

其中，$X_1, X_2, \cdots, X_N$ 表示消费者 A 所消费的商品数量，U_B 表示另一个市场主体 B 的效用或产量。式（2—1）表明，市场主体 B 是影响消费者 A 的函数的因素，但 A 并未向 B 索要遭受负外部性的补偿，或者没有向 B 提供接受正外部性的报酬。

若某厂商的生产函数中有受其他经济主体影响的关系变量，我们可以将这种外部性表示为

$$F_A = F_A(L_A; F_B) \quad (2—2)$$

其中，L_A 代表厂商 A 在生产函数中的要素投入数量，F_B 为厂商 B 的生产数量。式（2—2）表明，A 的生产函数受 B 影响，但是 A 并未向 B 索要遭受负外部性的补偿，或者没有向 B 提供接受正外部性的报酬。

因此，简单地讲，外部性是指在市场经济条件下，某种行为、产品等的生产和消费会使这种产品生产者和消费者之外的第三者无端受益或受损。正外部性是指外部制造者的生产和消费给外部接受者带来收益，这种收益一定是生产者和消费者之外的第三者无端的收益，而外部制造者却无法向后者收费，以获取收益。正外部性最典型的例子是公共产品。负外部性是指制造者的生产和消费给接受者造成损害，这种损害一定是生产者和消费者之外的第三者无端受损，前者无法向后者补偿。负外部性最典型的例子是大气污染、水质污染和噪声公害。

1988 年，鲍莫尔和奥茨在对诸多"外部性"的论述进行考察之后，将外部性定义为某一经济主体不经交易而对其他经济主体施加的利益或成本。

自此，经济学对外部性的认识在马歇尔、布坎南、庇古、科斯等人的发展中，随着新制度经济学的发展有了长足进步，当代经济学家对金融外部性也有一些探讨，如张五常等。作为中国新制度经济学的代表，张五常对外部性有重要认识，他批判了外部性理论，认为在产权没有界定清楚的条件下，谁对谁施加的外部性都无法说清楚，所以外部性这个概念是含糊不清楚的。张五常（2000）曾在《经济解释》中明确表达了对"外部性"概念的反对，他认为从交易费用和契约角度出发对私人和社会成本相背离现象进行研究才是正确途径，并且认为一切经济行为都能够视为一种契约安排。杨小凯、张永生也指出，外部性是没有任何意义的概念。以排污为

例，外部性的程度是由界定排污权的费用和不界定排污权所造成的经济扭曲决定的，市场的自愿合约会找到社会最优的污染水平。

二 系统重要性银行外部性的经济学含义

以哈耶克为首的"自由银行制度"学派一直认为市场信息是充分的，完全可以实现供求的一般均衡和市场的出清。因此，存款人、贷款人、商业银行资源配置达到了帕累托最优。但是，哈耶克们并没有考虑到由于信息不对称所产生的银行行为外部性问题。长期以来，对金融外部性研究的框架是不完整的，金融外部性的概念也较模糊。

一般而言，金融外部性的含义是金融机构行为的私人成本或收益对无关主体产生的溢出效应。金融外部性的结果是导致市场失灵，正、负两种外部性其实都是低效率的，都是资源配置不合理。根据庇古的外部性技术理论及鲍莫尔和奥茨（1988）关于外部性的概述，以成本收益函数形式来表达金融外部性，具体表示如下：

$$R_A = (X_{1A}, X_{2A}, \cdots, X_{nA}, Y_{NB}, Z_{NC}) \qquad (2—3)$$

其中，X_{1A}，X_{2A}，X_{3A}，$\cdots$，X_{NA}表示主体 A 的活动变量，A 的决策范围涵盖了所有活动变量，Y_{NB}，Z_{NC}分别为金融组织 B、C 的行为给 A 带来的影响，但两者不在 A 的决策范围内。并且 B、C 的行为均对 A 造成外部性，A 承受着这些外部性，而 B、C 则实施这种外部性。下文根据成本收益法评估 A 的外部性，涉及的概念有私人边际成本 PMC、私人边际收益 PMR、社会边际成本 SMC、社会边际收益 SMR。

1. 系统重要性银行正外部性

吴竞择（2001）明确指出：若金融行为带来的私人收益低于社会收益，同时私人成本高于社会成本，就产生了金融正外部性，即此时金融行为无偿地为社会做出了贡献，即从提高国民产出、提高资本利用效率和提高资本要素投入三个方面促进社会发展。因此，系统重要性银行正外部性是指其行为给其他无关联的经济人带来了福利，但其他经济人不必为此向带来福利的那个经济人支付任何费用，而是无偿地享受福利。

当 $dU_A/dU_B > 0$，且 $dU_A/dU_C > 0$ 时，金融机构 B、C 对金融机构 A 具有正外部性效应。如图 2-1 所示，金融机构 A 本身的边际成本为 PMC，边际收益为 PMR，当 PMR = PMC 时，金融机构 A 的利润达到最大，对应

的产品数量为 Q_1；由于金融机构 B、C 的外部行为对金融机构 A 带来正的外部行为边际收益 XR，所以社会边际收益上升到 SMR，即 SIBs 的正外部性提高了整个社会的边际收益。当 $SMC = SMR$ 时，实现了社会利润最大化目标，对应的产品数量是 Q_0。当供应的产品数量小于社会达到均衡需要的产品数量时，即正外部性导致市场供给无法满足市场需求，致使市场转向相关金融机构以便实现需求的满足，此时将产生正外部性现象。

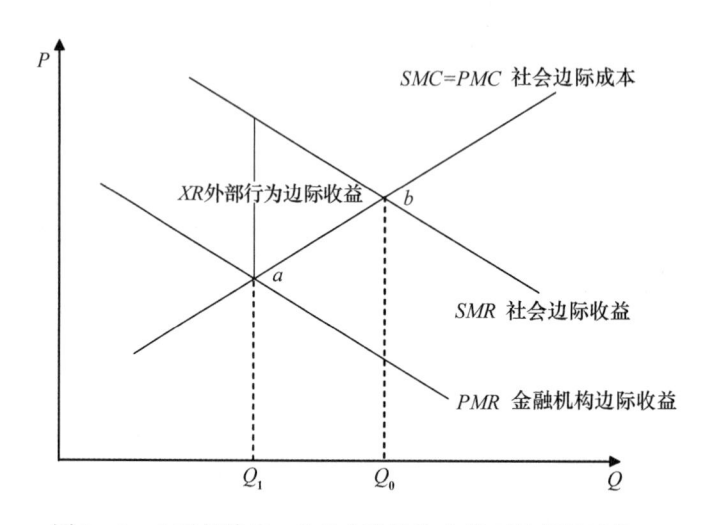

图 2—1　金融机构 B、C 对金融机构 A 的正外部性示意

系统重要性银行在持续经营状态下会产生正外部性，主要表现为系统重要性银行的经营行为会给其他金融机构及社会带来有利影响。具体而言，一方面，由于系统重要性银行规模巨大、复杂程度高、综合能力强的特性，其有条件和资源进行多元化和前沿金融产品创新，而由于金融产品易被模仿的特性，其他金融机构很快也将之运用，但是其他参与主体并未向系统重要性银行支付任何费用，系统重要性银行也未通过市场交易、价格向受益者索取报酬，此时表现为系统重要性银行正外部性。另一方面，系统重要性银行通过金融新产品的创新来减少交易成本、降低价格波动、增强市场的有效性、改善金融系统的功能，具有强烈的正外部性，而且系统重要性银行正外部性所体现出来的基于一切金融创新的产品都是对整个社会利益的提高。

2. 系统重要性银行负外部性

系统重要性银行负外部性指其行为给其他无关联的经济人带来了损害，造成成本溢出，此时系统重要性银行行为产生的私人资本收益率高于社会资本平均收益率，造成私人成本低于社会成本。通常对这种行为造成的损害不需要承担任何责任，也无须赔偿；对受害者而言，也不能通过市场交易向制造负外部性的经济人讨回损失。

当 $dU_A/dU_B < 0$，且 $dU_A/dU_C < 0$ 时，金融机构 B、C 对金融机构 A 具有负外部性效应。如图 2-2 所示，金融机构 A 的边际成本为 PMC，边际收益为 PMR，均衡点为 c 点，即 $PMR = PMC$，对应金融机构的产量为 Q_1，此时实现了最大化的利润。但社会边际成本高于社会边际收益，社会整体并未实现帕累托最优。外部性实施者 B、C 的外部行为对其他金融机构 A 产生了额外的成本 XC，因此社会边际成本上升到 SMC，增加了整个社会边际成本，当 $SMC = SMR$ 时达到均衡点 d，整个社会利润达到最大值，外部成本使社会产量为 Q_0，结果促使金融机构为市场提供的产品出现过剩。

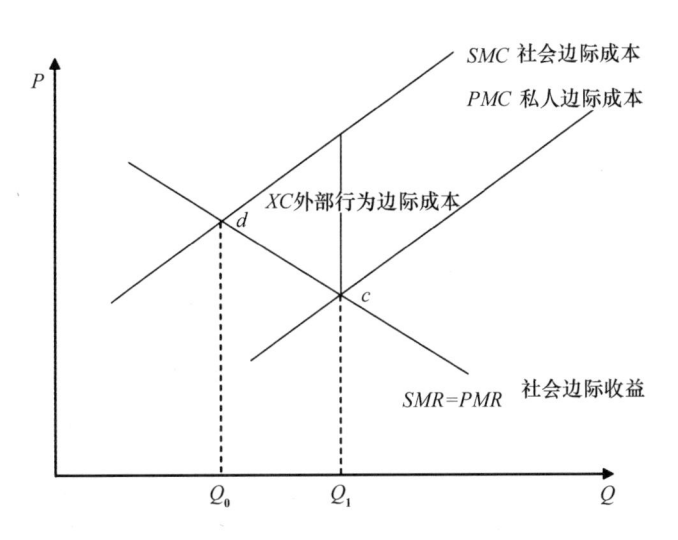

图 2—2　金融机构 B、C 对金融机构 A 的负外部性示意

由于系统重要性银行规模巨大，很大程度上决定了金融产品价格和利率的形成。当系统重要性银行出现问题时，往往会违反法规或市场规律，影响其他金融机构的贷款行为和储蓄者、投资者的行为，从而规避自身风

险，造成银行体系社会边际成本提高，国民经济的运行成本增加。又或者当系统重要性银行系统性风险爆发时，挤兑情形出现并迅速传染给其他银行，由于彼此之间高度的债权债务关系，金融体系被破坏，最终影响整个社会资源的配置。当系统重要性银行倒闭时，它的私人成本相对资产损失和社会成本是小的，而对国家、纳税人等形成的直接和间接经济损失却是难以直接以货币计量的。系统重要性银行输出的社会边际成本远远大于私人边际成本，受损的是金融系统内更多的银行、金融机构、消费者、债权人及政府、社会，甚至是纳税人。

通常来说，金融负外部性的表现是通货膨胀、通货紧缩、金融危机，金融危机是金融负外部性的一种极端形式。金融危机这种极端的金融成本社会化的例证，对社会经济具有极其不利的影响。

第二节 外部性法学的历史进阶

一 外部性的法学逻辑起点

外部性法学思考遵循了这样一个范式，即自由主义—市场失灵—政府规制—政府失灵—法律规制。在本质上，政府失灵和市场失灵问题类似，均源于信息不对称和竞争不充分。

1. 市场失灵

对市场失灵最早的认识是基于边际效用价值论和一般均衡理论展开的，认为所谓市场现象是个人选择的结果。而垄断作为市场失灵的第一个表现是由张伯伦、罗宾逊夫人将垄断现象置于市场内生的地位来考虑而得出的，随后，新旧福利经济学以及西方经济学逐步将市场失灵范围拓展到外部性、公共物品和信息不完全或信息不对称等问题上。以萨缪尔森的《公共支出的纯理论》为标志，市场失灵理论此后又走过了几十年历程，市场失灵理论逐渐成熟并向着拥有固定研究内容的新阶段发展。自此，市场失灵有了一个完整定义：价格—市场制度偏离市场运行正常轨道，二者处于非均衡状态，致使市场不能对资源进行有效配置，市场经济出现低效率。

市场运行之所以没有达到均衡状态，是由经济人自身特性决定的，是因为经济人对自身利益过度追求最终导致了垄断、外部性、信息不对称等市场失灵。因此，如果没有有效的制度规制，经济人天生所具有的"搭便车"、转嫁成本、侵权等特性必然被呈现出来。当外部性、垄断或者公共产品等类似问题出现时，政府就必须进行规制。

2. 政府失灵

第二次世界大战后西方发达国家财政赤字不断攀升、通货膨胀持续上升、失业率居高不下等现象层出不穷，尤其是到了20世纪70年代，国家干预经济活动的效果并不像凯恩斯主义所设想的那么理想。政府干预经济的合理性受到质疑，政府失灵现象逐渐引起了关注。一方面，政府代表社会和公众的利益，需要按照社会和公众利益的要求去纠正市场失灵的不良后果；另一方面，在现实社会中，组成政府的自然人是经济人，在他们追求自身利益的最大化时，无法摆脱经济人特有的属性，政治家与选民都是"经济人"，政府会过度关注自身偏好。因此，并不能过多地实现公共利益，比如在进行政府规制时，一些政府及其他相关行政机关带着急功近利的目的，有选择地执法，又或者对市场主体实施骚扰式的"管理"，从而导致法在适用上变得支离破碎，甚至还会出现"贿赂立法"情形等。以布坎南和塔洛克的"政府失灵论"为核心思想的公共选择理论的形成，也印证了这一点。

在本质上，政府失灵和市场失灵问题类似，均源于信息不对称和竞争不充分。政府的经济人特性虽然不能彻底根除，却可以通过有效激励和约束政府官员，并改革政府体制等多项制度，使政府经济人的特性得以弱化。

3. 法律规制

法与经济的关系在先哲们对经济现象与法律现象进行描述时就有所体现，法与经济的关系早已被人们所关注，对法与经济的认识，也根据自己的立场进行了不同阐释，比如亚当·斯密在《国富论》中就提到了法律制度对价格体系的作用；意大利法学家贝卡利亚提出了"犾黠与刑罚均衡原理"；边沁提出，应该运用功利思想，即在痛苦与享乐计算基础上对英国立法进行改革；黑格尔的《法哲学》明确阐述了法律制度与经济基础的关系；当然，马克思也指出"法律不过是经济关系"。所以，早期的法与经济的关系并没有联合起来解决任何问题。

1958年Journal of Law & Economics（《法经济学杂志》）的问世以及1960年科斯的《社会成本问题》的发表，明确将法与经济学联系起来。科斯继承了斯密和边沁的立场，指出了法律制度在资源配置中的重要作用，以及法律制度与资源配置之间的内在联系。而且，对解决市场和政府都失灵的情况，经济法、新制度经济学、法经济学都起到了不可忽视的作用。针对外部性问题，科斯还提出，在一种行为一定会带来损害的前提下，要做的就是两害相权取其轻，而不是庇古所说的完全禁止污染厂生产或者采取其他惩罚措施。斯蒂格利茨也认为，因为受害者比政府更愿意知道有害事件是否会发生，所以不能仅仅依靠政府，而应该运用法律系统来确保不产生外部性。阿罗认为在对外部性问题进行处理的过程中，应通过设计新法律体系，依据生产者和消费者各自的信息进行判决，最后取得"被告"和"原告"的一致。

二 外部性的法学思想起源

从外部性法学研究的发展来看，外部性是法学界内部自由主义学者与反自由主义学者争论的问题。因此，研究法学外部性的概念，必须要了解自由主义与反自由主义学者争论的核心。

1. 外部性起源——涉己与涉他的简单判断

自由主义学者认识到外部性并给外部性下定义时，其核心是以"涉他"行为还是"涉己"行为为标准。最早如边沁主张，判断人的行为是正外部性行为还是负外部性行为，必须从行为效用和有用结果来判断，只有在确定情况下，法律才对这种外部性进行规制。此外，边沁还提出用道德方式对这种外部性进行约束。密尔在边沁的基础上，更加明确了这种思想，指出所谓外部性必是以涉己行为和涉他行为来分界的，涉己行为指只对自己造成影响或伤害的行为，而涉他行为必须有"外部性"行为作为依据，这是因为外部性行为会影响他人的利益或对他人造成伤害。哈耶克作为自由主义的杰出代表，他也赞同只有涉他行为才会引起法律规制，也即外部性问题以"涉他人的行动"为依据。哈耶克进一步指出，只有那些影响到他人的个人行动者，也只有"涉他人的行动"，才会引发对法律规制的阐释，而那些显然不属于"涉他人的行动"的行动，绝不应成为法官所关注的行为规制所调整的对象。比如几个人在家喝醉酒，然后睡去，或者嬉戏但并未影响到邻里休息,这样的行为只表现为涉己行为,并不是涉他行为,法律当然不需要对其进行规制;但是当这种醉酒后嬉戏影响邻里休息时,就是一种涉他行为了,也即因为一个或者一些人的行为影响到了其他人,此时便产生了外部性,法律或者道德要予以规范。

当然,此时自由主义在阐述外部性时,所涵盖的理念仍然只局限于涉己和涉他的简单区分中,但外部性理论的后期发展正是在这样的理念中生根发芽的。

2. 国家权利兴起——涉己与涉他判断的突破

国家干预的合法性是伴随着权利的拓展而进一步演进的,权利发展史的变迁,也是对后反自由主义即国家干预主义对外部性一个升华的认识。

反自由主义实际就是国家干预主义的前身,是国家干预论的理论基础,而国家干预的合法性是伴随着权利的拓展而演进的。17—19世纪天赋人权思想盛行,表明权利既不是来自法律,更不是来自政府,而是先于政府和法律存在的,因此当时,政府行为被严格限制。19世纪末20世纪初,在经济大萧条的冲击下,美国政府对权利概念进行了拓展,认为政府行为不再与个人权利无关,而是必须承担保障和实现个人权利的职责。随后到了20世纪70年代,在政府与权利的关系的界定中,政府被要求承担更多的权利保障职能。随着权利概念的不断拓展和权利的实现途径更加简易化,政府与权利之间的关系是相辅相成的,政府可以逐步介入公民权利并使其得以实现:首先,如任何人在与他人的经济交往中,不仅不能采取欺诈、强迫等负外部性行为直接侵犯他人利益,更不能滥用自己的经济力量或信息优势,为追求自己利益最大化而间接实施负外部性而损害他人利益;其次,如将关系拓展到个人与社会的相互关系中,要求每个人在与他人的经济交往活动中不能只是消极地不侵犯他人和社会的利益,还要积极地对他人和社会承担责任,所以政府为保证这种权利的实现,如以社会立法的形式对个人征收税收,为职工提供相应的福利等,就有了合法性;再次,脱离上述简单的关系,从宏观而言,政府有义务制定能够保证每个人在精神和物质上都可参与社会相互关联的法律,如保证市场公平竞争等(雷兴虎、刘水林,2007)。因此,政府对公民权利的保护愈加完备而且更加有正当性,而政府行为对公民权利的保护也使得权利概念的拓展和权利的实现途径更加简易。

自由主义认为对外部行为的界定应严格地按涉他的标准加以确定,而反自由主义者否定了个体的自由权利，认为外部性行为十分广泛，既包括涉己行为，也包括涉他行为和其他所有行为。反自由主义学派对以密尔为首的自由主义学派主要从两个方面进行了批判，首先，他们认为对外部性行为以涉他或涉己为标准进行划分本身就是不妥的，因为世间没有纯粹的"自涉性"行为，也不存在绝对没有涉他的外部性行为。而且，他们还认为即使是自涉行为（即所谓没有溢出的外部性行为），法律也可以干预，以酗酒为例，或以吸毒者为例，即使都是涉己行为，但这种行为本身也会给社会造成不良影响，甚至是伤害，因为他们给纳税人增加了负担，败坏了社会风气。其次，反自由主义学派认为，密尔对造成外部性损害的理解过于狭窄，按照他们的观点仅以涉己或涉他来判定外部性问题，实际上只强调了对某一特定个人或群体的伤害，并没有考虑对整个社会的伤害，而且也不是简单的个体伤害相加就是全社会伤害，因为社会伤害远远大于个人伤害的总和，即并不是像自由主义学派所认识的那样，个人利益简单结合就是社会利益。

因此，在一定程度上讲，对外部性的理解不单纯地以涉己或涉他进行阐述，结合反自由主义及国家干预论合法性的发展，对外部性的界定应以产生权益冲突为标准，而不应简单地划分是涉己还是涉他。

第三节　外部性的法学内涵

一　外部性行为的本质——权益冲突

权利与义务是法学最基本的范畴，权利是法律基本要素之一，是法哲学的基石。对权利的研究始于英国的边沁，作为法哲学家，他认为权利的本质或者核心是一种利益，是需要法律保护的。

之后，奥斯丁、庞德等学者都对此观点进行了延伸，着重强调了权利的利益本质与受法律保护的根本特征。因此，法律是保障当事人权利的重要手段。它不仅规范了各个当事人的权利范围，同时也相应地定义了权利主体应履行的义务；尤其是当某些人的权益受到损害时，法律还规定了如何处理权利侵害，从而保证各当事人的权益。

权益冲突是指法律所确认和保护的权利与义务处在不正常的状态，拥有权利的主体在实现自身权利或者利益最大化时，超越了法律预先设定的界限，从而造成了对其他权利主体的侵害或者妨碍；反之，承担义务的主体因没有遵循法律所规定的义务约束而作为或不作为，导致其相对人权利的损害。外部性问题涉及受损的产权问题，或者权利问题，这是因为产权（权利）即排他性的权益没有界定清楚或者不完整，使实施成本与效率相比过高。所以，外部性的本质必然是围绕产权（权利）行使而引发的权益冲突问题，正如王廷惠（2006）指出的那样，"权益冲突是利益失衡或者权利义务失衡，尤其在义务不确定、权利界限不清晰的地方往往容易发生权利冲突"。因此，对产生外部性的本质——权益冲突而言，必须通过权利与义务的平衡来界定。法律上的权利和义务，构成了法律关系的基本内容。

二 外部性行为的实施主体——无交易关联的经济行为人

经济学上的外部性是，外部性的接受者没有参与到制造者所实施的行为中，也即外部性的接受者是制造者实施行为过程中无关的第三人，一旦接受者参与相关行为，这种成本与收益均是内部的，不存在社会成本与私人成本问题，也就不是外部性。而且，外部性的制造者一定是有意强制接受者接受负外部性损害，在无意中让接受者免费享受正外部性收益。

以往的法学者，在考察外部性时，对外部性的认识往往局限于表面解释，即把任何一种产生权益冲突的行为都视为外部性，该认识实则是脱离了经济学原理对外部性的理解。因此，权益冲突发生后就界定为外部性是不对的。缺少经济学原理的法学分析是无源之水，不能成立。对外部性进行法学阐述，必须以经济学原理为基础；如果将任何一种权利义务不对等都界定为外部性，外部性理论就没有存在的理由。所以对法学外部性定义除了看是否产生权益冲突，还应考察外部性的制造者与接受者之间是否有关联的经济行为。当经济主体之间有直接利益关系的权益冲突发生，且经济行为人一方对直接利益关系主体另一方实施了侵害时，受合同法等的干预，并不属于外部性范畴。冲突决定了经济行为主体权利和义务的不同

(邹先德，1999)，但是，只有当也仅当利益冲突是发生在行为人和第三人之间，而不是任何两个主体之间，才可以用外部性理论来分析。也即经济主体之间没有直接利益冲突关系，尤其是一方实施行为时，对没有任何关联的第三方造成侵害或受益，此时外部性问题才产生。因此，只有没有关联经济行为的主体之间，因一方对另一方造成了权益冲突（有可能是收益，也有可能是损害），此时才称为外部性。

综上所述，法学视野中的外部性反映了无关联经济行为主体之间的权益冲突，冲突的结果是弱者承担了强者制造的收益或损害，如若利益失衡或矛盾激化，则影响社会稳定与和谐。

三　系统重要性银行外部性的法学概念界定

系统重要性银行外部性是指系统重要性银行行为对无关者权利或义务的影响，即系统重要性银行引起的权利或义务并未全部由系统重要性银行自己享有或承担：享有正外部性收益，承担负外部性损害。其本质是无关联经济主体之间的权益冲突，进而导致利益失衡。

系统重要性银行正外部性是指行为对不相关外部经济主体带来了收益，不相关外部经济主体却没有履行任何义务，如存在金融业务互相模仿、金融产品雷同以及营销策略抄袭等。对于系统重要性银行正外部性，可以通过知识产权法、专利法等进行保护，在立法上明确界定相关标准，并制定利益补偿规定。

系统重要性银行负外部性是指行为对不相关外部经济主体造成了损害或交易成本增加，造成不相关主体权益损失。按照法律一般权利义务原则，通过对权利义务进行配置来矫正市场缺陷产生的成本收益偏差。因此，对实施了外部性行为的经济主体，法律规定其有义务停止侵害、给受害者一定金钱赔偿，或者是其他方式的外部补偿。系统重要性银行负外部性主要是侵害了非系统重要性银行、国家、公民（纳税人）三方权益。

随着权利的发展，对产生权益冲突的行为进行规制时，必须以一切权利为中心，而权利、义务、责任、程序等都是国家干预的具体方法。系统重要性银行外部性是经济主体之间权利与义务的不对等，是强势主体对弱势主体利益的损害，进而导致利益失衡。因此，要解决外部性，就得通过外部规则在外部性主体之间重新配置权利与义务，重新恢复主体之间应有的平衡，达成实质意义上的公平。

四 系统重要性银行外部性的表现

外部性以许多形式出现，有些是积极的（收益外溢），称为正外部性；有些是消极的（成本外溢），称为负外部性。金融正负外部性表现出来就是引起了金融的正效应和负效应，当然正负效应是相对于经济发展之功效而言的。

当金融功能的发挥和经济发展之间存在较强的正相关关系时，金融正效应显现。金融是现代经济的核心，是经济助推器，这一观点已被人们接受，金融正效应更表现为对一个国家的贡献。从微观而言，系统重要性银行在金融创新中也承载着重要促进功能，系统重要性银行可以通过期货、期权的发展，以规避市场价格波动，通过货币互换、利率互换转移各经济机构之间的内在风险，同时票据发行便利又创造了更大的信用；资产或贷款证券为金融机构带来了巨大的流动性，金融信用衍生工具的创造可以转移或分散信用风险等，因为系统重要性银行是更专业化、更规模化的融资中介人，而且因其资金量大，其融通资金的作用在金融业中具有明显的导向性，有利于提高全社会经济运行效率，促进整个国民经济运行发展。从宏观而言，系统重要性银行的存在可以有效对抗金融市场中乃至由国际市场传导的风险，是具有一定社会责任的机构。1907年，摩根财团作为一家系统重要性金融机构，曾凭一己之力取代中央银行消弭危机，其重大作用得到各界认可，也佐证了系统重要性金融机构若监管引导合理会对经济产生企稳的功效。再如，作为一家大型的系统重要性金融机构，摩根财团在2008年的金融危机中转型为银行控股公司的摩根士丹利，收购贝尔斯登公司，为减缓危机中系统重要性金融机构的共振效应起到了极大的稳定作用。

但是，金融是一把"双刃剑"，金融业是一个正外部性与负外部性都很强的产业，尤其对系统重要性银行而言。从宏观层面来说，促进经济与社会的发展是系统重要性银行正外部性的突出表现；而通货膨胀、通货紧缩以及金融危机都是金融负外部性的突出表现。金融危机这种极端的金融成本社会化的例证，对社会经济更是具有极其不利的影响。因此，应抑制金融负外部性应生成，积极针对负外部性危害进行对策性治理研究，防范由于系统重要性银行倒闭而带来的社会成本增加。

第四节 小结

　　本章重点在从经济学视角对系统重要性银行外部性进行分析的基础上，透过外部性在法学的历史发展中的表象，探寻法学外部性的真正内涵，并指出法学外部性的本质是对无交易关联的经济行为人造成了权益冲突。

　　系统重要性银行正外部性意味着它的行为向社会提供了无偿贡献；系统重要性银行负外部性表明它的行为对不相关外部经济主体造成了损害或使交易成本增加，即造成权益受损。系统重要性银行外部性表现为金融的正效应和负效应。系统重要性银行的正效应远远大于负效应，金融功能的发挥能有效促进经济发展，而系统重要性银行负外部性一旦输出，会对经济产生极大的损害，因此防止金融负外部性输出就有着重要的意义。

　　本章的意义一是立足于经济学方法对系统重要性银行外部性的概念进行分析；二是基于法学原理，指出外部性的本质，为法学研究者对外部性问题的认识提供借鉴。

第三章 系统重要性银行负外部性问题的理论探析与破解

对于外部性问题的解决通常有三种矫正手段，一是通过市场交易行为自行解决（比如科斯）；二是当市场交易行为难以实现时，通过政府行为解决外部性问题（比如庇古）；三是通过法律规则和程序为解决外部性问题找到出路。当前，对系统重要性银行负外部性进行监管已成为国际金融监管学的重要研究内容之一。因此，本章旨在通过构建系统重要性银行负外部性治理征税理论模型，探析系统重要性银行负外部性在法学中的基石，寻找破解系统重要性银行负外部性监管的理论根源。

第一节 系统重要性银行负外部性治理的征税理论模型构建

外部性内在化是对溢出的经济利益或成本进行重新分配的行为或过程，通过一定手段将其分配给经济活动主体。经济学中提出由监管机构对金融机构征收附加税，使其支付相应的风险溢价，促使外部风险内部化。对产生外部性行为的厂家征税（Pigou，1912），成为经济学上用来解决外部性问题的主要方法。

庇古的核心思想是，因为存在外部性问题使资源配置难以实现效率最大化，因此通过政府手段——征税来调节经济主体私人与社会之间成本和收益的偏离，进而提高资源再配置效率，从而使市场在资源配置中发挥的基本作用得到保证。

下面运用外部性经济学原理（黄有光、张定胜，2008），对一个包含两个主体的外部性系统,用税收解表示外部性。

将主体 i 的效用函数定义如下:

$$U_i = U_i(X_{1i}, X_{2i}, \cdots, X_{ni}, e_i) \quad (3-1)$$

其中,U_i 是主体 i 的效用,X_{ni} 是 i 的第 n 种变量,e_i 表示主体 i 的外部性活动,若:

$$\frac{\partial U_j(X_{1j}, X_{2j}, \cdots, X_{nj}, e_j)}{\partial e_i} > 0 \quad (3-2)$$

则表示主体 i 的外部性活动对主体 j 的效用产生了正的外部效应,反之,若小于 0,则外部效应为负。

可将其外部性表示为如下的成本收益函数:

$$R_i = R_i(X_{1i}, X_{2i}, \cdots, X_{ni}, e_i) \quad (3-3)$$

其中,R_i 表示某经济主体 i 的成本收益函数,X_{ni} 是 i 的第 n 种变量,e_i 表示主体 i 的外部性活动。同样,若:

$$\frac{\partial R_j(X_{1j}, X_{2j}, \cdots, X_{nj}, e_j)}{\partial e_i} > 0 \quad (3-4)$$

则表示主体 i 的外部性活动对主体 j 的外部性为正,反之,若小于 0,则外部性为负。现在,给主体 i 定义一个外部性的利润诱导,则诱导函数以价格 p 和成本 c_i 表示,即为在一定成本约束下利润最大化生产组合:

$$v_i = (p, c_i, e) = \max \pi(X_i, e) \quad (3-5)$$
$$\text{s.t.} \ p \cdot X_i \leq c_i \quad (3-6)$$

其中,$\pi(X_i, e)$ 为主体 i 的利润函数。那么诱导的利润函数为:

$$v_i(p, c_i, e) = \phi_i(p, e) + c_i \quad (3-7)$$

因为外部性不通过价格而发生作用,则可将式(3-7)简写为 $\phi_i(e)$。解决负外部性的方法之一就是对其进行征税。假设主体 i 产生一个单位的外部性活动 e,政府对其征收 t 的税收。那么主体 i 利润最大化的生产选择可表示如下:

$$\max \phi_i(e) - te \quad (3-8)$$

式(3-8)成立的条件是:

$$\phi'_i(e) - t = 0 \quad (3-9)$$
$$t = \phi'_i(e) \quad (3-10)$$

按照负外部性的接收方 j 计算的话,则:

$$t = -\phi'_j(e) \quad (3-11)$$

联立式（3-9）和式（3-10），可以求出征收的税额和产生的外部性。$\phi'_i(e)>0$，$\phi''_i(e)<0$，随着外部性活动 e 的增加，税额 t 增加，但增加的速度逐渐变慢。而在政府的税额既定时，则主体 i 通过调整其施加的外部性活动达到最优的生产水平。

由于征税的目的在于对系统重要性银行的负外部性进行管理，正负外部性征税主要通过以下成本收益图进行分析。对系统重要性银行来说，其产生的外部性不仅仅包含两个主体系统，外部性也不只是对另一方产生成本，而是需要将外部性承受方拓展为整个社会的其他受其影响的主体。

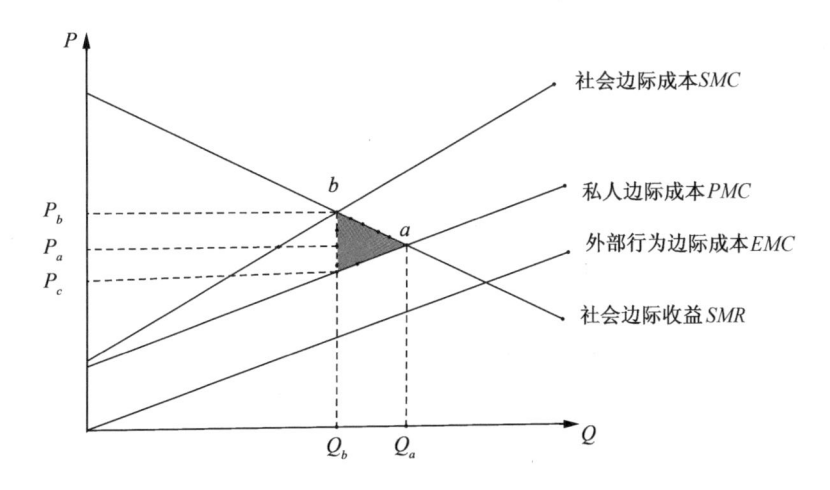

图3—1 系统重要性银行负外部性的成本收益

$$SMC = PMC + EMC \quad (3-12)$$

$$SMC = \sum_{i=1}^{n} MR_i \quad (3-13)$$

在图3—1中，系统重要性银行从事具有负外部性的活动时，其产生的私人边际成本为 PMC。当私人边际收益与社会边际收益相等时表示为 SMR；当私人边际成本等于社会边际收益时，达到私人利润最大化的均衡点，即 a 点。此时，系统重要性银行所提供的产品数量为 Q_a，产品价格为 P_a。但是由于系统重要性银行负外部性的存在，它的外部行为对其他金融机构和整个金融体系带来了外部性为负的边际成本 EMC。MR_i 为第 i 个负外部性承受方，由于系统重要性银行的负外部性而带来的负收益，即成本，所有承受方的负收益之和为负外部性的边际成本。这一边际成本随着其产品价格和产品数量的增加而上升，使整个社会的边际成本上升到 SMC。考虑到其负外部性，当社会边际收益与社会边际成本相等时，即以 P_b 的产品价格提供 Q_b 的产品时，整个社会达到帕累托最优。图 3—1 中的阴影部分为由于系统重要性银行负外部性而产生的净社会福利。征收的税额 t 为 P_b 与 P_c 的差额。在征收了 t 值的税额后，系统重要性银行的私人边际成本上升至与社会边际成本相等，均衡点从 a 点移向 b 点，达到帕累托最优。

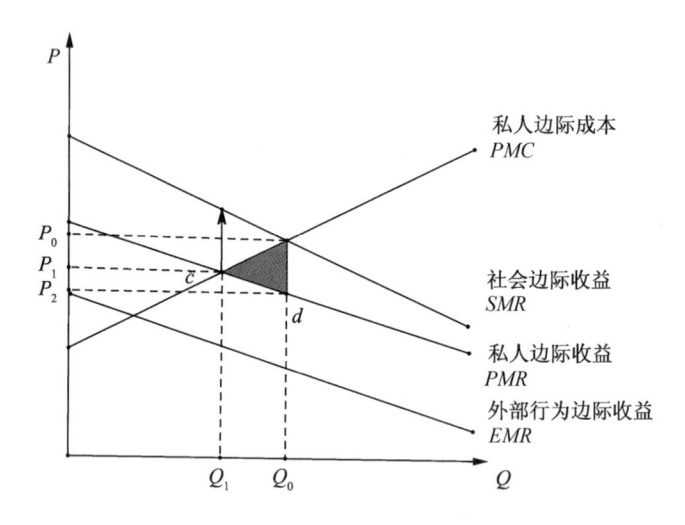

图 3—2 系统重要性银行正外部性成本收益

在图 3—2 中，系统重要性银行在产品数量为 Q_1 时私人边际收益等于私人边际成本，利润达到最大值，而整个社会达到利润最大化时产品数量为 Q_0，正外部性特征给系统重要性银行带来的结果就是供给不足，其提供产品的数量小于社会供求均衡时的数量，市场的需求没有得到满足。系统重要性银行提供的产品价格 P_1 小于利润最大化时的均衡价格 P_0，造成系统重要性银行由于价格低、利润空间小而缺少持续运行的动力。图中的阴影部分为生产者剩余遭受的损失，解决这一问题的办法就是政府进行补贴，以提高其利润并增加经营积极性。政府补贴的金额应使实际担保价格为 P_0 时整个社会达到帕累托最优，即补贴为 P_0 与 P_2 的差（克鲁格曼，

2010),从而达到整个社会利润最大化的帕累托最优。补贴实际上可以看作负的庇古税,即 $t = -\phi'_j(e) < 0$。

以上从经济学原理的角度给出了对负外部性征税的表达式和成本收益图的阐述,为对系统重要性银行征税提供了一定的理论基础。对系统重要性银行征税的目的是,将发生金融危机时政府救助的成本提前收回来,最终让系统重要性银行自己承担起负外部性输出的成本,有时把这种征税称为银行风险税,或危机责任费,其宗旨是内化其负外部性。

从理论上而言,庇古税对外部性的解决,实际上忽略了政府行为成本问题,因为政府行政机制并非不要成本,实际上有时成本高得惊人,对系统重要性银行征收庇古税存在一定难度。首先,由于经济体系中存在若干可对其他机构产生外部效应的系统重要性金融机构,所以这一外部效应是双向的,每一个系统重要性银行既是施加外部性的一方,又是被外部性所影响的一方,很难单独提取外部性的成本或收益。其次,由于税收增加了系统重要性银行的成本,所以系统重要性银行没有动机报告其真实的边际收益函数或边际成本函数,而受影响的一方也会夸大其成本或损失,进而无法准确度量征收税额的大小。最后,对系统重要性银行的社会成本和外部行为边际成本进行衡量也存在一定难度。在没有发生过系统性危机的国家,对社会成本进行衡量更是困难。而在已发生过系统性危机的国家,社会成本变量的选取也难以取舍。

从实践上来说,次贷危机后,各国政府纷纷通过动用纳税人税收来救助金融机构,金融交易税呼之欲出,时任美国总统的奥巴马在 2010 年 1 月提出向接受过政府救助和资产超过 500 亿美元的大型金融机构征收金融危机责任费;英国政府在 2010 年度财政预算中提出为遏制银行高风险投机活动要开征银行"风险税";德国提出针对资产负债表征收"金融部门税",对金融机构利润或收入征收"金融交易税"。但是实践中,法国在 2013 年成为第一个开征金融交易税的国家,其将一次性双倍征收银行业系统性风险税收作为永久性措施。欧盟 2016 年也提出向支持征收交易税的 11 国(开征金融交易税的计划得到了欧盟 28 国中的 11 国支持)发生任何金融产品买卖的双方征收金融交易税,即使交易方是根本不在这 11 国的机构,借此降低由于征税而导致的交易活动向其他地方转移的风险。金融交易税从提出至今,仍未在全球范围内达成一致意见。而且欧美各国由于受到法律的严格限制,虽然相关法案有提及,但是征税量的起征点如何设计，存在一定困难。

综上所述，虽然实践中对系统重要性银行征税后，系统重要性银行由于成本加大，可能会因过分追求高效益而脱离资本经营监管底线造成更大损失，会使其支付缺口扩大，从而加剧其外部性行为，并不利于金融资源有序发展。但是，征税的目的在于，通过税收由系统重要性银行最终承担被救助成本，克服政府必须以纳税人的钱进行救助而导致的道德风险，征税是对系统重要性银行课以公法上的义务，是对其负外部性内部化处理的手段，也是更好的、更直接的一种方式。而且，就系统重要性银行外部性而言，即使在宏观尺度上，粗略地对系统重要性银行外部性进行估算，也具有积极的意义。

第二节 科斯定理与系统重要性银行负外部性问题探析

哈尔·罗纳德·范里安（1995）曾指出，除了对产生外部性行为的厂家征收税收外，协商（科斯，1960）也是一种有效解决外部性问题的方法。

一 协商与合并对解决系统重要性银行负外部性问题的不适用性

科斯在1937年的《企业的性质》与1960年的《社会成本问题》中，提出了"交易成本"这一概念，强调资源产权配置的不同将导致经济产出的不同。科斯思想的成就正在于"交易成本"与"产权界定"的提出。此后，1966年斯蒂格利茨在其著作《价格理论》中第一次提出了"科斯定理"，即在完全竞争条件下，私人成本和社会成本是相等的[1]。国内学者以黄少安（1995）为代表，将科斯思想视为三个定理的集合。科斯交易成本

---

[1] 参见 Stigler, George J., *The Theory of Price*, 3rded, New York, MacMillan, 1996.

理论逐渐被经济学者们认为是产权制度与外部性问题之间最好的桥梁。

科斯第一定理认为，外部性问题是由产权交叠所引起的冲突，因此存在外部性制造者拥有产权和外部性承受方拥有产权两种情况。对科斯第一定理可以通过图3—3加以解释。NMR表示外部性制造者的边际净收益曲线，MEC表示实际外部成本曲线。

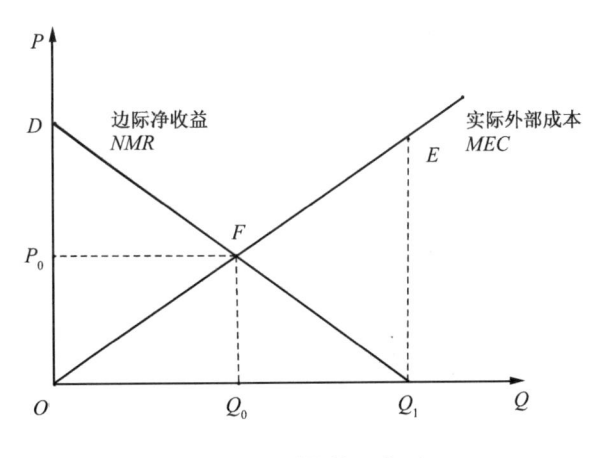

图3—3 科斯第一定理

在图3—3中，当外部性制造者有产权时，它在产量为Q_1时，NMR = 0，实现效益最大化（效益为DOQ_1的面积），然而与此同时，外部性承受方承受的外部性影响也最大。为减少影响，外部性承受方自愿根据MEC对制造者减少的产量提供补偿。因此MEC实际上就成为外部性承受方愿意为对方支付的最高边际补偿的曲线。当产量为Q_1时，外部性承受方愿意接受的补偿最大，而当产量为Q_0时，NMR = MEC，达到均衡，补偿停止。同样的道理，在外部性承受方拥有产权的情况下，MEC就变成外部性承受方向外部性制造者要求的最低边际补偿曲线。同理，二者的均衡点依然为(Q_0, P_0)。因此，只有当实际产量固定在Q_0时达到均衡，也实现了资源的优化配置，均衡产量为Q_0。

科斯第一定理所要阐明的观点是，只要交易费用为零，外部性问题参与者可通过协商解决问题，实现整体利益的最大化。至于产权的最初分配是无关紧要的，而且直接的政府规制未必会带来比市场和企业更好的解决问题的结果。"没有理由认为由于市场和企业不能很好地解决问题，因此政府管制就是有必要的。"科斯第一定理，应该说只是科斯研究的起点，现实中是很难用来解决外部性问题的。

第一，科斯提出"协商"的手段，是为了反对庇古提出的所谓当社会成本大于私人成本时政府就应该征收税收。而且无论是科斯还是庇古，都是针对生产型的企业社会成本大于私人成本展开研究的，论证的是通过何种手段使经济达到帕累托最优，即优化效率问题，科斯的"协商"方法显然不能用于解决银行外部性问题，系统重要性银行负外部性造成的损害是无法通过协商来抵消的。第二，外部成本内部化要求企业规模尽可能扩大，从而将外部性内部化，这对企业而言，本身就存在很大难度：如果企业规模过度扩大，则有可能进一步导致垄断的产生和新的市场失灵。也即对于发生亏损的系统重要性银行，由其他盈利的银行对其进行合并也不符合客观现实。鉴于庞大的债权债务链、复杂的跨国业务，在合并过程中，风险就可能进一步传染并波及全世界，次贷危机就是鲜明的案例。而且，盈利的银行对其他银行进行合并，这样所带来的结果只会形成负外部激励，加剧更多低效率银行负外部性的行为。

张五常指出，外部性是根本不存在的，交易成本为零理论也是不成立的，科斯对此也深表认同。张五常在《经济解释》中反对使用"外部性"的概念，认为应该从交易费用和合约研究私人成本和社会成本背离问题，在他看来，所有的经济活动都可以看作是一种合约安排。

实际上，科斯定理的理论意义大于实践意义。科斯定理并不是新古典经济学方法在外部性问题上的拓展，更不是经济自由主义者试图找到的捍卫新古典经济学的理论支点。科斯定理的贡献不在于以"协商"内部化方式来解决任何外部性问题，而是通过"法治"路径以及界定产权方式来解决冲突问题，优化市场资源配置，通过法院做出判定，解决不相干主体的受损问题。

二 对科斯定理的延伸思考——成本收益法

当交易成本过高时应当引入法律干预政策的主张，已经深深改变并影响着当代立法改革和司法判案，但由此产生的后果是法律部门过多地干预经济，以美国 2010 年发布的《多德—弗兰克法案》为例，要求超过 20 个的监管机构制定 398 部监管规章，而且人们对法律干预的实际效果也产生了过高的期望，以致遇到任何问题都是完善立法和司法介入。再以美国20世纪80年代所颁布的三部法案为例，即1980年的《存款机构解除管制与货币控制法案》使次贷合法化；1982年的《可选择按揭贷款交易评价法案》允许浮动利率抵押贷款和大额尾付贷款；1986年的《税务改革法案》允许下调主要住房的抵押贷款利率，刺激了对抵押债务的需求。这三部法案，曾对美国金融快速发展、经济有效回升起到积极作用，但在一定程度上这三部法案又对美国次贷危机的爆发起到推动作用，因为三部法案的初衷是对"居者有其屋"的制度性支持，通过税收和补贴办法使社会既得经济利益重新分配，结果却是，各金融机构在次贷市场上赚得盆满钵满，金融杠杆被过度放大，而泡沫破灭后，金融王国随即坍塌，全球经济受阻。尽管我们不能把次贷危机的爆发归咎于这三部法案，但是三部法案监管过度宽松的问题，却是显而易见的。

因此，科斯虽然提出了法治功能及其对市场的影响，却忽略了法律界权过程中本身的机会成本和一定的效率损失，以及法律框架下的产权交易成本。为了"节省市场交易成本"而进行界权，法律付出的成本有可能相当高甚至更高，所以，法律也是有外部性的，在制度安排中（包括法律作为一种制度选择），法律也需要在不同规则之间按照交易成本大小进行选择，以实现社会福利最大化，而交易成本的分析，实际上就是成本收益法在制度分析中的应用。对于外部性，既可以通过谈判由当事人自己解决，或者采取外部性双方合并成一家企业的方式解决，或者采取长期契约的方式解决，还可以通过政府征税、管制等方法解决。而问题的核心在于如何选择合适的制度来解决负外部性，关键在于哪一种制度安排的成本是最小的。

法学学者们在前述外部性经济学理论的基础上，基于科斯第二定理的发展，以及德姆塞茨法律论、斯蒂格利茨新制度经济学的进一步阐述，提出以经济学与法学中民法、经济法、行政法、环境法等学科领域相结合的规制。而且随着1958年科斯《法经济学》的问世，法经济学进一步发展，经济学中的成本收益法等引入使法律的监管与效率的评估有了实证基础，法律外部性也可以通过实证方法予以考证，法律不仅有事后的惩罚，更侧重于对事前的预防，外部性方法也得以较深入的发展。

第三节 系统重要性银行外部性问题的法学探析

法律方法是现代法治社会的基本的矫正方法。相较于经济学而言，法学关于外部性问题的阐述较零散、不系统。其对外部性的研究涉及企业、农业（林业）、贸易、环境等方面，对应农业补贴法律制度、反倾销法、知识产权法、环境保护法、经济法、民法、刑法等领域。法律学界也试图通过法学进阶方法来寻找其理论源头与依据。作为较早研究外部性问题的法学学者，应飞虎提出，外部性问题的存在为国家干预预留了空间，对于程度强弱不同的外部性问题，可以选用民法或经济法，或者是刑法来解决。其中，侵权法是民法中解决外部性问题的主要方法，经济法更倾向于政府能直接干预的公法领域。在外部性问题的法学应用上，环境保护法已成为解决环境污染负外部性问题的不二法则；知识产权保护法主要用来解决正外部性问题。

一 财产法是解决系统重要性银行外部性问题的核心

中国没有明确的财产法，与财产相关的法律主要集中在民法中，如物权法、婚姻法、继承法等。虽然民商法也能在保护与促进公共利益方面发挥一定作用，但它毕竟属于个体利益本位法。民商法只能规定私法主体在追求个人利益时不得损害公共利益如公序良俗原则，并不能给私法强加促进公共利益的义务，其对公共利益的促进与保护始终是从属的、消极的，因而，不能满足当代人对公共利益的需求。因此，外部性在民法中的运用主要体现在对民法价值的追求，即公序良俗原则的实现上，公序良俗原则有利于公共利益的促进与保护。

财产法作为民法的核心，主要涉及个人财产的占有和转让、时效占有、不动产的自由持有、财产的未来利益、婚姻财产的分配、共有财产等方面的内容，以及关于土地的法律规定，如土地的买卖、租赁、抵押、立契转让、地役权、分区制和土地使用的公共管理等几个部分。因此，公序良俗原则是财产法解决外部性问题的基础。具体而言，外部性问题需要产权的界定、保护，而财产法、物权法等是权利赋予和保护的基本思想。

财产法的最大作用在于促进资源和其最佳使用者之间的结合，为这个结合创造合适的制度环境，即促进将产权分配给最有效率的使用主体，从而使产权指向的财产能够发挥最大的作用，以最大化社会福利水平。

产权赋予规则，即在产权形态默认为私有产权的前提下，如何将产权分配给相关主体的规则，它影响着资源使用效率。而且，产权在确权后，还需要明确产权使用和冲突发生后如何进行保护的问题。一旦产权冲突即产生了外部性，意味着模糊了产权成本和收益之间的关系，无法促进资源和其最佳使用者的结合，进而直接影响资源的使用。因此，在赋予权利的情况下，只要符合卡尔多—希克斯效率，就要允许这些权利存在。而且，产权赋予的是相关主体在产权赋予过程中同时实现收益大于成本（或者至少等于成本），这是一个多头均衡状态。在这个均衡状态下每一个相关主体——权利享有者、权利确认者、责任承担者都有动力推动权利的界定和实施。社会选择确定一项权利，其根本目的和要求就是该权利被正式确定后能够顺利地自我实施，进而促进该项权利指向的财富被效率最大化地利用，实现社会福利的最大化。

二 合同法是解决系统重要性银行外部性问题的思路

为使资源能够被动态地调整到其最佳使用者手中，合同制度就应运而生。合同法是直接构建交易制度的法律制度，其目的则是提高交换效率，降低自愿交易中的交易成本，合同及合同法就是降低交易成本的重要制度安排。但市场并不是完全竞争的，垄断、外部性、公共产品和信息不对称等因素导致市场失灵，这些因素阻碍交易顺利完成。垄断不仅可能导致合作剩余分配的不公平，而且可能形成强制交易，损害和降低非垄断方的既有社会福利。公共产品的自我供给不足特性使社会采取自愿交易外的方式供给公共产品。信息不对称则直接形成准确判断交易中的合作剩余和风险值的障碍。

合同法的作用就在于构建一种机制，实现交易成本的最小化，而完全竞争市场就可以使其以最小的成本完成交换，实现资源的最佳配置。但完全竞争市场的成立需要众多外部条件，合同法就是以法律强制力来构建一个制度环境，这个制度环境最大化地接近完全竞争市场顺利运行要求的制度条件：竞争充分、信息完全、完全理性，减少和消除垄断、外部性、信息不对称、公共产品等导致市场失灵的因素，最小化交易的直接成本，实现交换效率最大化。

外部性问题在交易中对交易外的第三方造成了影响，因而需要对交易进行调整和管制。严格来说，外部性问题与合同法所体现的精神是对立的，合同法所解决的是约定好的权利义务关系，而外部性问题正好与之相反，外部性问题是无法确权的两个主体之间（二者本身是不相关的）产生了损害与收益问题。因此，外部性问题的解决思路源于合同法的规制，即通过一定的方式，让无法确权的二者之间形成权利义务关系。具体来说，当一方对没有权利义务关系的另一方造成了侵害或收益时，法律通过赋予一定权利义务关系从而解决外部性问题，只有在事后造成损害和形成收益时，才形成一定的权利义务。在某种程度上，这可以让外部性转化为合同法可以调整的内容，即通过运用合同方式，将两个没有权利义务关系的关联方转化为有权利义务关系的关联方，使其外部性问题内部化。

三 侵权法是解决系统重要性银行外部性问题的基础

侵权法是当一个人的权利受到侵害时，按照什么样的规则来认定侵害成立和按照什么标准使侵害人对受害人进行补偿的法律制度体系。合同法是当事人进行交易时基于自愿的流转，法律规定权利人不需要在强制状态下进行任何交易。侵权法建立的基础正好与合同法的目的相反，因为侵害人实施了加害行为，致使受害人的权利受损，而导致侵权发生的原因是当事人之间高昂的交易成本阻碍了自愿协商。侵权赔偿是民法中对侵权责任的主要解决方式。侵权法约束是通过补偿和威慑来实现的，即在有明确的相对权利主体（侵权法中一定是需要明确权利主体的，否则侵权难以界定）的负外部性关系中，通过一般侵权损害赔偿矫正负外部性。正如科斯所指出的，侵权行为是社会不得不付出的成本。比如铝厂将产生的污水污物倒入河流中，处于下游的渔场因此而受到了损害，产生了负外部性影响。此时，渔场有权要求铝厂停止损害以防止损害进一步扩大，并赔偿渔场在此经营过程中的全部损失，包括直接的和间接的。卡拉布雷塞（1972）在《事故的成本》里提出侵权法就是将意外事故的社会成本最小化，通过当事人对事故的预知判断，尽可能达到最优化。

不过，需要指出的是，当经济行为主体造成不特定人群的负外部性时，是无法用侵权法实现权利救济的，侵权法此时对外部性问题的解决是无能为力的。比如焦化厂等高污染企业在发展的同时，却造成空气污染，侵害对象是周边的居民甚至更远的不特定人群，使整个社会成本加大。系统重要性银行在倒闭时，不仅会直接影响与其以金融关系相连的金融业中尚有盈利能力的其他金融机构，甚至将负外部性输出到纳税人、国家，直至发生金融危机、社会动荡。因此，侵权法是无法解决系统重要性银行外部性问题的。

对于不特定主体受害人或受益人的外部性问题，由于没有人主张权利要求赔偿，也没有人能主张到这种权利，外部性问题是难以解决的。当系统重要性银行倒闭时，如果仅是单个系统重要性银行倒闭，负外部性可能对个体受害人的利益（几个或者多个非系统重要性银行由于业务关联而受损）损害大，对国家社会整体利益损害小；当系统重要性银行倒闭并波及整个金融业时，负外部性对国家、纳税人、非系统重要性银行造成的损害都很大，无论哪种损害，负外部性通过侵权法都难以得到解决。即使受害人举证成功，司法程序上的问题也使负外部性的解决根本无法进行下去，负外部性无法得到克服，所以公权力介入干预就相当必要了。

四 公法是解决系统重要性银行外部性问题的保障

外部性理论的形成伴随着市场、政府的失灵。外部性问题的产生，为政府干预理论奠定了基础，公法对外部性问题的干预就是政府采取干预措施尤其是通过制定经济领域的法律法规来发挥其维护社会公共利益的职能，其中政府行为受制于法律稳定性、连续性、公正性等属性。而且，从法理的角度来说，系统重要性银行是市场经济竞争到达垄断的最终自我选择过程，而政府无形中依赖并进一步纵容了系统重要性银行信贷扩张、信用扩张，因此通过国家干预来治理市场失灵与制度失灵问题，已经远远脱离了由私法干预市场机制的优化资源配置的初衷。

日本经济学家植草益指出，如果经济运行中存在诸如垄断、不完全竞争、信息偏差和外部性等市场失灵问题，法律规制就有了存在的土壤。政府通过建立健全各种法律、制度和规章，由国家保证实施，并通过强制手段要求外部性经济主体必须履行义务或主张权利，在外部性主体之间重新有效分配权利和义务，强制外部性问题内部化，从而达到利益均衡，促进外部性问题的避免和解决。当然，解决外部性问题的难点从法律上来看，是当事人之间缺乏法定的权利义务关系，公权力就是达成这种权利义务关系的推手，对法律上没有权利义务关系的外部性主体进行干预形成具有一定权利义务关系的主体，使问题得以解决。这种方式不仅适合负外部性，也适合正外部性。比如在系统重要性银行开发具有创新性的金融产品时，法律可以提前通过立法明确规定受益方，即其他非系统重要性银行需向外部性制造者支付一定的费用，进而使双方的权利义务法定化，使外部性从一种无权利义务关系转化为一种法律上的权利义务关系，解决外部性问题。对于金融机构由开发新金融产品而产生的正外部性问题，国家可以通过专利法、知识产权法明确规定受益者应向该行为主体支付一定费用，用以补偿其成本。

公法救济对公共利益的促进与保护始终是积极的、主动的。公法领域尤其是经济法中的反垄断法、反不正当竞争法等所追求的价值就是与民商法立法目的相反的追求，并不是一味地规定个体以实现个人利益为目标，而是要以维护公共利益为己任。因此，随着外部性理论的兴起，公法逐渐成为解决外部性问题的法律基石。

总之，法律的核心在于通过国家强制权力来规定当事人的权利和义务，从而形成具有普遍约束力的社会规范。权益冲突引起法律干预的方式有两种，一种是私法领域矫正，另一种是公法领域矫正。当行为发生在交易内部，基于有直接利益关系的当事人之间，侵害了合同法、财产法、物权法，甚至婚姻法时，可以用民法、商法、侵权法加以矫正。但是，在现实中有些问题是它们无法干预的，比如垄断、消费者权益受损等，并且，要求行为不侵犯他人和社会的利益，积极地对他人和社会承担责任。所以，随着国家权力的兴起，社会福利、职工权益等问题愈加需要国家层面法律的干预，并保障其实施，国家权力干预也就具有了合法性，私法无法解决的权益冲突也就派生了公法领域来加以干预，并矫正，比如环境侵害等问题。

第四节 解决系统重要性银行负外部性问题的法学途径

因为在政府"有形之手"对市场失灵做出矫正的过程中存在政府无法解决的难题，国家干预经济的基本手段是法律，通过法律形式做出前瞻性的规制，能够在外部性问题解决方面发挥重要作用。李昌麒等（2001）指出，对于外部性法律层面的研究，一定不能仅停留在经济学领域，而应透过经济学领域外部性的表象，寻找到法律层面适合解决外部性的处方。法经济学学者也提出了一个普遍观点，即法律可以通过对行为进行事后惩罚来解决外部性问题，也可以通过事前的法律规则、激励机制来实现外部性问题的事前预防。同时通过规范事后惩罚机制落实并解决外部性问题。在系统重要性银行负外部性问题的解决上，可以运用法律手段，减缓系统重要性银行负外部性造成的损害，建立事前机制和事后机制，解决系统重要性银行负外部性问题。

一 建立解决系统重要性银行负外部性问题的事前解决机制

由于金融业本身所具有的公共性特征，很难像对待一般企业那样，通过庇古的方法或者科斯的方法，由政府征税或者通过协商方式，将外部性问题内部化解决。解决系统重要性银行负外部性问题的最有效办法是依靠金融监管法律制度。消除私人所有权在行为中的壁垒是解决负外部性问题的核心，而关于如何消除此种障碍，米瑟斯提出，可以通过改革法律，或者改良受损法律，重新分配权利责任，从而得到解决。张守文（2011）也提到，法学研究在很多情况下是在解决外部性问题，因为权益冲突产生的权利义务重新分配是法学的基础范畴。法律制度的构建是对不同主体权利义务调节机制的确认，权利义务调节机制服务体系是解决广泛权益冲突的有效手段。

事前解决机制的核心是界权，即界定主体之间的权利义务关系；而事后解决机制重在完善危机处置机制及权利救济制度。法律是通过权利和义务的配置来调整社会关系的特殊社会规范。因此，系统重要性银行负外部性的本质是权利的行使可以通过平衡利益来解决权益冲突问题，通过外部规则在外部性主体之间重新配置权利与义务，重新恢复主体之间的平衡，达成实质意义上的公平。对于系统重要性银行这个侵害主体，课予系统重要性银行义务，即限制它的系统重要性，限制规模扩张，等等。对于受害主体——非系统重要性银行、国家、纳税人，则赋予它们更多权利，其中国家与纳税人是不特定主体。具体而言，对于非系统重要性银行，实施差异化监管，鼓励非系统重要性银行尤其是中小微金融机构发展等。对于国家，由于不特定主体确权太难，侵权之诉难以实现，因此，将对国家赋予赔偿权利判定为对系统重要性银行义务的限定，即要求系统重要性银行践行社会责任；同理，对于纳税人（公民）而言，要求系统重要性银行必须提供公平的金融服务，尤其是弱势群体也可以获得金融服务。

二　建立解决系统重要性银行负外部性问题的事后解决机制

事后解决机制重在建立健全系统重要性银行危机处置制度及程序，完善权利救济制度，防止负外部性发生后，不能及时有效地进行控制而酿成更大的风险，加剧社会成本的扩大。由于当前中国关于金融机构的危机处置制度及程序尚未建立，所以对系统重要性银行而言，事后解决机制的重点在于危机处置制度及程序的建立。

对于事后处置措施，应确立如下目标：首先，以市场化救助为核心，在处置过程中尽可能维护机构的关键性服务功能；其次，要保证合理分担损失，尤其是让机构的股东、相关债权人分担更多责任和损失，而不是仅限于法律中有限责任的规定；最后，一定要以纳税人利益损害最低为原则，尽可能降低系统重要性银行破产后社会遭到的损失。

完善事后解决机制的程序，是具有普遍性的，并不局限于系统重要性银行负外部性的解决，尤其是针对多以环境责任引起外部性问题，此时法律可以适当拓宽外部性诉讼案件原告适格标准，合理配置外部性诉讼案件原被告举证责任等，实现权利救济。对于系统重要性银行负外部性，其受损的相对人是国家、纳税人、非系统重要性银行，对非系统重要性银行而言，由它提请侵权诉讼，有一定的可行性，但是对国家及纳税人而言，主体的不确定、举证责任、损害的确定都是难以实行的，而且即使进入法律程序，也是难以判决的，在中国目前没有实践基础。一项制度从提出到实施，尤其对法律制度而言，显然需要很长的时间，因此，法律制度的创新完善是一个亟待验证而又漫长的过程。

第五节　解决系统重要性银行负外部性问题的道德、良心因素

尽管经济学、法学均对外部性做出了一定的理论分析，但是并不是单一的制度安排就可以解决几百年来市场经济中存在的外部性问题。外部性从表面上看是经济性或法律性的，但实则更应该是社会性的，经济体制、法律框架、道德伦理、社会传统以及人的本性等诸多因素，都会对其造成一定影响，在多种因素作用下，便产生了不同程度和不同形式的外部性。追根溯源，经济问题已不能单纯地运用经济、政治、法律手段来解决，应该综合运用道德、法律、哲学、物理学等理论手段，否则一切将如无源之水、无本之木。

诺斯指出，除了产权和法律制度有效地结合外，更需要一个道德优良的人去经营这个市场，一个诚实、正直、合作、公平、正义的市场环境，才能使一个有效率的自由市场制度更加健全。道德的重要性不言而喻，而且，系统重要性银行负外部性在一定程度上，也是在道德风险滋生的作用下形成的。道德风险一词，最早由英国经济学家 Henry Thornton 在 1802 年引入金融领域。所以对系统重要性银行而言，负外部性问题的解决，道德风险防范也是尤为重要的，系统重要性银行道德风险不容小觑。金融稳定理事会早在 2009 年就提出了应对"大而不倒"金融机构道德风险问题的总体框架[①]，2010 年在此基础上提出了加强系统重要性银行防范道德风险

---

① 金融稳定理事会：《降低系统重要性金融机构道德风险的工作计划》，2009 年。

的具体建议①。"徒善不能以为政,徒法不能以自行"(《孟子·离娄上》)。很显然,市场有效运行的基础一是市场机制的自我修复,二是法律制度的合理安排,而更重要的是来自人的主观因素——道德的体现。良好的道德行为可以有效降低交易支出的费用,减少由于人为因素而造成的市场失灵,进而提高市场运行能力,如此在一定程度上可以有效地解决国家强制干预所带来的负面效应。因此,道德与法律从来都是法治社会的有效结合的武器,道德对秩序、效率的贡献是无价的,也无须付出任何代价。而且哈耶克认为,正义制度的供给对外部性问题的解决有促进作用,良好的制度有益于社会目标的实现。

综上所述,从庇古的政府干预,到科斯的界定产权并合理安排,再到以保罗·罗默和罗伯特·卢卡斯为代表的从动态外部经济出发研究外部性,外部性理论研究有了长足的发展。而今天外部性研究已经形成了许多经济学分支学科,比如产权经济学、新制度经济学、环境经济学、法律经济学等。在重新认识外部性时,一定要注意到外部性理论已经不是纯粹经济学的内容了,已经渗入到社会学、法学、人口学等多个领域,它的外延更加广阔。而外部性问题的解决也一定要从多学科的视角分析研究。

第六节 小结

本章重点运用常用的三种负外部性的矫正手段,破解系统重要性银行负外部性问题。

(1)基于经济学原理中的成本收益法,运用效用函数,构建系统重要性银行负外部性治理征税理论模型,给出对系统重要性银行负外部性征税的理论表达式,通过税收手段让系统重要性银行最终承担起救助成本,以内化其负外部性。

(2)科斯的"协商"与"合并"并不适合系统重要性银行负外部性问题的解决,而且科斯定理忽视了法律界权过程中本身的机会成本和一定的效率损失。因此科斯定理的价值在于提供法治的思想,但在运用法律监

---

① 金融稳定理事会:《降低系统重要性金融机构道德风险的政策建议及时间表》,2010年。

管时要注意成本与收益的比较。

（3）系统重要性银行负外部性的本质是权利的行使可以通过平衡利益来解决权益冲突问题，通过外部规则在外部性主体之间重新配置权利与义务，重新恢复主体之间应有的平衡，达成实质意义上的公平。基于法学原理，提出系统重要性银行负外部性问题的解决关键是要建立事前和事后解决机制，事前机制关键在于界定系统重要性银行与利益相关方的权利和义务，事后机制则在于完善系统重要性银行危机处置及退出机制、完善权利救济制度等。

（4）外部性问题并不是简单的经济学或者法学的问题，外部性问题更是社会性的，因此对于外部性问题应该运用多学科的视角去解决。

本章的意义在于基于经济学与法学的研究方法，对系统重要性银行负外部性的矫正手段进行了阐述，为下文中国系统重要性银行负外部性监管问题的展开奠定了理论基础。并基于法学对外部性问题解决的探讨，对法学负外部性问题的认识进行了总结与延伸，为法学研究者提供一点借鉴。

第四章 中国系统重要性银行负外部性的传导机制及表现

中国金融业经过改革开放以来40多年的发展，整体行业经营能力增强，但面临着金融常态化以及金融包容发展滞后的挑战。中国银行、中国工商银行、中国农业银行、中国建设银行先后成为全球系统重要性银行，加上交通银行，目前被原银监会认定为中国的系统重要性银行，而这五家大型商业银行对中国银行业的发展有着至关重要的影响，一旦负外部性输出，其破坏力不敢想象。本章旨在对中国系统重要性银行负外部性传导机制及表现进行分析，进一步深化对中国系统重要性银行负外部性问题的认识。

第一节 中国银行业发展现状及面临挑战

一 中国金融监管模式特点及金融业发展趋势

自改革开放以来，中国金融业初步建立了门类齐全、多层次的金融市场体系（见图4—1）。

2015年9月28日，原"一行三会"和国家统计局印发了《金融业企业划型标准规定》，按《国民经济行业分类》将中国金融业企业分为货币金融服务、资本市场服务、保险业、其他金融业四大类（见表4—1）。

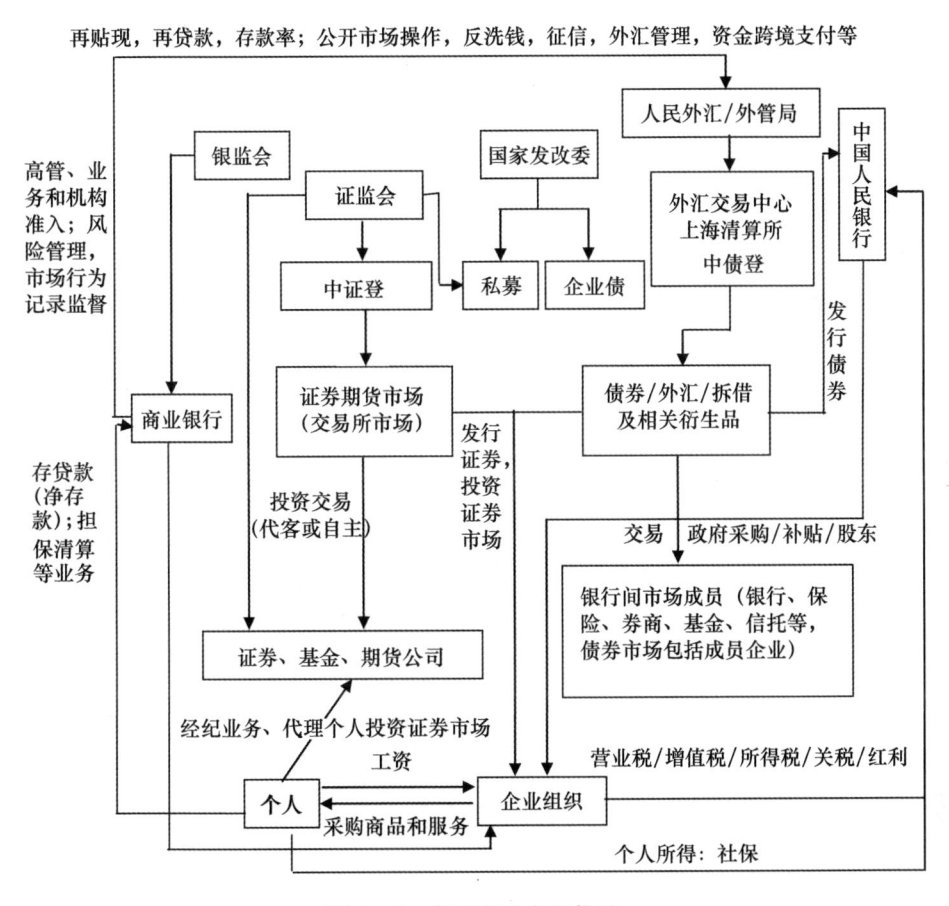

图 4—1　中国金融市场体系

随着宏观经济形势的变化，综合化经营逐渐成为中国商业银行转型发展的重要选择。除了商业银行为主的金融控股集团，比如光大、中信、招商，还有部分保险集团比如平安、安邦等，正逐步走向全牌照的金融控股路线，其中中信、光大、平安等已发展成为实质性金融控股公司（见图4—2）。

表 4—1　　　　　　　　中国金融业企业划型标准

行业	类别	类型	资产总额
货币金融服务	货币银行服务	银行业存款类金融机构	中型	5000 亿元（含）至 40000 亿元（不含）
			小型	50 亿元（含）至 5000 亿元（不含）
			微型	50 亿元以下
	非货币银行服务	银行业非存款类金融机构	中型	200 亿元（含）至 1000 亿元（不含）
			小型	50 亿元（含）至 200 亿元（不含）
			微型	50 亿元以下
		贷款公司、小额贷款公司及典当行	中型	200 亿元（含）至 1000 亿元（不含）
			小型	50 亿元（含）至 200 亿元（不含）
			微型	50 亿元以下
资本市场服务		证券业金融机构	中型	100 亿元（含）至 1000 亿元（不含）
			小型	10 亿元（含）至 100 亿元（不含）
			微型	10 亿元以下
保险业		保险业金融机构	中型	400 亿元（含）至 5000 亿元（不含）
			小型	20 亿元（含）至 400 亿元（不含）
			微型	20 亿元以下
其他金融业	金融信托与管理服务	信托公司	中型	400 亿元（含）至 1000 亿元（不含）
			小型	20 亿元（含）至 400 亿元（不含）
			微型	20 亿元以下
	控股公司服务	金融控股公司	中型	5000 亿元（含）至 40000 亿元（不含）
			小型	50 亿元（含）至 5000 亿元（不含）
			微型	50 亿元以下
	其他未包括的金融业	除贷款公司、小额贷款公司、典当行以外的其他金融机构	中型	200 亿元（含）至 1000 亿元（不含）
			小型	50 亿元（含）至 200 亿元（不含）
			微型	50 亿元以下

资料来源：《关于印发〈金融业企业划型标准规定〉的通知》。

目前中国金融综合经营呈扩张趋势，交易范围逐渐扩大，但金融控股集团内因其涉及信托、租赁、保险、证券，在监管上难以统一规定，并没有统一监管规范，对非银行大型金融机构（保险、信托、券商、基金等）规定也相对较少，宏观审慎监管能力弱。随着我国金融体系快速膨胀，金融

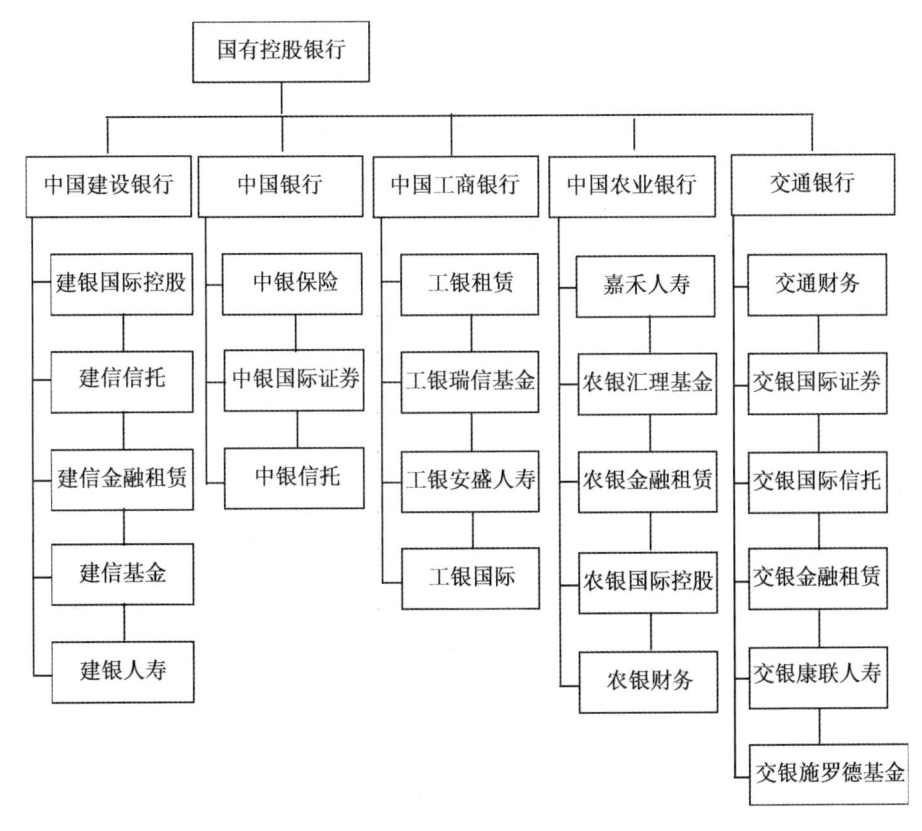

```
                              国有控股银行
        ┌───────────┬───────────┼───────────┬───────────┐
   中国建设银行   中国银行   中国工商银行   中国农业银行   交通银行
        │           │           │           │           │
   建银国际控股   中银保险    工银租赁     嘉禾人寿     交通财务
        │           │           │           │           │
    建信信托    中银国际证券  工银瑞信基金  农银汇理基金  交银国际证券
        │           │           │           │           │
   建信金融租赁   中银信托   工银安盛人寿  农银金融租赁  交银国际信托
        │                       │           │           │
    建信基金                  工银国际    农银国际控股  交银金融租赁
        │                                   │           │
    建银人寿                              农银财务     交银康联人寿
                                                        │
                                                   交银施罗德基金
```

图 4—2 中国国有控股银行分支机构组成

市场波动大幅增加，金融风险不断暴露，反映出我国现行的监管模式已经不能适应金融创新及混业经营的发展需要，监管制度存在的短板愈发明显。

1. 当前中国金融监管模式特点

改革开放以来，我国经历了由中国人民银行大一统监管模式到现行分业监管模式的转变。1983年9月国务院决定由中国人民银行专门行使中央银行职能，1992年，中国证券监督管理委员会（简称证监会）成立，依法对证券市场进行监管，标志着我国开始向金融分业监管体制转变。1998年，中国保险监督管理委员会（简称原保监会）成立，对保险业进行监督管理，金融分业监管体制进一步得到确立。2003年，中国银行业监督管理委员会（简称原银监会）正式成立，负责对银行业金融机构进行监管。商业银行、政策性银行及财务公司、信托投资公司、资产管理公司、融资租赁公司受原银监会监管，保险公司、证券公司分别受原保监会、证监会监管。中国金融业形成"分业经营、分业监管"的框架，"一行三会"的金融监管体制由此形成，中国人民银行负责货币政策制定等宏观调控工作并对部分金融市场进行管理，原银监会、证监会和原保监会则负责对银行、证券及保险实施分业监管（见图4—3）。

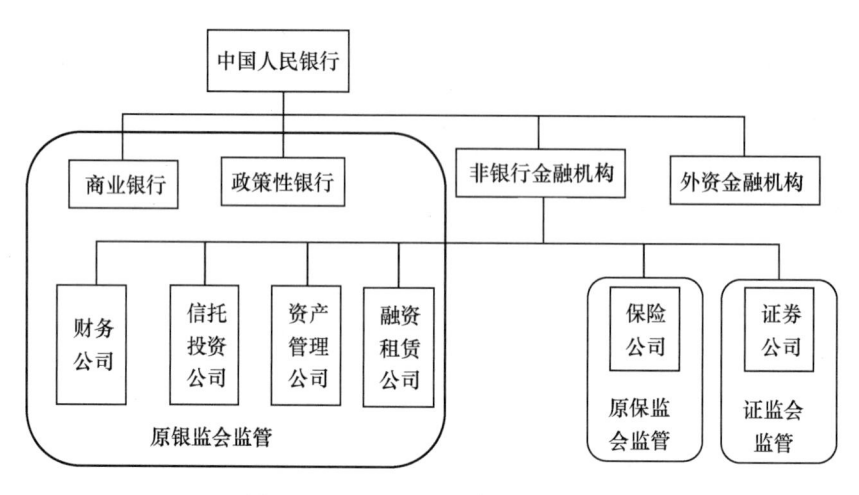

图4—3　原"一行三会"分业监管

从原银监会来看，对内一直致力于持续推动银行业协会、信托业协会、财务公司协会和融资担保业协会等行业协会的发展，协调、健全行业自律机制，促进国内银行业的良性发展。对外，截至2014年年底，原银监会先后与60个国家和地区的监管当局签署了国际监管合作协议，国际监管合作逐步制度化、常态化。

原"一行三会"分业监管模式具有两个方面的特点。一是在监管方式上，以机构监管为主。在分业监管模式下，我国监管工作总体上是以机构监管为核心，由原银监会、证监会、原保监会三家监管机构分别对银行业金融机构、证券机构、保险机构进行监管，不同类型的金融机构适用不同的监管规则，而不论其经营何种金融业务。但随着金融混业经营的不断发展，机构监管逐渐难以有效应对复杂多元的金融业务，监管模式的弊端逐渐显现。二是在监管目标上，以审慎监管为主。近年来，随着金融市场的不断深化发展，金融创新活动不断涌现，金融产品与服务日益呈现出多样化、复杂化的特点，金融机构与金融消费者之间的信息不对称加剧，金融机构引发的风险隐患愈发突出，私售飞单①、欺诈销售、操纵市场等严重侵害消费者权益的恶性事件时有发生。而现有监管模式以维护金融安全为首要目标，未能对行为风险及金融消费者保护给予足够重视，金融消费者权益保护只是间接目标。同时，审慎监管起步较早并经过多年发展，在理论体系和监管实践等方面已经较为成熟，美国发生次贷危机后，我国也积极顺应国际监管改革趋势，在原"一行三会"内部分别设立了消费者保护机构，形成了"内双峰"的监管模式。

2017年11月8日，经党中央、国务院批准，国务院金融稳定发展委员会（以下简称金稳委）正式成立，作为国务院统筹协调金融稳定和改革发展重大问题的议事协调机构。2018年3月12日国务院发布的机构改革方案中，原银监会和原保监会合并，组建中国银行保险监督管理委员会（简称银保监会），中国银保监会的成立将有效整合原银监会与原保监会的监管资源，有效消除行业监管"壁垒"。尤其是，两会合并可弥补时下市、县一级保险业监管的"真空"，将保险市场很好地监管起来，从根本上消除保险市场乱象（见图4—4）。自此"一行三会"成为历史，"一委一行两会"新监管格局正式落地，"一委一行两会"金融监管框架包括金稳委、中国人民银行、中国银行保险监督管理委员会、中国证监会。

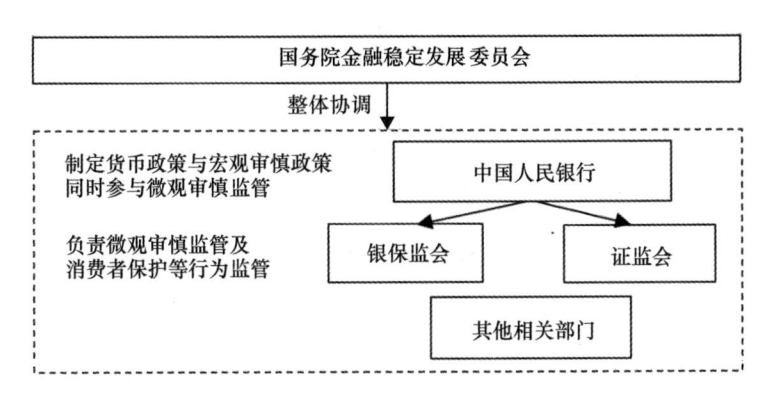

图4—4 "一委一行两会"监管体系

---

① 私售飞单，是指金融机构工作人员利用接触客户的便利条件，依托机构平台，向其他机构或个人私售各类非该机构的产品，从中收取各类提成、计价费、手续费的行为。

该体系参考了英国等国家的"双支柱+双峰监管"模式，但也有所不同。该监管体系将原银监会和原保监会拟订银行业、保险业重要法律法规草案和审慎监管基本制度的职责划入中国人民银行，此举意味着宏观审慎政策权限基本上已划入中国人民银行，"货币政策与宏观审慎政策"的双支柱更加清晰完备，并且中国人民银行对微观审慎监管也有参与。银保监会、证监会则专职负责微观监管职能，包括金融机构的微观审慎监管，以及消费者保护等行为监管。而宏观与微观之间，以及"一行两会"与其他有关部门间的协调则由金稳委负责，共同构成"一委一行两会"的金融监管体系。新体系有望针对性地弥合长期存在的宏观、微观割裂等问题，使金融体系运行更为平稳。

2. 中国金融业发展趋势

从现有中国银行体系以及数量来看，正常情况下可以满足不同市场参与主体的不同需求，银行体系也可以提供更多样化的金融服务。但从进展来看，中国金融服务却存在着严重缺位以及不断激化的问题。中小企业融资难、融资贵，农村金融服务供给严重不足，尤其是当前企业生产动力不足，金融服务更追求城市化、国有化、规模化等，使金融乏力的因素在一定程度上也制约着中国经济发展。如果用金融包容常用的指标——每万人拥有银行网点数来衡量的话，中国显然远远未达标，其值从2006年的18.66个下降到2011年的16.71个[①]，中国金融包容发展依然滞后。以中国东部沿海经济发达地区为代表，越是在经济发达地区，银行业市场集中度越低，中小银行在政策鼓励及居民知识水平高的情况下发展更加多样化，金融包容程度较高。而在中国中西部经济欠发达地区，由于银行机构分布失衡等因素，金融包容程度较低，更显现出具有竞争力的中小银行引入的重要性。中国银行业与国际银行同业相比不仅金融基础设施不一样，金融市场也大不相同，金融创新等更是滞后于国际银行业发展，无论是准入条件还是监管标准，都没有对地区经济、金融发展水平存在的差异给予足够重视。如果采取无差异的监管标准，则会抑制村镇银行等小微金融的灵活性和创新优势，导致民间资本进一步边缘化。

从已有实践来看，目前在普惠金融领域，主要依靠农村小微金融机构和民营互联网金融机构，比如深圳前海微众银行以普惠金融为目标，重点

---

① 根据原银监会2012年年报与国家统计局网站相关数据计算得出。

服务对象为城市年轻白领、产业工人和进城务工人员在内的个人消费者以及符合国家产业政策导向的小微企业客户。而在新时代的经济社会背景下，普惠金融发展也有新的思维和模式，正规金融机构正稳妥有序地践行普惠金融理念，比如中国银行业正在成立分支机构或者推行普惠金融，加快推进大中型商业银行设立普惠金融事业部，弥补银行业服务小微企业和弱势群体的短板，实施差异化的普惠金融业务考评办法和监管规则。

党的十八届三中全会明确提出发展普惠金融。2014年，原银监会出台《关于进一步促进村镇银行健康发展的指导意见》《关于加强农村中小金融机构服务体系建设的通知》，旨在提升村镇银行的县市覆盖率，支持在农村聚集区和城乡接合部增设分支机构。2015年，原银监会又出台民营银行、融资担保和金融租赁等行业改革发展的指导意见，意在扩充小微企业金融服务等。2015年12月31日，国务院印发《推进普惠金融发展规划（2016—2020年）》，要求按照普惠性原则，在引导银行业优化结构布局的同时，促进地区经济金融均衡发展，比如引导大型商业银行境内机构布局向东北地区和中西部地区倾斜；或者要求大型商业银行增强为消费者提供普惠金融服务的能力等。当前全球金融业正产生深刻的变化，支持实体经济、发展普惠金融是商业银行的使命所在。

从长远来看，首先，加快完善我国多层次资本市场建设，提升新三板市场、区域性股权市场、债券市场、期货市场等交易场所对中小微企业的服务力度和中小投资者的合法权益保护水平，从而积极发挥资本市场在普惠金融发展中的重要作用。其次，要正确理解并运用金融科技和监管科技，促进普惠金融和现代信息技术的有机融合，持续创新，扩大服务覆盖面及覆盖深度，并不断降低为弱势群体提供金融服务的交易成本，把更多的金融资源配置到经济社会发展的重点领域和薄弱环节，促进经济与金融的共享发展，以化解人民日益增长的多样化的金融需要和金融发展不平衡不充分之间的矛盾。

二　中国银行业经营现状

当前，中国金融体系虽然建设得较为全面，但是存量金融资产中还主要是以银行为主，银行在中国金融体系中占有重要地位，而且占有绝对优势，间接融资是主要融资方式。2019年人民币贷款余额为151.57万亿元，比上年增长14.3%；人民币存款余额为135.23万亿元，增长12.4%；全年社会融资规模增量为15.41万亿元。2019年年末社会融资规模存量①为251.31万亿元，同比增长10.7%。其中，对实体经济发放的人民币贷款余额为151.57万亿元，同比增长12.5%；对实体经济发放的外币贷款折合人民币余额为2.11万亿元，同比下降4.6%；委托贷款余额为11.44万亿元，同比下降7.6%；信托贷款余额为7.45万亿元，同比下降4.4%；未贴现的银行承兑汇票余额为3.33万亿元，同比下降12.5%；企业债券余额为23.47万亿元，同比增长13.4%；政府债券余额为37.73万亿元，同比增长14.3%；非金融企业境内股票余额为7.36万亿元，同比增长5%。

从结构看，2019年年末对实体经济发放的人民币贷款余额占同期社会融资规模存量的60.3%，同比提高1个百分点；对实体经济发放的外币贷款折合人民币余额占比0.8%，同比降低0.2个百分点；委托贷款余额占比4.6%，同比降低0.9个百分点；信托贷款余额占比3%，同比降低0.4个百分点；未贴现的银行承兑汇票余额占比1.3%，同比降低0.4个百分点；企业债券余额占比9.3%，同比提高0.2个百分点；政府债券余额占比15%，同比提高0.5个百分点；非金融企业境内股票余额占比2.9%，同比降低0.2个百分点。②

1. 银行业资产规模稳步增长

截至2015年年末，银行业资产总额为194.2万亿元，比2010年年末增长1.1倍；各项贷款余额为98.1万亿元，比2010年年末增长95%；商业银行资本净额为13.1万亿元，比2010年年末增长1.6倍；负债总额达到了184.14万亿元（见图4—5）。

中国已基本形成政策性银行、商业银行、城市商业银行、农信社、村镇银行等多样化的银行体系，而且银行数量持续增多。

2. 商业银行资本实力不断增强

自2013年起，中国商业银行开始正式执行《商业银行资本管理办法（试行）》，进一步强化了资本约束机制，2015年年末，商业银行核心一级

---

① 社会融资规模存量是指一定时期末（月末、季末或年末）实体经济从金融体系获得的资金余额。
② 根据相关年份中国人民银行、中国银行保险监督管理委员会、中国证券监督管理委员会、中央国债登记结算有限责任公司、银行间市场交易商协会等部门。

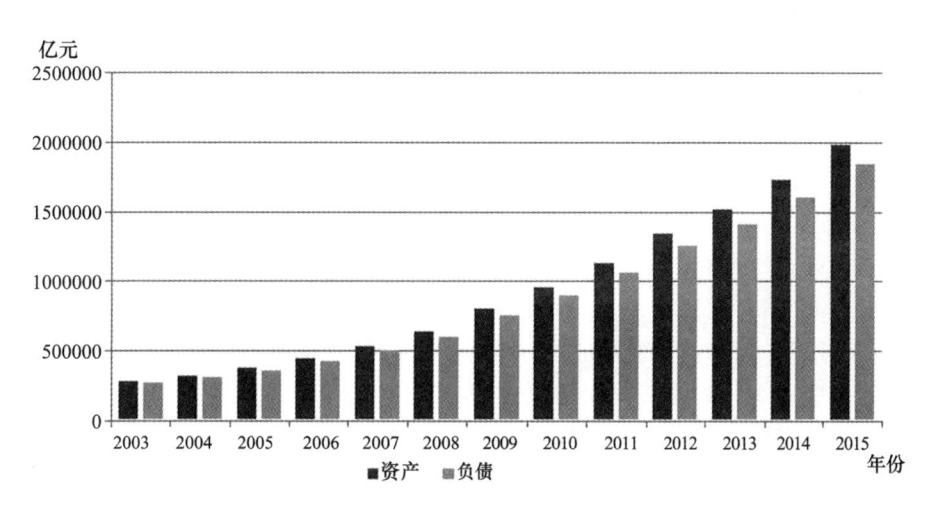

图 4—5 银行业金融机构资产总额与负债总额（2003—2015 年）

资料来源：《中国银监会 2015 年年报》。

资本充足率为 10.9%，一级资本充足率为 11.3%，资本充足率为 13.5%，且逐年提高，资本充足率保持稳健水平（见表 4—2）。

表 4—2　　　　　　　2013—2015 年商业银行资本充足率情况

项目＼年份	2013 年	2014 年	2015 年
核心一级资本净额（亿元）	75793.2	90738.6	106268
一级资本净额（亿元）	75793.2	92480.8	110109
资本净额（亿元）	92856.1	113269.3	131030
信用风险加权资产（亿元）	696582.6	763911.1	884712
市场风险加权资产（亿元）	6066.5	6845.4	8613
操作风险加权资产（亿元）	59124.0	68193.5	77226
核心一级资本充足率（%）	9.9	10.6	10.9
一级资本充足率（%）	9.9	10.8	11.3
资本充足率（%）	12.2	13.2	13.5

资料来源：原中国银监会网站。

3. 商业银行资产质量不断优化

近年来，由于政府监管手段的不断优化以及金融机构自身实力的不断增强，中国银行业的不良贷款率呈现出不断降低的趋势，有数据表明从2007年到2015年年末，中国银行业的整体不良贷款率下降了约4.4个百分点，总体不良贷款率降至1.67%。而2007年中国商业银行不良贷款率居高不下的主要原因是个别银行（主要是中国农业银行）高不良贷款率而抬升了银行业的整体不良贷款率。次年，中国农业银行通过资产清理、打包出售等举措开始清理不良贷款，从而使中国农业银行不良贷款率下降了19个百分点，这就使得2008年中国商业银行业的整体不良贷款率降至2.4%。随着各金融机构相关举措的实施，2010年以后，中国商业银行不良贷款率下降至1%左右，银行业整体实力不断提升。2013年后受经济周期下行影响，2014年、2015年不良贷款率都有所上升（见图4—6）。

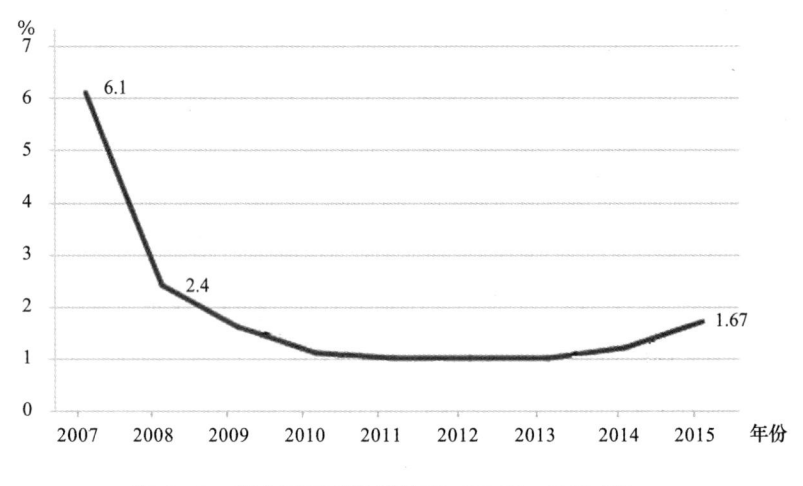

图4—6　商业银行不良贷款率（2007—2015年）

资料来源：《中国银监会2015年年报》。

4. 商业银行风险抵补能力不断提高

截至2015年年末，商业银行贷款总体质量保持稳定，不良贷款余额为12744亿元，不良贷款率为1.67%，同比提高0.5个百分点。经济新常态下，经济增长速度放缓，结构调整深化，同时，产业转型加快，部分行业及企业持续承压，导致整体商业银行资产质量控制压力有所加大。

2015年年末，商业银行拨备覆盖率为181.18%，同比下降51个百分点（见图4—7）。

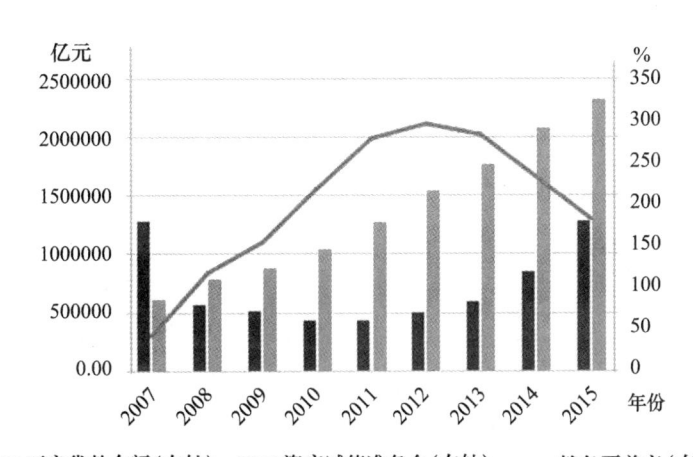

图4—7 商业银行不良贷款余额、资产减值准备金及拨备覆盖率（2007—2015年）
资料来源：《中国银监会2015年年报》。

总体而言，因为资本充足率等资本实力的不断增强，即使2014年、2015年拨备覆盖率有所下降，资本风险抵补情况也还较好。

5. 商业银行利润率增速放缓

2015年，风险防控进一步从严，风险成本增加，利差收窄，各家商业银行总体上保持着盈利增长，但增速放缓。

截至2015年年底，商业银行资本利润率为14.9%，同比下降2.7个百分点；资产利润率为1.1%，同比下降0.1个百分点（见图4—8）。

6. 商业银行流动性比例不断上升

截至2015年年底，商业银行流动性比例为48%，同比上升1.6个百分点（见图4—9）。商业银行流动性比例逐年增长，比例越高说明短期内偿还能力越强，流动性风险越小，但是从监管角度看，商业银行流动性比例过高也意味着银行的资金运用效率不高。

从存贷比来看，近两年商业银行存贷比呈现上升趋势。与2014年第一季度末商业银行存贷比65.9%相比，2015年商业银行存贷比上移。究

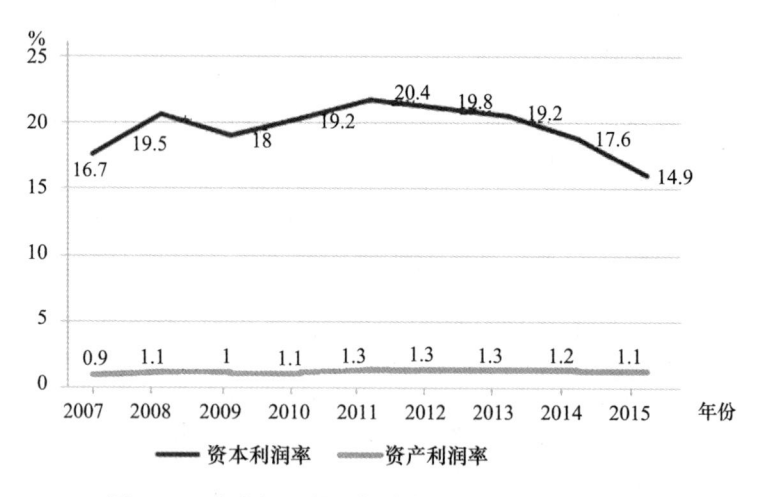

图 4—8 商业银行利润率增速（2007—2015 年）

资料来源：《中国银监会 2015 年年报》。

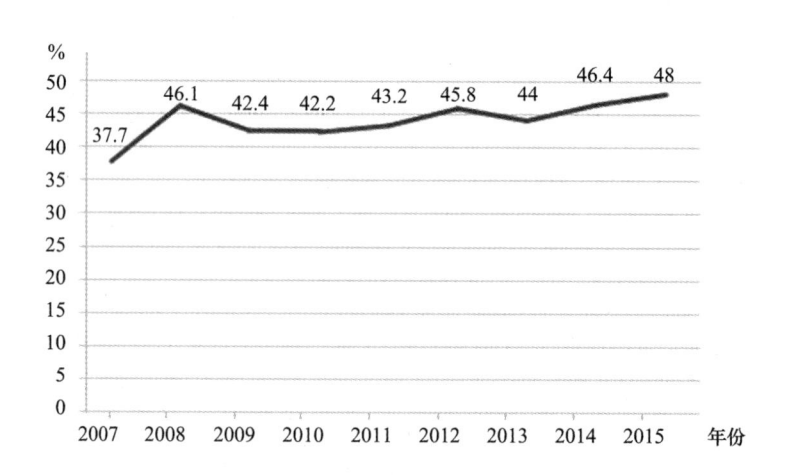

图 4—9 商业银行流动性比例（2007—2015 年）

资料来源：《中国银监会 2015 年年报》。

其原因，除了存款率下降、贷款需求不足等因素以外，还受资本充足率等因素制约资产扩张的影响。

三 中国银行业发展面临的挑战

2016年和2017年,随着全球经济复苏步伐的不断加快,中国银行业经营呈现出业绩回暖趋势,突出表现为规模及盈利持续增长,银行资本充足率和资产质量继续改善。但值得关注的是,目前经济金融运行呈现深度调整、加速分化格局,金融监管要求进一步趋严,客户和业务全球化使银行业对国际市场波动更加敏感,未来经营环境的不确定性会更加明显,变化会更加频繁,不同市场间连锁反应会更加剧烈,中国银行业发展或将面临经营环境的新变化带来的挑战。

1. 复杂多变的国际形势加大银行业经营战略风险

从银行业发展现状来看,中国银行业取得了一定的成绩,但是这些成绩的取得与中国经济等外部因素的支撑有很大关系。2005年以后四大国有商业银行先后上市,不良贷款的剥离为中国银行业尤其是商业银行提供了强大的政府性扶持因素,并且中国近年来持续稳定的经济增长为银行业的发展提供了强大的后盾,可以说银行业的快速高效发展与中国经济向好发展分不开,尤其是2009年以后持续宽松货币政策的实施,也进一步促使中国银行业赚取利息收入变得更加容易。但当前正处在全球经济金融一体化的时代,中国商业银行面临着经济周期、行业周期和科技周期"三期"叠加的压力,尤其是2015年以后,利率市场化改革,经济下行,互联网金融冲击,对银行业的盈利模式及其经营方式产生极大的挑战。面对复杂分化、持续变化、连锁反应的全球经济金融环境,银行集团发展策略难度加大,很难一策对全球,需要有更深入、更有针对性的市场研究和更强的管理能力,这也在一定程度上加大了银行业全经营的战略风险:一方面,宏观经济环境变化、金融市场波动性加大、各种风险因素叠加,给银行业发展带来更加错综复杂的挑战。能否及时发现未来趋势,采取有效措施抓住发展机遇,确立战略目标,是银行业未来面临的一大考验;如果要维持经济金融的长期发展,需要重点关注银行的稳健运营,促使银行从整体上改变自身经营模式,尤其是盈利模式,积极寻找新型利润提升模式,创造新利润增长点,以提升自身发展素质与质量,这样才能在以利率为核心的价格决定体系中获得发展的空间,在保证经营稳健安全的基础上更加关注资金的效率。另一方面,随着外部宏观环境、产业环境、技术变革、竞争对手等环境变化的日益加快，或将致使现有战略失去实施的条件和意义，能否迅速调整经营战略，也是考验银行业经营的重大问题之一。因此，银行在继续走总量扩张型道路的同时，需要加快走出一条资本与资产、质量与效益相兼顾、成本与效率相统筹的持续发展之路，应在整体战略、目标市场选择、客户需求、产品与服务政策等方面继续加强研究。

2. 金融监管整体趋严，加剧合规及流动性风险

2008年国际金融危机以来，全球金融监管趋严态势仍在持续，《巴塞尔协议Ⅲ》正在全球范围全面实施，2011年5月原银监会发布的《关于中国银行业实施新监管标准的指导意见》也已实施数年，基于宏观审慎监管框架下的新监管要求不断出台，对公司治理、增长方式转型升级、资本运营、风险和合规管理，乃至管理模式、资源配置方向和跨境业务合规发展等方面都将提出更高和更紧迫的要求。全球系统重要性银行面临额外的资本充足率要求，特别是全球融资、资产管理、投资银行等高附加值产品线持续对外深度延伸，监管趋严对业务发展的约束表现会更加直接。合规风险方面，近几年，国内监管力度不断加强，监管机构对大型商业银行的监管标准和期望连年上升，对于反洗钱、反市场操纵等方面也加大了监管和处罚力度。在此背景下，银行业的信贷业务、资管业务、公司治理、信息系统等相关业务的合规风险逐渐凸显，经营管理成本也将大大增加。流动性风险方面，随着《巴塞尔协议Ⅲ》的推出和落地，全球监管机构普遍提高了对银行流动性覆盖率的要求。2018年5月中国银保监会发布《商业银行流动性风险管理办法》，未来一个时期，金融市场波动对银行业流动性的影响会逐渐增大，尤其是近期汇率对流动性风险的影响将逐渐增大。在管理资产结构过程中，除了需要关注资产的期限结构和信用等级之外，汇率风险也会成为影响流动性管理的重要因素。

3. 金融业发展趋势变革，加剧外部及同业竞争风险

未来，全球金融业有三个方面的发展趋势值得关注：一是新进入者咄咄逼人，蚕食银行利润。新兴的金融科技公司正在各个细分领域攻击传统银行的核心业务。这些新进入者构建了以客户体验为导向、以数据技术为驱动、以互联网低成本扩张为手段的业务模式，打破了银行的垄断局面。截至2016年年末，中国互联网金融的市场渗透率已达36%，用户近5亿人。如何应对新竞争者，寻找新的业务模式将成为国际银行业的必然选择。二是新技术快速发展，推动银行变革。前沿技术日新月异，在前、

中、后台的应用更加广泛，这为银行业带来前所未有的革新机遇：大数据有助于精准预测消费者的行为及其演变方式，从而实现产品的定制化和差异定价；区块链技术通过数据的分布式存储和点对点传输，打破了中心化和中介化的数据传输模式；金融云可为客户提供远程的、基于需求的服务，架构灵活，能有效节约总开支。三是新商业模式不断涌现，颠覆传统业务。在经历了电子银行、网络银行、移动银行后，银行业现已全面步入4.0数字化时代，以客户体验为中心，提供全渠道、无缝式、定制化的产品和服务，已成为当前及未来的趋势，因此，银行必须颠覆传统业务模式，即通过收购、投资、战略合作等多种形式布局，借力金融科技创新，打造以自身业务为核心、融合科技创新的一体化移动金融生态圈。在此背景下，银行业经营或将面临更大的竞争难度：一方面，金融科技公司和互联网巨头以其以客户体验为导向、以数据技术为驱动、以互联网低成本扩张为手段的业务模式来打破银行的垄断局面，银行业传统业务或将受到其冲击；另一方面，面对金融科技带来的猛烈冲击，银行业均在主动求变，主要采取直接投资、协同合作及技术革新等策略积极应对，并通过优化网络布局适应未来金融科技的发展趋势，银行业未来创新发展也将面临更大的同业竞争。

总之，在改革开放40多年后的今天，中国银行业面临的挑战之多、风险之多不亚于过去的40多年，金融风险呈现新旧交融、复杂交织的特征，暴露出产能过剩、房地产市场过热、违规创新、金融乱象等问题。面对艰难、复杂的金融风险，商业银行将又一次面临大考验，必须控制金融风险，从多个维度关注风险和潜在的威胁，调整和创新风险管理的理念、制度、产品和方法、工具，在经济转型、动力转换过程中及时设置好风险预警标准，保持资产的稳定。

第二节 中国的系统重要性银行

一 "大而不能倒"

太大而不能倒源于美国，1907年尼克伯克信托投资公司投资失利，致使几家大银行濒临倒闭，摩根公司与政府不得不动用3500万美元（相当于当今天的7.7亿美元）联合救市。1929年经济大萧条期间，美国股市崩溃，当时约有9000家银行倒闭。1933年，联邦存款保险公司成立。此后，20世纪30—80年代初期美国很少出现银行破产情形。但是1984年，作为当时最大的银行之一伊利诺伊大陆银行面临倒闭，联邦存款保险公司依据《联邦存款保险法案》[①]对伊利诺伊大陆银行进行救助，并对所有存款人及普通债权人予以保护，"大而不能倒"自此因伊利诺伊大陆银行而被提出。1991年，美国出台《联邦存款保险公司促进法》（以下简称《促进法》）取代《联邦存款保险法案》，《促进法》规定了最低成本原则[②]，同时又设立了"系统性风险"例外条款的规定。例外条款实则就是虽然应该依据最小成本原则处置经营失败的银行，但是对具有系统重要性的大型商业银行可通过援引例外条款进行救助。"大而不能倒"原则自此确立。2008美国政府对有问题的系统重要性银行给予救助的情况见表4—3所示。

表4—3　　2008年美国政府对有问题的系统重要性银行给予的救助

SIBs	政府救助措施	结果
贝尔斯登	美联储约谈贝尔斯登的债权公司	被摩根大通收购
房利美和房地美	美国财政部向两家公司分别注入1000亿美元的流动性，并购买其10%的优先股和息票	由美国政府接管
雷曼兄弟	美国政府和美联储没有采取措施，并拒绝为雷曼兄弟的收购提供优惠条件	破产
美国国际集团	美国联邦储备银行向其注入850亿美元的流动性，换取其79.9%的股权	被美国联邦储备银行收购

为什么"大而不能倒"？因为"大而倒"造成的后果超出了公司自身可接受的范围，无论是对财政还是对经济稳定都造成强烈的冲击，给社会带来灾难性的后果。但是"救助"后引发的一系列问题也摆在了"大而倒"或者"大而不能倒"的面前。一是救助会促使道德风险发生，二是救

---

① 《联邦存款保险法案》根据"对濒临倒闭但其经营对社区仍非常必要的银行采取救助措施"的规定对其进行了救助。Federal Deposit Insurance Act of 1950，§13（c），64 Stp. 873，888—89［current version at 12 U. S. C. S. §1823（2008）］。
② 最低成本原则是指联邦存款保险公司在救助时采取成本最低的方式处置经营失败的银行；而例外条款是指，当面临金融系统性风险时，由联邦储备委员会、财政部认可后，不必遵从最低成本原则而选择银行解决方案。

助会进一步加深金融市场不公平的竞争,三是救助时监管者甚至有可能从中牟取个人利益,使"大而不能倒"沦为权力寻租工具。

二 中国的系统重要性银行

美国的次贷危机已过去多年,虽然国际社会对系统重要性银行没有达成一致意见,但是总体上相差不大。2009年国际清算银行、国际货币基金组织和金融稳定理事会指出系统重要性金融机构可分为国内的系统重要性金融机构(D-SIFIs)和全球性系统重要性金融机构(G-SIFIs),指出系统重要性金融机构在金融市场中有举足轻重的地位,它的倒闭会严重破坏金融体系稳定,进而对实体经济造成极大的破坏力。2010年美国《多德—弗兰克法案》采取了列举的方法,将规模在500亿美元以上的机构视为系统重要性银行,但并没有直接给出系统重要性银行的定义。2013年7月,巴塞尔委员会发布《全球系统重要性银行:更新后的评估方法与额外损失吸收能力要求》,确定5大类指标即国际跨境活跃程度、规模、关联性、可替代性、复杂性。并指出调整后表内外资产余额在2000亿欧元以上的,或在上一年度被评为全球系统重要性银行的,则为系统重要性银行。

对于系统重要性银行的定义,本书不做更深的探讨。一般来说系统重要性银行一因其规模大、业务复杂度高且与系统关联性强的特点在金融市场中占据着无法替代的地位,当其经营失败或有重大风险事件发生时,会给更大范围内的金融体系和经济活动带来严重影响。若其无序破产,就有给金融体系造成系统性风险的可能,使其核心金融功能中断,也会增加金融服务成本等。不过,需要注意的一点,正如王胜邦(2010)、黎四奇(2012)所说,对系统重要性而言,应取决于其所在的经济环境,而且所有银行都有成为系统重要性银行的可能,即具有潜在性,并且随着时间的变化而变化,所以对系统重要性银行进行的监管也必须是一个以一定时间为周期的动态监管过程。

金融稳定理事会连续四年公布了全球系统重要性银行名单。最初2011年圈定了28家全球系统重要性银行,2015年全球系统重要性银行总数增至31家。2011年11月中国银行入选,2013年中国工商银行入选,2014年中国农业银行入选(见表4—4),2015年中国建设银行入选。2014年年底,中国平安保险公司也被列入全球首批系统重要性保险机构名单。

表4—4　　2014年金融稳定理事会公布的全球系统重要性银行名单

国别	全球系统重要性银行
法国	法国大众银行
德国	德意志银行
意大利	意大利裕信银行
荷兰	荷兰安智银行
瑞典	北欧银行
西班牙	桑坦德银行、西班牙毕尔巴鄂比斯开银行
瑞士	瑞士联合银行集团、瑞士瑞信银行
中国	中国银行、中国工商银行、中国农业银行
日本	三菱东京银行、日本瑞穗金融集团、三井住友银行
法国	法国农业信贷银行、法国兴业银行、法国巴黎银行
英国	英国巴克莱银行、劳埃德TSB集团、汇丰银行、苏格兰皇家银行
美国	美国银行、美国纽约银行梅隆公司、花旗集团、高盛集团、摩根大通、摩根士丹利、美国道富银行、美国富国银行

资料来源：金融稳定理事会官方网站。

原银监会曾在2011年5月发布《关于中国银行业实施新监管标准的指导意见》指出，国内系统重要性银行的评估主要考虑规模、关联性、复杂性和可替代性（金融基础设施）四个方面的因素。与全球系统重要性银行的五个划分标准（跨境活跃程度、规模、关联性、可替代性和复杂性）相比，缺少了"跨境活跃程度"这一指标，相应的各指标的权重也上升至25%。

原银监会于2013年选取16家上市银行2009—2011年的数据，依据中国系统重要性银行基本指标评估体系，得出了中国上市银行系统重要性指数排名（见表4—5）。

表4—5　　2009—2011年中国上市银行系统重要性指数排名

年份	2009	2010	2011
中国银行	1	2	3
中国工商银行	2	1	1

第四章 中国系统重要性银行负外部性的传导机制及表现

续表

年份	2009	2010	2011
中国建设银行	3	3	2
中国农业银行	4	4	5
交通银行	5	5	4
兴业银行	6	8	8
上海浦东发展银行	7	13	12
中信银行	8	6	6
光大银行	9	9	11
中国民生银行	10	11	13
招商银行	11	7	7
南京银行	12	12	9
北京银行	13	10	14
华夏银行	14	14	10
深圳发展银行	15	15	15
宁波银行	16	16	16

资料来源：原银监会网站。

2014年1月，基于巴塞尔委员会2013年7月发布的《全球系统重要性银行：更新后的评估方法与额外损失吸收能力要求》，"资产规模达2000亿欧元（近1.65万亿元人民币）以上的银行均需披露全球系统重要性评估指标"，原银监会2014年也出台了《商业银行全球系统重要性评估指标披露指引》，该指引共有4章26条，明确制定了评估商业银行全球系统重要性的12项定量指标[1]，指出需要根据该指引要求披露相关信息的银行：一是上一年度被巴塞尔委员会认定为全球系统重要性银行的商业银行，二是上一年年末调整后表内外资产余额为1.6万亿元人民币以上的商业银行。按此规模计，当年有15家银行，包括中国工商银行、中国农业

---

[1] 即调整后的表内外资产余额、金融机构间资产、金融机构间负债、发行证券和其他融资工具、通过支付系统或代理行结算的支付额、托管资产、有价证券承销额、场外衍生产品名义本金、交易类和可供出售证券、第三层次资产、跨境债权和跨境负债。

· 83 ·

银行、中国银行、中国建设银行、交通银行五大行,国家开发银行、中国邮政储蓄银行、招商银行等。2014年4月,原银监会又核准中国工商银行、中国银行、中国农业银行、中国建设银行、交通银行、招商银行实施资本管理高级方法,开展高级方法现场检查。

虽然目前国内并没有正式文件公布具体的中国系统重要性银行,但原银监会圈定中国工商银行、中国农业银行、中国银行、中国建设银行和交通银行五家国有大型商业银行为中国系统重要性银行。而且2003—2015年这五家大型商业银行的资产与负债总额逐年递增(见图4—10)。

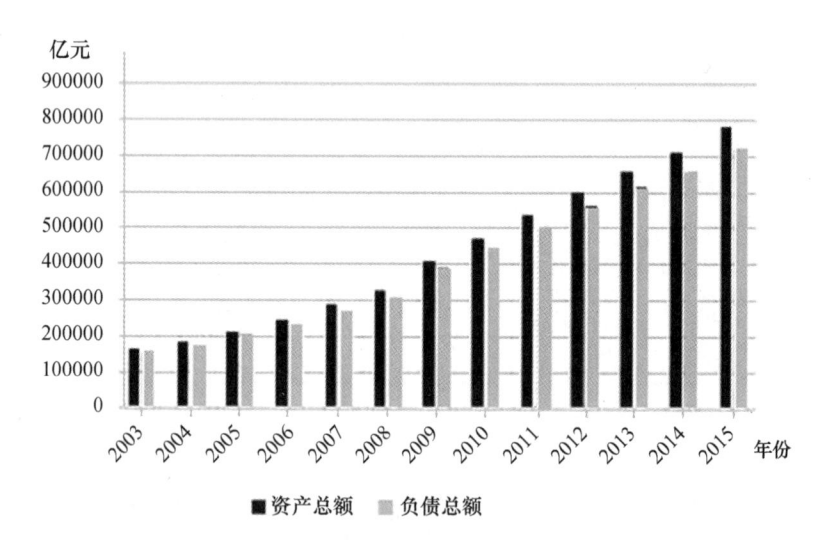

图4—10 五家大型商业银行资产与负债总额(2003—2015年)

资料来源:《中国银监会2015年年报》。

从行业集中度看,2015年五家国有大型商业银行合计资产总额是823216亿元,银行业总资产是1993454亿元,五大国有商业银行资产规模占全行业的比重保持在40%以上,其系统重要性仅从规模上就可窥见一斑,具有极强的垄断力(见图4—11)。

因此,基于原银监会的相关意见,确定本书研究中国系统重要性银行的对象为中国工商银行、中国建设银行、中国银行、中国农业银行、交通银行五家大型商业银行。

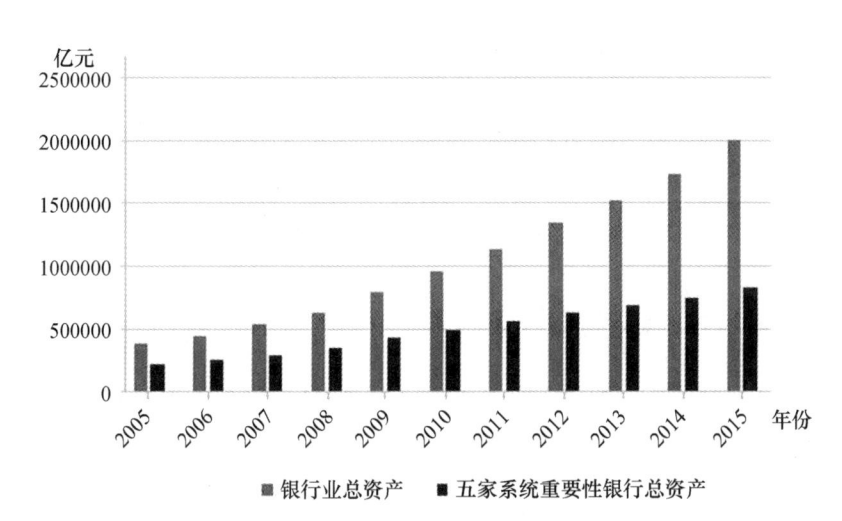

图 4—11　中国五家系统重要性银行与银行业总资产比较（2005—2015 年）
资料来源：相关银行年报。

第三节　中国系统重要性银行负外部性的传导机制

系统重要性银行庞大的规模，是政府信誉的代表，也是经济稳定的核心；其复杂的产品、结构及业务是中国金融深化的前提；其在同业中具有无法替代的重要性，在社会中又扮演了重要的角色。银行具有中介的作用，将实体经济与资本联合起来，促进企业正效应的发挥，推动同业之间的业务往来，维持市场信心。但是，系统重要性银行也因为本身所具有的这些特点，对推动系统性风险的产生起到了相当大的作用。系统重要性银行规模过于庞大，业务过于复杂，监管难以顾及，且具有不可替代性，但胁持了政府救助，伤及了纳税人利益，传播了道德风险。

一 通过系统重要性银行传导系统性风险的特点

系统重要性银行所具有的同质性、传染性、风险收益的不对称性对传导系统性风险具有致命的特点，系统重要性银行一旦发生负外部性，系统性风险也就最终体现出来，严重的则形成金融危机。

1. 系统重要性银行同质性对系统性风险的诱导

对银行体系内的所有从业机构来说，由于政策导向以及金融产品研发的同时段性，银行体系内存在着严重的业务趋同性。作为系统重要性银行，其在金融经济中所具有的导向作用以及不可忽视的垄断地位，会使系统重要性银行的决策及其行为影响并关联着整个金融市场上的其他非系统重要性银行。所以当系统重要性银行为了规避风险而采取利己而不利他的举措时，其他非系统重要性银行出于利己动机也会相继模仿系统重要性银行，各方利己举措的出现和叠加，势必会进一步加重银行业的负外部性，系统性风险开始聚集，一旦系统重要性银行决策失败，跟风的非系统重要性银行就会直接把全体银行业系统性风险推向高潮。

2. 系统重要性银行传染性对系统性风险的扩大

风险传染是银行系统性风险的重要特点。由大量金融机构及其相互关联所组成的金融系统是靠高负债高杠杆盈利运作的复杂系统，作为金融系统中重要一员的系统重要性银行更是如此，主体更加众多、关联更加复杂，成为整个银行体系潜在风险主要来源，并且随着网络经济、虚拟经济的发展而日益壮大，当系统重要性银行发生危机后会将风险传染至与之关联的市场和机构，从而引发市场震荡，而这些机构会进一步将风险扩散反馈到市场中来，在风险传染的过程中，危机和损失不断扩大。

3. 系统重要性银行风险收益的不对称性是系统性风险的源泉

金融机构经营成败的根本原则是在风险与收益之间寻找到最优的安排，但对系统重要性银行而言，追求高收益是其本质使然，其风险和收益并不存在平衡。一旦发生系统性风险，系统重要性银行所承担的风险已经远远超出其所追求的利己收益对应的风险，系统重要性银行输出的边际社会成本远远大于边际私人成本，受损的是金融系统内更多的银行、金融机构、消费者、债权人，而政府、社会，甚至是纳税人，收益根本无从谈起。而且由于存在扭曲的激励机制，对系统重要性银行而言，它的收益并不仅仅依赖于其经营的能力及风险管理水平,在一定程度上也依赖于其金融创新的勇气及规模扩张速度,而且其短视的行为也是立竿见影的。

4. 系统重要性银行负外部性是系统性风险的最终体现

系统重要性银行系统性风险具有明显的外部性特点。系统性风险的生成和传播不是由单个金融机构的自身缺陷所导致的,而是金融机构的负外部效应和溢出效应作用的结果(Adrian & Brunnermeier, 2011)。

系统重要性银行负外部性最严重的表现就是形成了金融危机。金融危机的传导主要体现在两个层面,即贸易层面和金融层面,分为国内传导与国际传导。鉴于中国资本市场尚未开放,金融危机的国际传导更多涉及外贸发展战略、外汇政策等内容,因此,对贸易等渠道引起的债权债务关系的国际层面的危机传导本书仅做简略分析。本书主要基于金融层面展开探讨。

二 基于金融市场复杂结构的传导

银行间市场可以调节单个银行的流动性盈余和短缺,因此单个银行的危机在银行间由于彼此之间的关联性而相互传染着(见图4—12),微观层面上的传导通过银行间密切的经营业务联系,成为系统性风险传播的主要途径,加之信息不对称问题的存在,存款人的恐慌会进一步导致风险的扩大。

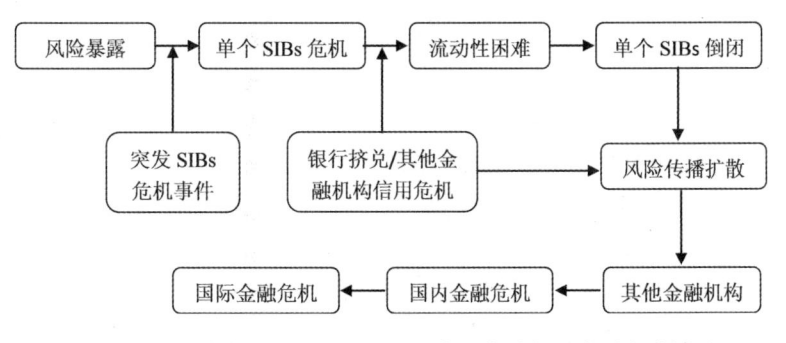

图4—12 单个系统重要性银行破产的负外部性传导机制流程

1. 信用渠道的风险传播

信用渠道是系统重要性银行提供金融服务及产品的基本渠道，也是系统性风险的主要传播渠道。作为融通资金的重要中介，系统重要性银行在更多的具有影响力的交易对手间进行着资源配置，无论是微观层面的主体比如消费者、投资者、企业，还是宏观层面的主体比如本国政府、外国机构等之间形成了紧密的债权债务关系，随着虚拟经济以及金融创新的深化，债权债务关系更加错综复杂，一旦流动性发生异动，系统重要性银行同质性的特点会加速风险传播的进程。

2. 支付体系的风险传播

银行体系运作正常与否与支付体系关系重大，银行只是金融资源配置的一个载体，而支付体系却作为中介将银行与实体经济联系了起来，或者说通过支付体系将实体经济与虚拟经济联系起来。而且由于现代支付体系的敏捷性、智能化，其对支付过程中任何一个细微的环节都可以捕捉到，也会随时将清算等信息传递出去，结算的上游下游都非常清楚，支付体系结算一旦出错，与之相关的所有人，银行与企业、同业拆借的其他金融机构，甚至比如新兴的第三方支付平台等都会出错，信用风险、流动性风险爆发，整个银行体系必然大乱，扩大风险的传播。

3. 资产价格渠道的风险传播

当系统重要性银行为避免倒闭破产而大量抛售其持有的非流动性资产，以提高资本流动性时，非系统重要性银行会纷纷效仿此种行为，致使整个金融市场的资产价格大跌。此时，即使经营正常的机构也难免会受到冲击，必将承担资产减值的后果，从而提高整个银行体系的社会成本。而且资产价格的进一步缩水，会将损失转嫁给投资者，最终导致整个银行体系崩溃，影响整个经济的发展。

4. 信息不对称性的风险传播

由于金融市场中存在着市场信息不对称性以及投资人非理性预期，所以，金融市场上存在从众行为。信息不对称通常会使股东、消费者、机构等无法了解银行真实状况，消费者、投资者等往往会根据信息优势获得方的行为来决定自己的操作，致使决策者往往会对经济形势做出过度判断，而决策者的过分投机行为又会加速资产、经济泡沫化。而且，由于搜寻信息困难及其成本追加提高，对投资者、消费者、决策者等参与者而言，他们很难通过自身的专业素养等就能了解系统重要性银行的运营及抵抗风险能力。因此，在大多数情况下，当系统重要性银行遇到流动性问题，清偿困难时，因为系统重要性银行的重要地位，悲观情绪将迅速蔓延。这种流动性问题是整个银行体系出现的问题，故存款人纷纷挤兑，从而进一步加重市场的流动性风险，导致社会恐慌。未知储户取款需求（即流动性冲击）导致整个银行系统流动性不足，一旦泡沫破裂，资金链的突然断裂将会使银行体系受损。同时，所有与之有债权债务关联的或者无关联的大小金融机构，为了自身利益最大化，使资产尽可能保值，或者为了应付资产流动性，纷纷抛售非流动性资产，股民也恐慌性地抛售股票，汇市、债市或者期货市场等与之联系紧密的金融市场经济链条被放大和发酵（见图4—13）。

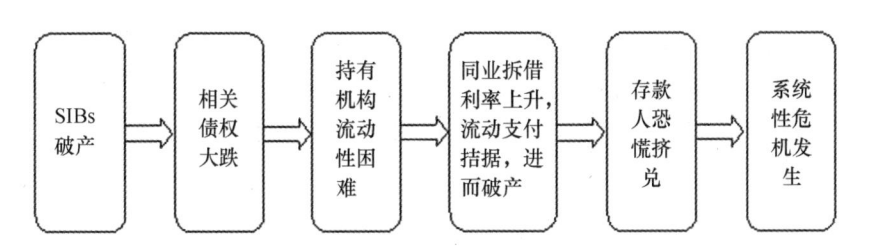

SIBs破产 → 相关债权大跌 → 持有机构流动性困难 → 同业拆借利率上升，流动支付拮据，进而破产 → 存款人恐慌挤兑 → 系统性危机发生

图4—13　存款人等信息不对称引致的危机流程

总之，系统重要性银行激励机制会加重其对道德风险的扩大。当金融危机显现时，系统重要性银行既是债权人也是债务人，因为信息的不对称以及政府对系统重要性银行的"隐性担保"，系统重要性银行高层仍然会出于自身利益考虑而诱发道德风险，追求从经营更高风险的业务中获取更高的利润回报，甚至绑架政府。因此，"隐性担保"是对市场机制自我修复的一种破坏，是对"大而不能倒"银行事前激励的扭曲。"隐性担保"会缔造出系统重要性银行冒险激励机制，鼓励系统重要性银行更加注重短期行为，导致银行规模和范围的低效率扩张以及国家财政状况恶化，全民承担风险。

三　基于信贷紧缩的传导

在宏观经济运行中，银行间的业务往来有时不仅能映射出整个金融市场的资金供求信息，而且金融活动主体间的经济活动也能有效地调节资本市场上资金的供求量，达到货币流通调节的功能。一旦银行间市场释放出什么信号来，必然影响整个金融并通过货币效应输出到实体经济，最终影响国民生产。具体而言，当系统重要性银行负外部性在金融体系内传导时，金融机构将遭受损失或失败，金融市场配置资源的功能将扭曲或完全失效，此时金融机构主动收回贷款，压缩贷款规模，或者提高贷款准入标准，甚至不愿发放贷款，信贷紧缩现象出现，最终系统性风险溢出金融体系并向实体经济传导。

金融体系和实体经济的发展具有相辅相成的周期性，系统重要性银行在不同经济周期对系统性风险具有不同程度的催生。在经济上行期，借款人还款能力较强，银行有多贷款的动力，系统重要性银行因为其垄断地位的特点，并且拥有各种优势，所以规模经济效应突出，有利于推动实体经济的发展，顺周期性明显。此时，金融市场表现为信贷宽松、流动性充裕等，也带来了市场信用膨胀，在此阶段系统重要性银行易积累风险。

信贷紧缩现象的出现，在经济下行期较为明显。在经济下行期，经济增速放缓，金融形势不利，而且上一阶段的金融风险在这一阶段爆发，金融机构纷纷控制资金的流出，市场信用萎缩，参与者信贷无门，而金融机构投放无门，系统重要性银行侧重于大项目投资的特点会使其更加谨慎，市场流动性进一步收缩。而且由于系统重要性银行"船大难掉头"，对经济形势好坏的判断使其在政策的执行上更加简易化，经济不好，投放就立马紧缩，金融泡沫破裂也更快、更严重，使其在一定程度上加重了来自经济周期的波动效应。

四 基于跨国贸易的传导

由于国家和地区之间经济联系紧密，一旦一国发生金融危机，将通过对外贸易的渠道，从国内输出危机到国外，经过国际金融市场，最终形成国际经济危机。具体而言，从贸易渠道来看，当作为进口国的一国发生危机时，实体经济受损，同时国民财富缩水，消费者预期消费减弱，进口需求减少；对出口导向型国家而言，由于出口减少，该国经济易受冲击。同理，当危机发生在出口国时，系统性风险导致外汇市场波动，汇率下跌，而且相似经济结构国家的竞争优势也不复存在，经济连带受损。而且一旦发生危机，各国贸易保护主义情绪升温，导致各国贸易量出现不同程度的下滑，对以出口为导向的危机发生国而言无疑是雪上加霜。2007年美国次贷危机就是通过投资、贸易方式，母国受损后将风险输出到跨国公司，通过跨国公司进而再传导到其他国家。

第四节　中国系统重要性银行负外部性的表现

系统重要性银行负外部性是相对于其外部效应而言的，是指系统重要性银行商业成本的社会化，即其成本向社会溢出，如果系统重要性银行只考虑自己的利润最大化问题，这是个人理性而非社会理性，将会使社会福利受损，系统重要性银行并不承担超过私人成本的那部分成本，而且其所具有的垄断性以及信息不对称的特点，会诱发道德风险，产生并加剧系统重要性银行负外部性。外部性是市场失灵的结果，系统重要性银行负外部性也是与市场失灵有关的影响银行风险的问题，显示了金融资源配置的不合理、金融市场的无效率。当然，研究中国负外部性必须与中国的经营环境等诸多外部因素相结合。

一　提高整个银行体系的社会成本

从2007年到2015年银行业总负债与中国系统重要性银行的负债比较来看，中国五家系统重要性银行相当于银行业的1/3，具有典型的垄断性特征，加之系统重要性银行本身所具有的系统重要性，故而，其既是一种稳定经济的代表，又是一种加速风险传播的标杆。

由于系统重要性银行规模大、业务复杂程度高、与各个金融机构关联性强，这些潜在的单体风险可能更容易积累和爆发系统性风险，进而影响整个行业。因此，系统重要性银行不论是面临单体风险还是遭遇宏观经济波动，其在乘数效应的作用下会不断扩散并扩大风险，并且直接或间接地影响或恶化银行等金融机构的经营情况，增加金融运行体系的社会成本，同时造成国民经济恶化。1998年亚洲金融危机时，中国四大国有商业银行的资产总额占据了当时银行业资产总额的67%，而其不良贷款率都超过了

50%，究其原因主要在于政府干预使资金很难借助市场机制的作用，而靠政府行政手段使大批资金流向了困难重重的国有企业，银行资产不良贷款率迅速上升。虽然四大国有商业银行的不良贷款率很高，但其系统性风险很低，运行的稳健性十分牢固，这主要得益于政府的隐性担保。但由此也会带来其他问题和风险，突出表现为商业银行将内部风险转嫁给了政府财政和人民银行等外部组织和相关机构。

从目前中国系统重要性银行来看，其营利能力正在减弱，2015年，中国建设银行、中国工商银行、中国农业银行和中国银行的净利润从2014年的增幅5%以上变为跌破1%，分别为0.14%、0.48%、0.62%和0.74%，分别实现净利润2281.45亿元、2771.31亿元、1805.82亿元和1708.45亿元。[①] 系统重要性银行利润增速已回归常态，且增速将持续下降，考虑到利率市场化等金融改革不断推进、互联网金融的金融创新不断深化、中间业务的回落、银行各项成本投入增加等因素的综合影响，系统重要性银行利润增速放缓，加剧了风险管控力度。取消利率管制之后，改变了负债结构和存款期限结构，加上银行的资产、负债与表外业务在期限搭配中的错位等潜在问题的存在，资本市场的信息不对称性使利率变化极易改变银行收益与资金成本，尤其是在成本上升时，银行存贷利差缩小，进一步压缩了银行的盈利水平，进而弱化了商业银行的资本积累能力，对商业银行满足资本充足监管要求带来一定的风险。

目前，系统重要性银行整体内在脆弱性、共同风险敞口和金融创新等都在考验银行自身能力，破产风险不断上升，系统重要性银行服务实体经济能力减弱，宏观和行业层面的新变化，都给现有的侧重于微观风险的监管模式提出了挑战，关于中国能否出现系统性金融风险，本书认为得视具体条件来定：就中国现有的金融监管举措来看，短期内，中国不会出现系统性金融风险；从长期来考量这个问题，隐性的风险，比如信用风险、资金流动性风险等，有可能对宏观经济产生巨大的危害，当这种风险和危害累积过多时，甚至会给宏观经济带来不可逆的破坏性影响。

---

① 《证券时报》2016年4月29日。

二 亲周期行为引致的通货紧缩

随着金融机构日益加深对金融市场的依赖，传统的货币传导机制也出现了变化，甚至出现"失灵"现象，大大降低了货币政策的有效性。

货币政策传导机制中，商业银行的行为直接决定了传导机制的通畅与否。一般而言，中央银行在实施货币政策时主要依靠货币渠道和信贷渠道两条途径共同影响宏观经济。而在中国，由于特殊的经济体制和市场化程度不高，信贷渠道相比货币渠道对货币政策和宏观经济总量的影响更大。银行的信贷是影响中国货币政策有效性的一个重要因素，也是中央银行制定货币政策时绕不开的变量。

同理，货币政策的实施离不开商业银行的媒介作用，银行既是货币流通的起点，也是信贷渠道不可跨越的一环，在经济周期中同样通过信贷行为来反作用于货币政策的实施。商业银行的贷款行为在市场中的理性仅仅是相对理性，即"有限理性"，个体有限理性的推动，放大并导致集体的非理性，形成了银行信贷行为的亲周期效应。即在经济扩张阶段，商业银行对经济前景过于乐观，信贷政策放宽，信贷标准降低，通过增加贷款的品种和数量，增加市场份额来追求更大的利润，于是许多负净现值的项目获得融资，风险在此时积累；当经济萧条时，减少信贷投放，许多正净现值的项目被拒贷，这又使中央银行扩张政策的效果大打折扣，导致整个宏观经济加深衰退。

系统重要性银行作为金融市场主体中的主体，特别是中国银行、中国农业银行、中国工商银行、中国建设银行、交通银行五大银行的国有背景依然在多方面发挥着作用，特殊的身份造就了特殊的影响力，尤其在亲周期性的传导过程中，银行部门的借贷行为，常常会影响到货币政策的制定与实施，进而影响货币政策的实施效果，使预期政策目标与实际发生偏离，难以保障政策的有效推进，最终导致政策工具与政策目标匹配的错位。加上在有些情况下，供求定理并非完全有效作用于系统重要性银行，提高利率并不一定能够增加存款供给，同样，有时也不一定能够减少资本市场的资金需求，有着人为的信贷配给特色。而且根据自身比较偏好的主体，或者是国家金融政策的要求，发放信贷等，使其在亲周期性的流动性问题上，又多加了一层不确定因素，影响到央行货币政策制定的独立性，增加了货币政策的实施成本。而且一旦系统重要性银行风险开始传染，金融风险程度越来越高时，市场将发生波动，利率的变化会影响投资，而投资的变动又会影响社会总支出，由于货币具有乘数效应，最终会扩大化地影响社会总产出，具体表现为货币市场膨胀或紧缩。

当下，就系统重要性银行而言，虽然信用风险会对社会产生一定的危害，但相比而言，流动性风险给社会带来的危害要远远大于信用风险的危害。这是因为，流动性风险与资金密切相关，因此，一旦风险累积达到破坏性影响，所引发的不仅有金融风险，还会因流通速度问题引发通货膨胀或者通货紧缩。商业银行释放到资本市场的资金量越大，资金流通速度越快，越易带来通货膨胀；若严重收缩货币释放量，造成结构性通缩，社会上即出现"钱荒"，损害经济发展水平，更会加速资产泡沫破裂，造成系统性金融风险。

三 对实体经济的挤出效应

中国系统重要性银行是中国银行业体系的基石，对维护中国金融市场的稳定发挥了举足轻重的作用。中国的国情和金融发展史也证明了以系统重要性银行为核心的银行结构，可以在复杂的国际、国内经济形势下，充分发挥集中优势，有条不紊地应对国际金融危机的冲击，熨平周期波动等影响，进而实现稳定经济的作用。

（1）金融业的公共属性决定了系统重要性银行破产的负面影响远超其他企业。系统重要性银行由于高负债度和宽负债面的特点会牵涉全民利益，一旦倒闭，本可以由生产性活动纳税人使用的钱，却用来由政府和中央银行向系统重要性银行提供补贴和贷款以弥补问题银行救助费用和损失，而这些救助措施所形成的成本必定会产生会计坏账和不良资产，损失十分巨大。政府承担损失后，会作为央行资产负债表中的贷款，而且贷款有可能无法收回，甚至有时政府根本就不披露，最终形成纯粹的财政赤字。因此，本可以促进经济增长、具有前景的生产性活动被挤出了，信用规模大大萎缩，生产规模缩小，人们的就业机会和实际收入减少，其最终结果必然会影响国家和地区的经济发展。2004年至2006年的证券综合治理相关数据表明，在中央政府的主导下，国家将大量的金融资源用于再贷款和清偿债务①，而这些损失的最终承担者是纳税人。

（2）由于中国贷款集中度高的特点，尤其是系统重要性银行要承担国家经济的部分行政政策时，往往会导致金融资源配置效率低下，引起挤出效应。从近几年的情况来看，造成银行流动性下降，甚至出现"钱荒"的主要原因，就是资金大量积压在流动性不强的领域，比如城市建设、房地产开发、基础设施建设以及部分产能过剩的行业等。2015 年系统重要性银行不良贷款集中在制造业中产能落后的行业，因为不良贷款难以追回，且不能将之配置到生产性活动中，挤占了本可以发放给其他具有较高偿还能力的借款人的贷款金额，无法弥补损失。

（3）作为系统重要性银行，当遇到清偿力危机时，由于其与同业之间的密切关联，当问题广泛存在时，即使没有发生挤兑，其对经济的影响也会阻碍经济增长和宏观政策有效实施，一旦被公众所知悉，挤兑便发生，导致银行体系出现"金融脱媒"和资本抽逃，使用于生产经营活动的金融资源被闲置或流失，具有生产性前景的项目投资也因之减少或无法进行，从而产生挤出效应。

2008 年以后，中国逐渐步入宏观经济增长速度放缓、产业结构持续调整和风险累积水平上升的经济新常态，银行业外部影响因素更加复杂。部分企业在中国经济结构调整的背景下出现经营困难，易引发中国系统重要性银行一定的信用风险，系统重要性银行整体不良贷款率又有所抬头。中国系统重要性银行的不良贷款率虽然全球最低，但相当一部分银行在信用风险方面，都通过人为手段进行了调节和控制，压制和掩盖了信用风险，比如对政府融资平台普遍实行以新换旧政策、资产重复抵押现象严重、抵押资产价值远低于实际贷款额、互保联保现象严重、企业实际贷款余额和担保余额远高于企业资产规模，一旦某一触点被触发，风险就会暴露。

四 救助后引发的道德风险及不公平

金融业的公共属性决定了不能只是简单地在纯粹市场的基础上对其进

---

① 主要措施包括中国人民银行再贷款、财政部直接注资清偿债务、地方政府共同清偿（如地方政府负责筹集 10% 的处置资金）等一系列国家担保的方式。

行监管，利润最大化目标为系统重要性银行追求高增长高利润的高风险业务埋下了伏笔，进而加剧了这些金融机构的道德风险，导致了系统的不稳定并危及公共利益。

1. 预期下的不道德

（1）金融机构预期。在中国现行金融体系下，系统重要性银行占据着垄断地位，加之信息不对称以及政府对系统重要性银行的隐性担保，系统重要性银行会出于自身利益考虑而诱发道德风险，追求经营更高风险的业务，以获取更高利润，甚至绑架政府救助。同时已有的处置模式会使各个金融机构产生一种误导：因为有国家作为后台和背景，即使它们出现了各种问题，国家出于金融发展的需要也会对其进行救助。这种错误诱导的结果往往使金融机构忽视自身管理水平，弱化风险防范意识，漠视监管的要求等。

（2）监管机构预期。金融监管组织把工作的重心放在了对金融市场稳定的维护上，而对金融机构本身的监管往往是不到位的。加上中国现有金融监管制度的不完善，金融监管者也会在思想认识上产生一些误区：国家在任何情况下都会救助金融机构。这种"懈怠"意识只会更加放纵金融机构的冒险行为和违法行为。

（3）债权人预期。政府隐性担保一定程度上也是债权人给予的，在中国传统的处置模式下，债权人对政府救助系统重要性银行的预期反应，会放缓对银行监督的约束，并且这种道德风险会愈演愈烈，甚至影响金融机构的健康发展。

2. 正常存续期的不公平

中国系统重要性银行具有无人能及的垄断地位，在正常存续期，这会形成一种不公平的竞争态势，造成不公平竞争的负效应。中国系统重要性银行具有"系统重要性"市场地位是"历史遗产"，其特殊地位决定了它所具有的规模优势是中小金融机构所不能比拟的。这种优势，对经济正效应有重要的作用。同时，也存在破坏市场自由竞争规则现象，一方面，它的存在会使金融业的竞争不充分，受到抑制；另一方面，由于垄断利润的形成，使得金融业相对于其他行业更易创造财富，社会资本从其他行业流向金融业，而不利于实体经济的发展，影响行业不断的优化及发展。同时，系统重要性银行的低成本融资可以带来实质性的益处，因为债权人更愿意把资金以低利率提供给系统重要性银行，非系统重要性银行由于不具备政府担保而需要支付更高的融资利率。因此,那些非系统重要性银行由于缺乏隐性担保而处于不利地位,生存空间愈发狭窄,尤其是那些小型金融机构。监管者甚至有可能在救助系统重要性银行时从中牟取个人利益,使其沦为权力寻租工具。

3. 救助后的不道德

中国经济市场化程度不高,虽然法律没有明文规定政府必须救助国有商业银行,但政府运用财政手段多次救助大银行的现象使人们错以为中国不会放任银行倒闭破产。这种潜在意识的存在意味着我们将会比其他任何国家都面临更严峻的道德风险。考虑到系统重要性银行规模大而复杂等特点以及破产造成广泛危机,财政部门救助及"成本社会化"会在金融业内产生不公正竞争,扭曲了金融业自由竞争,进而造成市场中优胜劣汰机制和自我纠正机制缺失。而缺乏竞争使系统重要性银行选择更为低效的经营方式,甚至会基于对政府救助的预期,令市场力量做出缺乏效率的投资。从1998年开始至2006年年底,中央政府共花费了约5万亿元人民币的资金来处置问题金融机构,这占据了当时中国GDP的1/4,四大国有商业银行的处置成本大于2万亿元[①]。国有金融机构的处置成本占总成本的2/3以上。很显然,政府把大量的公共资源用来拯救大型国有金融机构,而对于一些中小金融机构,国家并不能一视同仁,担保救助的范围和规模都非常有限,一般也仅局限于保护个人消费者利益。

中国金融机构自我约束机制不足的主要原因之一就是来自政府救助的道德风险。中国金融机构通常将规模大作为自身经营的主要策略,贪大求全是它们的通病。规模大未必就会带来高收益,盲目规模扩张的背后其实是金融机构股东与管理者的逆向选择:即使出现债务危机需要金融机构清偿债务,所有者和管理者在政府救助预期的引导下,也都会认为规模扩张的收益归其所有,而规模扩张带来的风险政府会帮它们埋单,因此,它们都会积极地选择扩张规模,而不会考虑规模扩张带来的风险和损失,普遍的扩张冲动背后是约束机制严重弱化的道德风险。

---

① 刘俊:《各国问题金融机构处理的比较法研究》,上海人民出版社2008年版,第331页。

第五节 小结

本章重点分析了中国系统重要性银行负外部性传导机制以及负外部性表现。中国银行业经历改革开放以来 40 多年的发展，取得了相当大的成绩，商业银行资本实力不断增强、资产质量不断优化、风险抵补能力及流动性比例不断提高，抵补能力以及流动性能力等都得以提升，但是面临着金融常态化以及金融包容发展滞后的挑战。美国的次贷危机发生到现在已经过去多年，对系统重要性银行的评估及认定方法也比较统一，尤其是在原中国银监会已圈定中国工商银行、中国农业银行、中国银行、中国建设银行、交通银行为中国系统重要性银行的基础上，本书的研究对象中国系统重要性银行即上述五家银行。系统重要性银行负外部性主要是基于金融市场的复杂结构而传导的，负外部性一旦输出，无疑会提高整个银行体系的社会成本，加大货币政策实施的成本，造成金融资源浪费，形成对实体经济的挤出效应，而且预期的救助及被绑架后的救助，都会形成道德风险及不公平。

本章的意义在于，明确中国系统重要性银行负外部性传导机制与表现，是后文研究对系统重要性银行负外部性进行有效监管的核心。

第五章 中国系统重要性银行负外部性监管实践及存在的问题

在金融行业监管中,银行业无疑是所有金融行业的核心,对银行业的监管也成为中国金融业监管的重心。美国发生次贷危机以来,原银监会针对系统重要性银行监管方面规制的空缺,下达了一系列相关规定,以加强对中国银行业的监管,避免发生系统性风险,中国银行业监管也正与国际接轨。本章基于上一章的分析,主要展开对中国系统重要性银行负外部性监管现状的分析,拟从法学视角与经济学视角,分析中国系统重要性银行负外部性监管立法现状以及现阶段中国系统重要性银行主要监管指标情况,探寻中国系统重要性银行负外部性监管中存在的问题。

第一节 中国银行业监管立法现状及存在的问题

中国银行业监管应该从1983年中国人民银行将商业信贷分离出去成立中国工商银行算起,1992年证监会成立,1995年《中华人民共和国中国人民银行法》《中华人民共和国商业银行法》《中华人民共和国保险法》等出台,1998年原保监会成立,确立了中国人民银行的监管地位,中国金融业开启了分业经营、分业监管的模式。2003年4月原银监会正式成立,确立了分业经营、分业监管、"一行三会、分工合作"的金融监管模式,形成了以机构监管为特征、以合规监管为重点的分业监管体制。2018年3月12日,第十三届全国人民代表大会第一次会议审议的国务院机构改革方案的议案中，提出组建中国银行保险监督管理委员会。同时，将原银监会和原保监会拟定银行业、保险业重要法律法规草案和审慎监管基本制度的职责划入央行，自此中国金融监管的"一委一行两会"新框架正式落地。

从中国目前的金融机构立法体系看，立法层次较齐全（见表5—1），而且随着经济金融形势的变化，国家及各部委等正在推动市场退出、普惠金融、民间融资等领域的立法工作，推动修订一批基础法律法规，完善同业交易、理财资管和表外业务等重点领域的部门规章。

表5—1　　　　　　　　中国金融机构立法体系（列举）

级别	施行时间	列举
法律	2001年10月1日	《全国人民代表大会常务委员会信托法》
	2003年4月28日	《全国人民代表大会常务委员会关于中国银行业监督管理委员会履行原由中国人民银行履行的监督管理职责的决定（草案）》
	2004年2月1日	《中华人民共和国中国人民银行法》（2003年修正）
	2007年1月1日	《中华人民共和国银行业监督管理法》
	2007年6月1日	《中华人民共和国企业破产法》
	2015年4月24日	《中华人民共和国证券投资基金法》（2015年修订）
	2015年4月24日	《中华人民共和国保险法》（2015年修订）
	2015年10月1日	《中华人民共和国商业银行法》（2015年修正）
	2018年10月26日	《中华人民共和国公司法》（2018年修订）
	2019年12月28日	《中华人民共和国证券法》已由第十三届全国人民代表大会常务委员会第15次会议修订通过，2020年3月1日实行
行政法规	1999年2月22日	《金融违法行为处罚办法》
	2001年12月15日	《金融机构撤销条例》
	2008年4月23日	《证券公司风险处置条例》（2016年修订）
	2008年6月1日	《证券公司监督管理条例》（2014年修订）
	2013年3月1日	《农业保险条例》（2016年修订）
	2015年5月1日	《存款保险条例》

第五章 中国系统重要性银行负外部性监管实践及存在的问题

续表

级别	施行时间	列举
部门规章	2013年12月18日	《银行业金融机构董事（理事）和高级管理人员任职资格管理办法》
	2015年4月1日	《商业银行杠杆率管理办法（修订）》
	2016年2月14日	《中国银监会现场检查暂行办法》
	2018年1月5日	《商业银行股权管理暂行办法》
	2018年7月1日	《商业银行大额风险暴露管理办法》
	2018年7月1日	《保险公司信息披露管理办法》
	2018年7月1日	《商业银行流动性风险管理办法》
	2018年6月29日	《金融资产投资公司管理办法（试行）》
司法解释	2013年9月	最高人民法院发布的一系列关于企业破产法的司法解释
规范性文件	2013年1月1日	《关于中国银行业实施新监管标准的指导意见》
	2013年1月1日	《关于实施〈商业银行资本管理办法（试行）〉过渡期安排相关事项的通知》
	2014年4月24日	《关于规范金融机构同业业务的通知》
	2014年9月12日	《商业银行内部控制指引》
	2015年1月1日	《金融资产管理公司监管办法》
	2015年7月18日	《关于促进互联网金融健康发展的指导意见》
	2015年12月31日	《商业银行流动性覆盖率信息披露办法》
	2017年11月17日	《关于规范金融机构资产管理业务的指导意见（征求意见稿）》
	2018年11月27日	《关于完善系统重要性金融机构监管的指导意见》
	2019年7月26日	《金融控股公司监督管理试行办法（征求意见稿）》

就原银监会而言，自成立至2014年年底，现行有效规章有48部，规范性文件有400余件，形成了较为健全的监管规则体系，用以指导银行业良性发展。但是，原银监会发布的多是依据当前的经济形势而制定的规范性文件，新的部门规章出台后，原规范性文件废止。比如2012年6月8日出台《商业银行资本管理办法（试行）》，前期的诸多相关规范性文件废止。

综观中国金融立法，虽然立法层次齐全，但存在的问题也很突出。具体来看，有以下几个：

（1）法律亟待修改。如《中华人民共和国中国人民银行法》《中华人民共和国商业银行法》《中华人民共和国银行业监督管理法》《中华人民共和国外汇管理法》《中华人民共和国保险法》《中华人民共和国证券法》《中华人民共和国信托法》及《中华人民共和国企业破产法》等存在立法滞后问题，部分制度设计滞后于时代变迁，甚至诸多新问题在法律层面无法找到依据。此外，诸多相关立法仍然没有出台，缺少专业性的法律、法规，比如金融消费者保护法、个人破产法等亟待制定。

（2）相关法规发挥作用有限。如《金融机构撤销条例》《证券公司监督管理条例》《证券公司风险处置条例》《农业保险条例》等，在金融行业发挥的作用不大，相关条例在解决本行业内部问题时存在一些问题，更难以实现对其他行业的规制；关于金融机构退出的金融机构破产条例也未专门立法。

（3）部门规章数量多而效力层级不高。部门规章层面立法成了中国金融立法主流，大量行政法规代替相关金融基本立法在金融监管领域中发挥作用，规范性文件非常多，但多数也只是提出了原则性建议，并未细化，且效力层级不高。大多行政规章会让监管机构干预过强，政府审批事项也大量滋生，金融法律文本中充斥大量的限制性条款、强制性规则，并没有系统、科学、体系性的法律基础、法律制度。因事而设的某一种行政条款，影响着整体金融的稳定性。

（4）有关商业银行风险监管的法律法规广度及深度差强人意。目前出台的很多关于商业银行风险外部性监管的法律、法规，涉及的范围、深度都不够，并不能对商业银行进行全面的监管，还应当制定一系列与基础法律法规相配套的更为专业的法规，使监管具体化、专业化、程序化。同时，由于商业银行发展的复杂性和创新性，因此监管的法律、法规要有一定的弹性，比如制定兜底条款，而不能规定得过于呆板。

中国金融业发展明显加快，构建系统重要性银行负外部性监管相关制度迫在眉睫。

第五章 中国系统重要性银行负外部性监管实践及存在的问题

第二节 中国系统重要性银行负外部性监管立法实践

目前中国并没有建立系统重要性银行负外部性法律监管相关制度，具体相关监管规定分散在2010年《巴塞尔协议Ⅲ》发布后，原银监会根据国际相关要求，结合中国银行业改革实践，所颁布出台的诸多部门规章及相关规范性文件中，比如《关于中国银行业实施新监管标准的指导意见》，既为中国银行业监管奠定了基石，也对系统重要性银行监管做出特别规定；而《商业银行资本管理办法》建立了银行业资本监管的框架，并完善了中国审慎监管制度，加强了对系统重要性银行的监管；《商业银行流动性风险管理办法（试行）》补充了流动性风险监管的具体举措；《商业银行全球系统重要性评估指标披露指引》规范了商业银行全球系统重要性评估指标的信息披露，持续加强对系统重要性银行的监管，督促大型商业银行等银行业金融机构完善公司治理和风险管理，提高经营管理水平；《商业银行内部控制指引》，从四个方面引导商业银行强化内控管理；《商业银行并表管理与监管指引》进一步加强银行的并表管理，防范金融风险跨境跨业传染；《商业银行杠杆率管理办法》的修订为进一步防范系统性风险筑起了一道防火墙。原银监会还对作为全球系统重要性银行的中国银行、中国工商银行、中国农业银行等制订了恢复和处置计划。自2018年3月中国银行保险监督管理委员会成立后，2018年5月颁布的《商业银行流动性风险管理办法》则更好地适应了当前商业银行流动性风险管理需要。

一 中国系统重要性银行负外部性监管的起步——腕骨（CARPALs）监管体系

美国的骆驼评级体系很早就被引入到原银监会，该体系从七个层面综合评价银行业金融机构，包括资本、资产质量、流动性、盈利和管理水平等因素。但是该体系并没有成为指导监管资源配置的重要依据，原因在于该评价体系并不能准确反映金融机构的风险状况，以及管理和抵御风险能力。于是，从2008年起，原银监会启动监管评级体系修订完善工作，在2010年推出了CARPALs监管体系。

CARPALs监管体系的提出与美国金融监管体系CAMELS、英国ARROW体系异曲同工。2010年年初原银监会在推进《巴塞尔协议Ⅱ》《巴塞尔协议Ⅳ》同步实施中，结合中国大型商业银行的特点，制定CARPALs监管体系，并按照"一行一策""一年一定"的方式应用于大型商业银行的日常监管，该体系的建立使中国对系统重要性银行的监管初步形成了与国际接轨且比较系统规范的框架。

CARPALs监管体系是以新四大监管工具为基础制定的相对完善的监管指标体系，共有七大类十三项指标，与2006年股改以后大型商业银行一直沿用的"三大类七项指标"有较大的区别。CARPALs是七大类指标的首字母，即资本充足性、贷款质量、大额风险集中度、拨备覆盖、附属机构、流动性、案件防控，同时给予原银监会一定的自由裁量权，对涉及集中度风险、操作风险等的指标体系进行量化，既能促进商业银行有效控制自身风险，又可以加强社会公众对银行风险状况的认知程度（见表5—2）。

表5—2　　中国CARPALs监管体系与美国CAMELS评级体系对比　　单位:%

美国CAMELS评级体系			中国CARPALs监管体系		
CAMELS评级要素	权重	定量指标（100%）	CARPALs评级要素	权重	定量指标（100%）
资本充足性	20	资本充足率	资本充足性	20	资本充足率
^	^	核心资本充足率	^	^	杠杆率
资产质量	20	不良贷款率/不良资产率	贷款质量	20	不良贷款率
^	^	正常贷款迁徙率	^	^	^
^	^	次级贷款迁徙率	^	^	不良贷款偏离度
^	^	可疑贷款迁徙率	大额风险集中度	10	单一客户（集团）集中度
^	^	单一客户授信集中度	^	^	^
^	^	全部关联度	^	^	^
^	^	贷款损失准备金充足率/资产损失准备金充足率	^	^	^

第五章　中国系统重要性银行负外部性监管实践及存在的问题

续表

美国 CAMELS 评级体系			中国 CARPALs 监管体系		
CAMELS 评级要素	权重	定量指标（100%）	CARPALs 评级要素	权重	定量指标（100%）
管理质量	25		拨备覆盖	20	不良贷款拨备覆盖率
					贷款拨备比率
盈利状况	10	资产利润率	附属机构	10	附属机构资本回报率
		资本利润率			
		成本收入比率			母行负债依存度
		风险资本利润率			
流动性	15	流动性比例	流动性	10	流动性覆盖率
		核心负债依存度			净稳定融资比率
		流动性缺口率			
		人民币超额备付金率			存贷比
		（人民币、外币合并）贷款比率			
对市场风险的敏感度	10%	利率风险敏感度	案件防控	10	案件风险率
		累计外汇敞口头寸比例			
其他项目	自由裁量权				

　　CARPALs 监管体系有三大特点：第一，增加资本充足率要求。除 8% 的基础法定资本金要求外，还有 2% 的超额资本要求，且系统重要性银行还有 1% 的附加资本。第二，加强案件风险防控。CARPALs 监管体系要求系统重要性银行的附属机构业绩不能低于该行业平均水平，对母行的负债也不能高于一定比例。这项要求主要是针对跨业跨境经营较为频繁的系统重要性银行，以免被附属机构拖垮，爆发系统性危机，另外也有利于遏制系统重要性银行肆意扩张。第三，设定逆周期资本监管目标。该体系的内部指标值每年更新，是动态调整的且与前三年的平均值挂钩。

　　从监管实践看，CARPALs 监管体系基本能适应系统重要性银行负外部性监管的需要，在这个动态监管体系中，一些前沿性风控指标都已列入。但 CARPALs 监管体系只是针对总行级别的银行实施监管，未构建出适用于系统重要性银行分支机构的监管指标体系，地方监管较被动，新形势下

CARPALs 监管指标也不断受到冲击。因此，2014 年 8 月原银监会发布了《商业银行监管评级内部指引》，明确了中国银行业主要监管指标。该指引以推行分类监管、提高监管透明度、保护存款人和金融消费者利益为目的。主要分为五大类指标[1]，每个一级指标包括若干个二级指标[2]，而部分二级指标又包含三级指标，比如不良贷款率包括次级类贷款、可疑类贷款、损失类贷款三个三级指标。新的监管指标体系使评级结果更为充分，使市场准入、现场检查和非现场检查三种监管手段成为防范单体风险的持续过程和统一整体。

二　中国系统重要性银行负外部性监管框架的设计——《关于中国银行业实施新监管标准的指导意见》

为增强银行体系稳健性和国内银行的国际竞争力，2011 年 5 月原银监会根据 FSB 有关降低系统重要性金融机构道德风险的政策框架，以及 2010 年 12 月出台的《巴塞尔协议Ⅲ》，发布了《关于中国银行业实施新监管标准的指导意见》。该指导意见主要是从维护银行体系长期、稳健运行的微观审慎监管角度出发，特别对资本充足率、杠杆率等监管标准做出了明确规定，并体现了逆周期宏观审慎监管要求[3]，从诸多层面[4]不断强化风险管理（见表 5—3）。

宏观审慎监管是从时间维度和横截面维度来分析系统风险的来源，从时间维度可以针对顺周期推出逆周期监管措施；从横截面维度可以针对同质性提出异质性需要，从而防范系统性风险。所谓逆周期监管，是指经济形势好时提高银行拨备要求，以提升抗风险能力；在经济下行周期，不良贷款攀升引致拨备计提压力，主动调低拨备覆盖率，释放风险准备对冲坏账。

---

[1] 信用风险指标、流动性指标、效益性指标、资本充足指标和市场风险指标。
[2] 如信用风险指标包含不良贷款余额、不良贷款率、贷款损失准备、拨备覆盖率四个二级指标。
[3] 即适当提高系统重要性银行监管标准，根据不同机构情况设置差异化的过渡期安排。
[4] 如公司治理、政策流程、风险计量、数据基础、信息科技系统等。

第五章　中国系统重要性银行负外部性监管实践及存在的问题

表5—3　《关于中国银行业实施新监管标准的指导意见》的主要内容

项目	内容	与《巴塞尔协议Ⅲ》相比	过渡期
严格资本定义	核心一级资本；其他一级资本、二级资本	一致	系统重要性银行于2013年年底达标，非SIBs于2016年年底达标 《巴塞尔协议Ⅲ》要求各成员国自2013年1月1日开始实施新监管标准，2019年1月1日前全面达标
提高资本充足率监管要求	核心一级资本充足率不低于5%；一级资本充足率不低于6%；资本充足率不低于8%	核心一级资本充足率的要求高于《巴塞尔协议Ⅲ》4.5%的水平	
引入逆周期资本监管框架	储备资本2.5% 逆周期超额资本0—2.5%		
增加系统重要性银行的附加资本要求	系统重要性银行附加资本1%	一致	
建立杠杆率监管标准	杠杆率不低于4%	高于《巴塞尔协议Ⅲ》规定的3%	SIBs要在2013年年底前达标，非SIBs要在2018年年底前达标
建立流动性风险监管标准等	流动性覆盖率、净稳定融资比例均不低于100%	一致	
强化贷款损失准备监管	贷款拨备率不低于2.5%；拨备覆盖率不低于150%	未要求	SIBs应于2013年年底前达标；非SIBs中盈利能力强、损失拨备计提少的机构2016年年底达标；少数盈利能力低、损失拨备计提多的机构2018年年底达标
增强系统重要性银行监管有效性	—		

资料来源：《关于中国银行业实施新监管标准的指导意见》。

该指导意见还特别加强了对系统重要性银行监管有效性的要求，主要内容包括：确定系统重要性银行的定义和范围；继续采用结构化限制性监管措施（比如严格限制银行业金融机构从事结构复杂、高杠杆的交易业务，审慎推进综合经营试点等）；提高审慎监管要求（比如发行自救债券、提高流动性要求等）；严格限制大额风险暴露；提高集团并表风险治理监管标准等；加强系统重要性银行风险隔离和监控，引进监管新手段，制订

· 107 ·

系统重要性银行恢复和处置计划、危机管理计划；增强持续监控能力和加强国际监管合作等。此外，该指导意见还规定对系统重要性银行实施资本计量高级方法，而对于其他非系统重要性银行实施信用风险权重差异化设定方法。

指导意见对监管指标的动态提高在一定程度上可以加强银行抵御风险的能力，但同时需要注意的是，每一项指标都有一定缺陷，仅靠单一指标难以全面反映其风险。以贷款拨备率为例，一般情况下，不良贷款率越高的银行贷款拨备率越容易达标。所以，其高低暴露了银行自身风险的高低，尽管一定程度上反映了银行抵御风险的能力。因此，判断银行在信用风险方面的问题，更要侧重于债务结构，以及主要贷款客户的资产状况、互保联保情况、贷款数量等，而不能简单地依据已经暴露的不良贷款率、不良贷款额以及拨备覆盖率等来区分好坏。

三 杠杆率监管标准的建立——《商业银行杠杆率管理办法》

高杠杆率可以带来较高的收益，但同时也会带来过度的风险隐患。以国际金融危机爆发前的西方国家主要商业银行为例，虽然其资本充足率处于较高水平，但是商业银行不断扩大杠杆化，无形中变相降低了银行的资本充足水平，甚至利用复杂的经济资本模型套利，导致危机的破坏异常凶悍。正是意识到了杠杆化的风险性，2008年以后，根据二十国集团和金融稳定理事会的要求，《巴塞尔协议Ⅲ》中引入了简单、透明、不具有风险敏感性的杠杆率指标，以此控制商业银行杠杆倍数，规定银行杠杆率不得低于3%。

基于此，原银监会在2011年6月出台并实施了《商业银行杠杆率管理办法》（2015年1月修订），将杠杆率作为对资本充足率要求的补充。该办法共计4章、21条和1个附件，分别为总则、杠杆率的计算、杠杆率的监督管理和附则。杠杆率是指商业银行持有的、符合有关规定的一级资本与商业银行调整后的表内外资产余额的比率。该办法中规定商业银行并表和未并表的杠杆率均不得低于4%，比《巴塞尔协议Ⅲ》的规定要高。引入杠杆率指标可以有效降低其可能承担的风险敞口，降低银行的系统性风险贡献。

四 资本充足率监管的强化——《商业银行资本管理办法（试行）》

自2004年原银监会发布中国第一版《商业银行资本充足率管理办法》后，历经几次修订，2012年又出台了最新的资本管理办法，即《商业银行资本管理办法（试行）》，共10章、180条和17个附件，分别对资本充足率和监管要求、资本定义、信用风险加权资产计量、市场风险加权资产计量、操作风险加权资产计量、商业银行内部资本充足评估程序、监督检查和信息披露等进行了规范。

继2011年新资本监管标准发布后建立的资本充足率监管体系，将资本监管要求分为四个层次，涉及最低资本、储备资本、逆周期资本和系统重要性银行附加资本等，与2011年新资本监管标准相比，主要是强化了资本充足率监管要求，其中第四层次为根据单家银行风险状况提出的第二支柱资本要求。此外，扩大了资本覆盖风险范围，提出银行必须计提市场风险和操作风险资本的要求；界定了资本与资本覆盖风险，涉及系统性风险和个体风险，允许银行采用内部评级法计量风险资本的审慎性；改进了监管方式，建立全面风险监管框架和资本评估程序等，从风险预防与资本准备的角度，对商业银行进行了全面的规定，为可能发生的危机情况做好充足的准备。而且，该办法对系统重要性银行实施特别监管标准，也认可了国内系统重要性银行和全球系统重要性银行的识别方式。

为了降低银行业资本监管合规成本，该办法还特别做出了差异化的规定，原银监会根据各银行的复杂程度和业务规模对其实施匹配的差异化监管政策，要求在权重法下对符合条件的小微企业贷款，适用75%的风险权重，在内部评级法下比照零售贷款适用优惠政策。但是，由于改变资本结构统一标准的社会成本较高，所以监管部分只是严格要求了第一支柱范围内的资本，实际表现就是对其监管政策差异化不够明显，且政策难以执行。

2012年11月30日原银监会发布《关于实施〈商业银行资本管理办法（试行）〉过渡期安排相关事项的通知》，对过渡期内系统重要性银行与非系统重要性银行资本充足率做了差异化要求（见表5—4）。

表5—4　　　　　　　过渡期内分年度资本充足率要求　　　　　单位：%

银行类别	项目	2013年年底	2014年年底	2015年年底	2016年年底	2017年年底	2018年年底
系统重要性银行	核心一级资本充足率	6.5	6.9	7.3	7.7	8.1	8.5
	一级资本充足率	7.5	7.9	8.3	8.7	9.1	9.5
	资本充足率	9.5	9.9	10.3	10.7	11.1	11.5
其他银行	核心一级资本充足率	5.5	5.9	6.3	6.7	7.1	7.5
	一级资本充足率	6.5	6.9	7.3	7.7	8.1	8.5
	资本充足率	8.5	8.9	9.3	9.7	10.1	10.5

资料来源：《关于实施〈商业银行资本管理办法（试行）〉过渡期安排相关事项的通知》。

自2013年起，中国商业银行开始正式执行《商业银行资本管理办法（试行）》。截至2014年年底，商业银行核心一级资本充足率为10.56%，较年初上升0.61个百分点；一级资本充足率为10.76%，较年初上升0.81个百分点；全国828家商业银行的平均资本充足率为13.18%，较年初上升0.99个百分点。按照原银监会关于《商业银行资本管理办法（试行）》实施过渡期的资本充足率监管要求，系统重要性银行已于2013年年底前达标。

总体来看，新的资本监管体系既与国际金融监管改革的统一标准保持一致，也体现了促进银行业审慎经营、增强对实体经济服务能力的客观要求。实施新监管标准将对银行业稳健运行和国民经济平稳健康发展发挥积极作用。但需要注意的是：第一，资本对风险的覆盖建立在风险量化的基础上，而诸如流动性风险、集中度风险、声誉风险等是很难量化的，这就造成资本监管"无力可借"，也就无法充分发挥作用；第二，国际监管改革提出逆周期资本要求和系统重要性附加资本要求，以应对系统性风险的冲击，但其可靠性仍有待实践的检验；第三，商业银行的公司治理体系、风险监控能力等因素无论是对单体机构还是对整个银行体系的稳定都具有至关重要的影响，而资本监管显然无法囊括全部因素。

五 流动性风险监管的完善——《商业银行流动性风险管理办法（试行）》

流动性风险[①]管理成为次贷危机后国际社会监管的重点。巴塞尔委员会先后在2008年出台了《稳健的流动性风险管理与监管原则》，2010年出台了《巴塞尔协议Ⅲ：流动性风险计量、标准和监测的国际框架》，2013年出台了《巴塞尔协议Ⅲ：流动性覆盖率和流动性风险监测标准》（实则是对2010年公布的流动性覆盖率标准的修订），构建了银行流动性风险管理和监管的全面框架，首次提出了全球统一的流动性风险定量监管标准。

原银监会自成立以来，就一直高度关注商业银行流动性风险，并形成了一套简单、实用的流动性监管指标，比如2009年，原银监会出台了《商业银行流动性风险管理指引》。但随着国内银行资产负债结构日趋多元化，原银监会流动性风险监管也面临着新的挑战，比如2013年6月银行间资金出现市场利率快速上升、阶段性流动性紧张的现象，暴露了商业银行流动性风险管理存在的问题。2014年3月《商业银行流动性风险管理办法（试行）》（以下简称《试行办法》）（于2015年10月1日修订后施行）出台，共4章66条、4个附件。具体而言，包括增加优质流动性资产储备水平、减少融资期限错配、增加长期稳定资金来源等，并采取多项措施以提高流动性风险监管有效性，督促银行业金融机构加强流动性风险监测和压力测试，定性方法与定量方法相结合、微观审慎监管与宏观审慎监管相结合，推动监管政策有效实施，不断完善监管政策。《试行办法》规定商业银行的流动性覆盖率应当不低于100%，商业银行的流动性比例应当不低于25%。

《试行办法》自实施以来，在强化流动性风险管理和监管方面发挥了重要作用。近年来，随着利率市场化、金融创新不断深化，不同类型银行在业务模式、复杂程度、资产负债结构等方面的差异逐步显现，对流动性风险管理也提出了更高的要求。2018年5月中国银行保险监督管理委员会发布《商业银行流动性风险管理办法》（以下简称《办法》），《办法》的

[①] 流动性风险是指商业银行无法以合理成本及时获得充足资金，用于偿付到期债务、履行其他支付义务和满足正常业务开展的其他资金需求的风险。

出台有助于进一步推动商业银行夯实流动性风险管理基础，提高抵御风险能力，服务实体经济，维护银行体系安全稳健运行。

此次修订的主要内容包括：一是新引入三个量化指标。其中，净稳定资金比例衡量银行长期稳定资金支持业务发展的程度，适用于资产规模在2000亿元（含）以上的商业银行。优质流动性资产充足率是对流动性覆盖率的简化，衡量银行持有的优质流动性资产能否覆盖压力情况下的短期流动性缺口，适用于资产规模小于2000亿元的商业银行。流动性匹配率衡量银行主要资产与负债的期限配置结构，适用于全部商业银行。二是进一步完善流动性风险监测体系。对部分监测指标的计算方法进行了合理优化，强调其在风险管理和监管方面的运用。三是细化了流动性风险管理相关要求，比如日间流动性风险管理、融资管理等。

《办法》共4章75条、7个附件。第一章"总则"主要明确了适用范围、流动性风险的定义以及对流动性风险管理和监管的总体要求。第二章"流动性风险管理"提出了银行流动性风险管理体系的整体框架和定性要求。第三章"流动性风险监管"规定了各项流动性风险监管指标，提出了多维度的流动性风险监测工具，规定了流动性风险监管方法和措施。第四章"附则"明确了实施时间、参照执行的机构范围，以及流动性覆盖率、流动性匹配率和优质流动性资产充足率的实施安排等。《办法》的7个附件具体说明了流动性风险管理重点环节的技术细节，以及定量指标的计量标准。

《商业银行流动性风险管理办法》进一步明确了商业银行流动性风险管理体系的定性要求，根据商业银行特点设定了差异化的定量监管标准，并提出了统一的多维度流动性风险监测分析工具，构建了较完备的流动性风险监管框架，自2018年7月1日起施行。新引入的三个量化指标中，净稳定资金比例的监管要求与该《办法》同步执行。优质流动性资产充足率采用分阶段达标安排，商业银行应分别于2018年年底和2019年6月底前达到80%和100%。流动性匹配率自2020年1月1日起执行，在2020年前暂为监测指标。

推进对流动性风险的监管实质上是对法人治理架构和内部控制体系提出了更高的要求。商业银行的核心竞争力一定程度上就在于商业银行能够更为及时、准确地发现、计量、管理和控制包括流动性风险在内的各类风险。

第五章 中国系统重要性银行负外部性监管实践及存在的问题

2014年6月原银监会出台《关于调整商业银行存贷比计算口径的通知》，主要是调整存贷比计算口径以适应商业银行资产负债结构、经营模式和金融市场的发展变化，并防止监管套利行为发生。2015年6月，国务院常务会议通过的《中华人民共和国商业银行法修正案（草案）》中特别指出，将存贷比由法定监管指标转为流动性监测指标，删除贷款余额与存款余额比例不得超过75%的规定，以此来增强商业银行放贷能力，增强金融机构扩大对"三农"、小微企业等贷款的能力。

六 系统重要性金融机构宏观政策框架的构建——
《关于完善系统重要性金融机构监管的指导意见》

美国次贷危机后以金融稳定理事会（FSB）为代表的国际组织，通过发布《降低系统重要性金融机构道德风险》《系统重要性金融机构监管的强度和有效性》《金融机构有效处置机制核心要素》等一系列文件，就系统重要性金融机构（SIFI）监管建立了相关制度安排，美国、欧盟、英国等主要国家和地区也已经建立起相应的监管体系。而我国直到2018年11月27日，《关于完善系统重要性金融机构监管的指导意见》（以下简称《指导意见》）才正式发布。《指导意见》的出台，填补了我国在系统重要性金融机构监管方面存在的空白，亦是中国金融监管体制改革的一次重要突破。

《指导意见》主要体现三个内涵：一是科学评估、合理认定对金融体系稳健性具有系统性影响的金融机构。具体表现在，《指导意见》主要规范系统重要性银行业、证券业、保险业机构，以及国务院金融稳定发展委员会（以下简称金稳委）认定的其他具有系统重要性、从事金融业务的机构。其中，"银行业机构"指依法设立的商业银行、开发性银行和政策性银行；"证券业机构"指依法设立的从事证券、期货、基金业务的法人机构；"保险业机构"指依法设立的从事保险业务的法人机构。此外，《指导意见》还注意与其他规定相互衔接，在"实施"部分指出：金融控股公司适用国家有关金融控股公司监管的规定，但经金稳委认定具有系统重要性的金融控股公司，同时适用本意见。也就是说，除了常见的银证保等传统金融机构，系统重要性金融机构还可能包括金控集团以及蚂蚁金服、腾讯集团等新兴互联网金融机构，使得系统重要性金融机构的内涵更丰富，对于风险的防控更全面有效。

二是加强监管，降低系统重要性金融机构发生重大风险的可能性。具体表现在，中国人民银行会同银保监会、证监会针对系统重要性金融机构提出附加资本要求和杠杆率要求，报金稳委审议通过后施行。其中，附加资本采用连续法计算，要求系统重要性金融机构的附加资本与其自身的系统重要性程度相适应。根据行业发展特点，中国人民银行还可会同相关部门视情况对高得分组别系统重要性金融机构提出流动性、大额风险暴露等其他附加监管要求。此外，《指导意见》着力完善系统重要性金融机构公司治理，从风险管理和信息系统等方面加强监管，以促其形成合理承担风险、避免盲目扩张的理性企业文化。

三是建立特别处置机制，确保系统重要性金融机构发生重大风险时，能够得到安全、快速、有效处置，保障其关键业务和服务不中断。具体表现在，《指导意见》要求中国人民银行牵头银保监会、证监会及财政部等其他相关单位组建危机管理小组，负责建立系统重要性金融机构的特别处置机制，推动制订恢复和处置计划，开展可处置性评估。系统重要性金融机构发生重大风险，经批准，由中国人民银行会同相关部门成立风险处置工作小组，进行应对和处置。此外，《指导意见》还明确了问题机构处置原则和处置资金使用顺序，以确保处置过程中明晰处置责任，既要守住底线，防范系统性风险，又要依法合规，防范道德风险。

《指导意见》就适用的范围、相关部门的分工协作、系统重要性金融机构评估与识别的流程和方法、对系统重要性金融机构特别监管要求、相关部门对系统重要性金融机构的审慎监管，以及系统重要性金融机构建立特别处置机制进行了宏观架构。总体而言，《指导意见》的出台是加强宏观审慎监管的内在要求，符合金融监管体制改革的总体方向，有助于填补监管空白，防范系统性金融风险。《指导意见》对系统重要性金融机构评估方法进行了合理界定，但影响的金融机构数量较为有限。虽然系统重要性金融机构应当满足更为严格的资本、杠杆率等监管要求，因此可能会面临更高的合规成本，但从这些机构在金融体系所处地位来看，理应受到与其系统重要性程度相一致的监管。同时，在制定实施细则时应从长远看，《指导意见》有助于督促系统重要性金融机构形成合理承担风险、避免盲目扩张的理性企业文化，有利于金融业健康发展和金融市场平稳运行。但值得注意的一点是，中国人民银行会同相关部门正是考虑到我国金融机构实际情况，设置了合理的监管要求与过渡期安排，避免短期内对金融机构造成冲击。因此，更多的监管要求和操作细节及相关实施细则并未予以明确。

七　系统重要性金融机构监管的不断推进——关于《金融控股公司监督管理试行办法（征求意见稿）》

近年来，我国金融控股公司发展较快，有利于满足各类企业和消费者对多元化金融服务的需求，有助于提升服务经济高质量发展的能力。但实践中有一些金融控股公司，主要是非金融企业投资形成的金融控股公司盲目向金融业扩张，将金融机构作为"提款机"，存在监管真空，风险不断累积和暴露。为此，2019年7月26日，中国人民银行发布《金融控股公司监督管理试行办法（征求意见稿）》（以下简称《办法》），《办法》按照问题导向，补齐监管制度短板，遵循宏观审慎监管理念，以并表监管为基础，对金融控股公司的资本、行为及风险进行全面、持续、穿透监管。

《办法》共七章、五十六条，主要涵盖以下几个内容。一是明确了监管范围。即符合一定条件且实际控制人为境内非金融企业和自然人的金融控股公司，由中国人民银行实施监管。对于金融机构跨业投资其他类型金融机构形成的综合化金融集团，由相关金融监管部门根据《办法》实施监管，并负责制定具体实施细则。二是将市场准入作为防控风险的第一道门槛。明确董事、监事、高管人员的任职条件，对金融控股公司实施事中、事后的持续监管。其中涉及的行政许可事项，将依法由国务院作出决定。三是严格股东资质监管。通过正面清单和负面清单的方式，规定成为金融控股公司股东的条件及禁止行为。金融控股公司主要股东、控股股东或实际控制人应当核心主业突出、公司治理规范、股权结构清晰、财务状况良好。四是强化资本来源真实性和资金运用合规性监管。资金来源应真实可靠，不得以委托资金等非自有资金投资金融控股公司。金融控股公司对金融机构不得虚假注资、循环注资。五是强化公司治理和关联交易监管。金融控股公司应具有简明、清晰、可穿透的股权结构，依法参与所控股金融机构的公司治理，不得滥用实质控制权，不得隐匿关联交易和资金真实去向。六是完善风险"防火墙"制度。金融控股公司应建立统一的全面风险管理体系,对内部的交叉任职、信息共享等进行合理隔离。

从目前来看,《办法》仍有需要完善之处。

第一是关于扩大金融控股公司的界定范围。《办法》对金融控股公司定义非常狭窄①,在实践中,我国的金融控股公司不仅控制了两个或两个以上的不同类型金融机构,自身还在开展业务如投资。例如,我国的一些商业银行就设立了相应的子公司,一些从事投资的企业也会控股多家金融机构。因此,建议在正式的《办法》出台时扩大对金融控股公司的界定范围,以免一些实质上达到金融控股要求的机构被排除在监管之外。

第二是关于修改设立金融控股公司的要求。目前的第六条第一项②,意味着有这样一种情况,控股的金融机构中的商业银行虽然资产规模少于5000亿元但是控股的其他金融机构资产规模超过1000亿元,从而使得金融集团公司可以不设立金融控股公司,容易导致监管套利的存在。因此在正式的《办法》中需要再次衡量非金融企业设立金融控股公司的要求。

第三是关于协调金融控股公司的设立条件。根据目前的《办法》对设立金融控股公司的要求来看,监管指标存在着冲突。结合第六条对非金融企业设立金融控股的要求和第七条的设立条件③,存在着这样的情形:非金融企业的注册资本额为50亿元,其控股的金融机构资本总和不超过100亿元,但还要达到资产规模不少于5000亿元的条件,这样才能满足设立控股公司的条件,从而可以计算出控股的金融机构的资本充足率为2%。这明显不符合现行的资本充足率监管指标,容易滋生金融风险。因此,需要提高金融控股公司的设立条件,使《办法》的条文实现

---

① 《办法》中第二条对金融控股公司作出了定义,即依法设立,对两个或两个以上不同类型金融机构拥有实质控制权,自身仅开展股权投资管理、不直接从事商业性经营活动的有限责任公司或者股份有限公司。
② 非金融企业、自然人实质控制两个或两个以上不同类型金融机构,并具有以下情形之一的,应当设立金融控股公司:实质控制的金融机构中含商业银行,金融机构的总资产规模不少于5000亿元,或者金融机构总资产规模少于5000亿元,但商业银行以外其他类型的金融机构资产规模不少于1000亿元或受托管理资产的总规模不少于5000亿元。
③ 设立金融控股公司,应当符合以下条件:实缴注册资本额不低于50亿元人民币,且不低于所控股金融机构注册资本总和的50%。

在其框架内和与其他监管法律之间的内容协调。①

八 监管方式的改进与完善——《中国银监会现场检查暂行办法》

现场检查是法律赋予监管者的重要职责,与市场准入、非现场监管共同构成了银行业监管的"三驾马车"。原银监会自成立以来,先后颁布了《中国银行业监督管理委员会现场检查规程》《中国银监会现场检查质量管理办法》等文件,对履行监管职责、规范现场检查工作起到了重要作用。而且,2008 年原银监会开发了检查分析系统,以提高传统检查方法在信息化、网络化水平的快速提升中的适应性,提升检查效率。而且,随着银行业金融机构业务日趋复杂,各种风险隐患交织,检查的独立性和权威性愈加重要。因此,2015 年 12 月 10 日《中国银监会现场检查暂行办法》出台,共 8 章 68 条。根据检查内容和检查程序的不同,将检查类型划分为全面检查、专项检查、后续检查、临时检查和稽核调查。五种检查方法,对当前商业银行认真履行其职责、稳定金融秩序有一定功效。此外,该办法提出了更多的监管措施或行政处罚,持续保持对问题机构的高压态势,以保障检查效果。

九 宏观审慎评估体系（MPA）的出台

早在 20 世纪 70 年代末,国际清算银行（BIS）就提出了"宏观审慎"的概念,以此概括一种关注防范系统性金融风险的监管理念。20 世纪 80 年代,宏观审慎监管的概念正式出现在 BIS 的报告中,但由于微观审慎监管仍然是理论研究与政策实践中的焦点,直到 21 世纪初,宏观审慎监管的定义才得到较为清晰的界定。但宏观审慎监管真正受到全球金融监管者的重视,则是在 2008 年的国际金融危机之后。2009 年 6 月 17 日,美国政府公布了金融监管改革的白皮书。之后,欧盟委员会也宣称要成立由成员国中央银行行长组成的"欧洲系统性风险委员会",来预警宏观风险。按

---

① 彭兴韵:《强化金融控股公司监管》,《银行家》2019 年第 8 期。

照国际上的划分，宏观审慎监管框架分为宏观审慎监测框架和宏观审慎监管工具两个部分。前者通过指标体系识别和监测系统风险，后者侧重于研发干预系统风险的政策工具。作为二者的基础，还应确立宏观审慎监管的制度安排，建立监管主体之间的分工合作机制。

在监管内容上，宏观审慎监管侧重于对金融机构的整体行为以及金融机构之间相互影响力的监管，同时关注宏观经济的不稳定因素；而微观审慎监管侧重于对金融机构的个体行为和风险偏好的监管。从具体监管对象看，宏观审慎监管更关注系统重要性金融机构的行为、金融市场整体趋势及其与宏观经济的相互影响；而微观审慎监管则更关注具体金融机构的合规与风险暴露情况，避免使投资者和储户等个体遭受不应有的损失等事件。

2008年国际金融危机发生以来，主要经济体都对其金融监管体制进行了重大改革，其中突出体现为建立以防范和化解系统性风险为目标的宏观审慎监管制度。因为金融风险的外部性使得个体理性可能导致集体非理性，因此必须从总体上关注金融行业之间以及金融市场与宏观经济的密切联系，从跨机构和跨时间两个维度防范系统性风险，建立逆周期的宏观审慎监管制度。（见表5—5）

表5—5 宏观审慎政策工具

维度	类别	主要工具或内容	工具介绍
时间维度	通用资本工具	逆周期资本缓冲	逆周期资本缓冲的首要目标是保护银行业免受信贷过度投放期间的系统性风险的影响。在经济上行周期，一般使用信贷占GDP比重指标来判断计提资本缓冲的规模。在经济下行周期时，由于信贷占GDP的比重存在滞后性，一般采用银行损失或信贷利差或者一揽子指标进行综合判断
		动态拨备	动态拨备要求银行持有超过相关会计准则、能覆盖贷款减值储备损失的附加拨备，目的是减轻拨备低估的风险。在经济上行期，要求银行多计提贷款损失拨备，限制信贷扩张；在经济低迷时期，降低对贷款损失拨备的计提，释放更多的信贷资金以支持银行贷款

续表

维度	类别	主要工具或内容	工具介绍
时间维度	流动性工具	准备金要求	准备金要求指商业银行在中央银行存入一定的款项，以满足客户提取和资金清算等要求。一是存款准备金对信贷有直接的影响，可以直接用来抑制时间维度的系统性风险；二是提取存款准备金可以释放流动性以缓解系统的流动性风险
		核心融资比例	核心融资比例是新西兰央行2009年颁布流动性审慎管理新政策中衡量银行流动性最核心的指标，要求银行核心融资比例达到65%，年核心融资率的计算方法：年核心融资率＝（年核心融资量/全部贷款和垫款）×100%
		存贷比上限	存贷比是指银行贷款余额与存款余额的比例。我国自1995年起设定了75%的存贷比监管红线。2015年10月1日起，中国银行业监管制度迎来重大调整，取消了75%的监管红线
	资产侧工具	针对特定行业的资本要求	银行需要对某些特定行业的风险敞口持有更高的资金准备，以应对该行业信用情况恶化可能带来的损失。该工具可以用于抑制特定行业信贷的过度增长
		风险敞口上限	一般针对外汇设置外汇风险敞口上限，解决由于银行集中购买和销售外汇引起的负外部性——汇率的急剧波动。该外部性增加了拥有较高外汇债务且未对冲的信贷风险
空间维度	政策工具	强化SIFIs损失吸收能力	FSB认为SIFIs应在巴塞尔协议确立的最低资本要求之上保有额外资本。在额外资本要求之外，有关国际组织还在研究其他政策措施，包括大额风险暴露限制和额外流动性要求等，以限制金融机构从事高风险金融业务，避免其规模过于庞大
		增强金融市场基础设施抗风险能力，制订恢复和处置计划	FSB提出所有SIFIs应建立处置计划，一旦出现风险，将对其进行有序处置。根据FSB的要求，有关国际组织对SIFIs有效处置的核心工具、处置计划的关键因素、评估可处置性的标准、自救工具以及针对单个机构的危机处置跨境合作协议等问题进行深入研究

近年来，我国着力建立和完善宏观审慎政策框架，在相关实践中不断探索，并逐步升级完善。2011 年，为配合危机期间刺激政策逐步退出，我国正式引入差别准备金动态调整机制，其与利率、公开市场操作、存款准备金率等货币政策工具相配合，有力地促进了货币信贷平稳增长，维护了整个金融体系的稳定性。随着经济形势和金融业的发展变化，中国人民银行不断完善政策框架。2016 年起，将差别准备金动态调整机制"升级"为宏观审慎评估体系（MPA），从七大方面对金融机构的行为进行多维度引导，结合资本和杠杆、资产负债情况、流动性、定价行为、资产质量、外债风险、信贷政策执行等内容形成综合评价结果，引导银行业金融机构加强自我约束和自律管理。当然，宏观审慎资本充足率是其评估体系的核心，央行主要通过宏观审慎资本充足率来调控银行信贷增长。因为，2015 年中国利率市场化后取消了存贷比限制，MPA 体系加强了中国人民银行对商业银行资产端、负债端的监管，而且监管覆盖面从狭义贷款转向广义信贷，后者涵盖了债券投资、股权及其他投资、买入返售资产等，尤其对过去部分商业银行通过腾挪资产来规避信贷调控的做法进行了约束，缩小信用风险盲区，进一步压缩不规范融资空间，理顺信贷派生渠道，提高货币政策边际效用。同时利率定价行为是重要考察方面，以约束非理性定价行为。并且，MPA 体系按每季度的数据进行事后评估，同时按月进行事中、事后监测和引导。而 MPA 体系最大的特点是更加灵活且具有弹性。同时，中国人民银行还不断总结经验，根据 MPA 体系实施情况及宏观调控需要，对指标构成、权重、相关参数等加以改进和完善。2016 年 5 月起，中国人民银行将全口径跨境融资宏观审慎管理范围扩大至全国范围的金融机构和企业，并对跨境融资进行逆周期调节，控制杠杆率和货币错配风险。继 2017 年第一季度将表外理财纳入广义信贷指标范围之后，又于 2017 年第三季度评估时，将绿色金融纳入 MPA 体系"信贷政策执行情况"进行评估。2018 年还将同业存单纳入 MPA 体系同业负债占比指标，跨境资本流动也纳入宏观审慎管理范畴。MPA 体系正式实施两年来，中国人民银行积极做好评估工作，引导金融机构加强自我约束，促进金融机构稳健经营，增强金融服务实体经济的可持续性，守住了不发生系统性金融风险的底线。

MPA 体系是我国 2016 年以来宏观审慎管理框架最为重大的改革，是中国人民银行的重要探索和实践，从差别准备金动态调整和合意贷款管理机制到宏观审慎评估体系的政策变化中，对于银行业机构的影响是较为深远的，特别是对于资产配置、资产腾挪、资本金、发展模式等将带来较为重大的影响。一是原有资产管理模式下的资产配置面临重大约束。二是资本金成为银行部门宏观审慎的核心约束。三是银行等机构的资产负债匹配面临更大压力，金融机构面临的可能是"资产荒"和"负债荒"的双重压力。四是银行业发展模式面临重新选择问题，依靠短期同业负债、非标业务来进行长期资产配置的发展模式将面临重大的约束，在防范系统性金融风险、维护金融稳定方面发挥了重要作用。

综上所述，2008年发生国际金融危机之后，中国监管当局积极应对系统性风险问题，尤其是结合国际上对系统重要性银行的监管要求，颁布了诸多规定，以加强对系统重要性银行负外部性的监管，维护银行业的稳定性。

十 "货币政策与宏观审慎政策"双支柱调控框架的提出

随着金融混业经营的飞速发展，宏观审慎监管的重要性日益凸显。2017年10月18日，党的十九大报告正式提出要健全货币政策和宏观审慎政策双支柱调控框架。双支柱调控框架由来已久，可以追溯到20世纪70年代末宏观审慎政策理论的萌生，可以说，双支柱调控框架的发展史就是宏观审慎政策理论的演进与实践历程（见图5—1）。

2008年的国际金融危机表明，货币政策在防范系统性金融风险方面存在不足，因此，旨在控制系统性风险、维护金融稳定的宏观审慎政策受到前所未有的重视。2008年以后，G20、FSB、BIS等国际组织均提出要加强宏观审慎监管，并强调宏观审慎政策与货币政策的协调；以美国和欧盟为代表的发达经济体进行的金融监管改革均注重宏观审慎政策与货币政策的协调。

在金融全球化的浪潮下，中国实施金融综合经营的压力不断加大，迫使中国金融监管体制寻求新的变革，加速了宏观审慎政策在中国的实践（见图5—2）。

2017年10月18日，党的十九大报告中正式提出健全货币政策和宏观

中国系统重要性银行负外部性监管研究

图5—1 宏观审慎理论发展脉络

第一阶段（20世纪70年代至1997年）

- 20世纪70年代末 **理念萌芽**：库克委员会（巴塞尔委员会前身）强调宏观审慎管理的重要性
- 1986年 **概念提出**：BIS提出"宏观审慎监管"的概念，定义为"促进广泛的金融体系和支付机制的安全和稳健"的一种政策

1997年亚洲金融危机

第二阶段（1998年至2008年）

- 1998年 **重入视野**：国际货币基金组织（IMF）要求通过微观审慎和宏观审慎对银行进行持续有效的市场监督
- 2000年 **概念界定**：时任国际清算银行行长、金融稳定论坛主席的科罗克特首次对宏观审慎经营目标和政策含义又进行了界定与阐述
- 2001年 **体系构建**：IMF提出金融稳健指标体系（FSI）的初步方案和框架
- 2003年 **编制完成**：FSI基本编制工作完成，分为微观审慎和宏观经济指标，检测银行风险状况

2008年国际金融危机

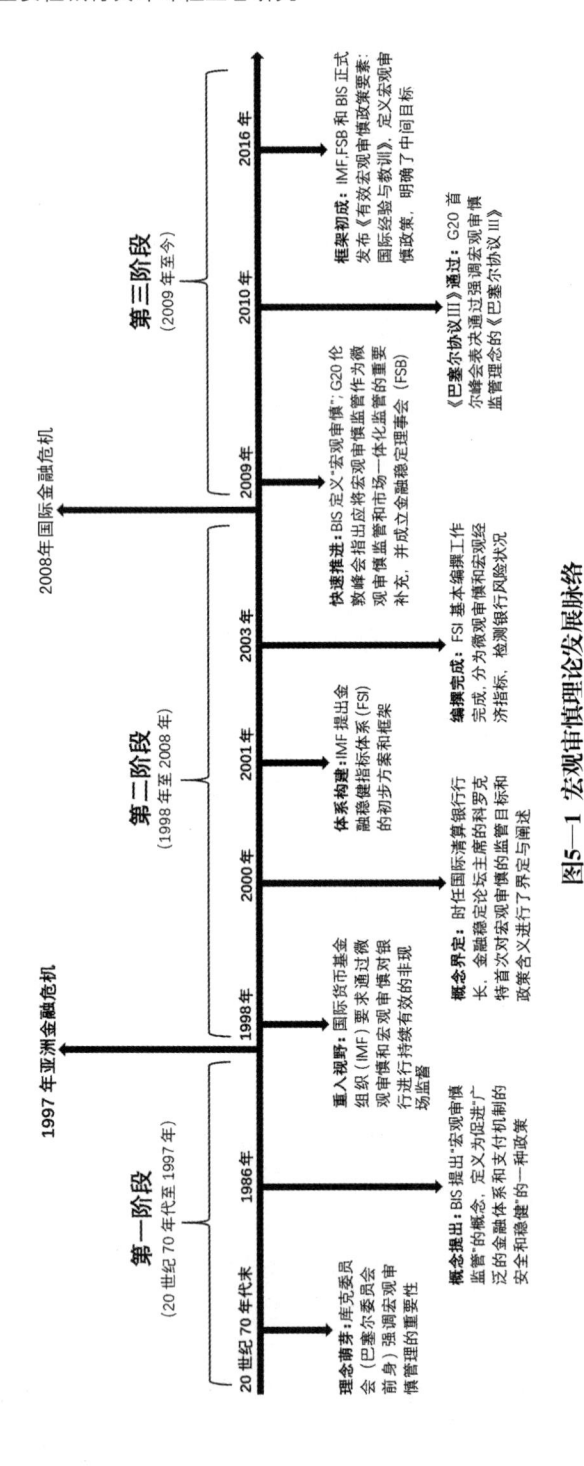

第三阶段（2009年至今）

- 2009年 **快速推进**：BIS定义"宏观审慎监管"，G20伦敦峰会指出应将宏观审慎监管作为微观审慎监管和市场一体化监管的重要补充，并成立金融稳定理事会（FSB）
- 2010年 《巴塞尔协议III》通过：G20首尔峰会表决通过强调宏观审慎监管理念的《巴塞尔协议III》
- 2016年 **框架初成**：IMF、FSB和BIS正式发布《有效宏观审慎政策要素：国际经验教训》，定义宏观审慎政策，明确了中间目标

· 122 ·

第五章　中国系统重要性银行负外部性监管实践及存在的问题

2008年
2008年国际金融危机后，根据中央和国务院有关部署，并结合G20、FSB对国际金融危机教训的总结，在宏观审慎政策框架建设方面进行全面深入的探索

2009年3月
中国人民银行根

中国加入巴塞尔委员会

2009年6月
开始研究强化宏观审慎管理的政策措施

《中共中央关于制定国民经济和社会发展的第十二个五年计划建议》提出"构建逆周期的宏观审慎管理制度框架"

2010年10月
《金融业发展和改革"十二五"规划》首次将建立健全金融宏观审慎政策框架"放到首要位置，要求进一步构建和完善逆周期的宏观审慎政策框架，确定了金融监管体制未来的改革方向

2010年11月

为配合国际金融危机期间刺激政策逐步退出，正式引入差别准备金动态调节机制

2011年
实行5年的差别准备金动态调整机制升级为宏观审慎评估体系（MPA）

2016年1月

央行将全口径跨境融资宏观审慎管理范围扩大至全国范围的金融机构和企业，并对跨境融资进行逆周期调节，控制杠杆率和货币错配风险

2016年5月
央行将表外理财纳入宏观审慎评估的广义信贷指标，党的十九大报告中提出健全货币政策和宏观审慎政策双支柱调控框架

2017年

图5-2　宏观审慎政策的中国实践路程

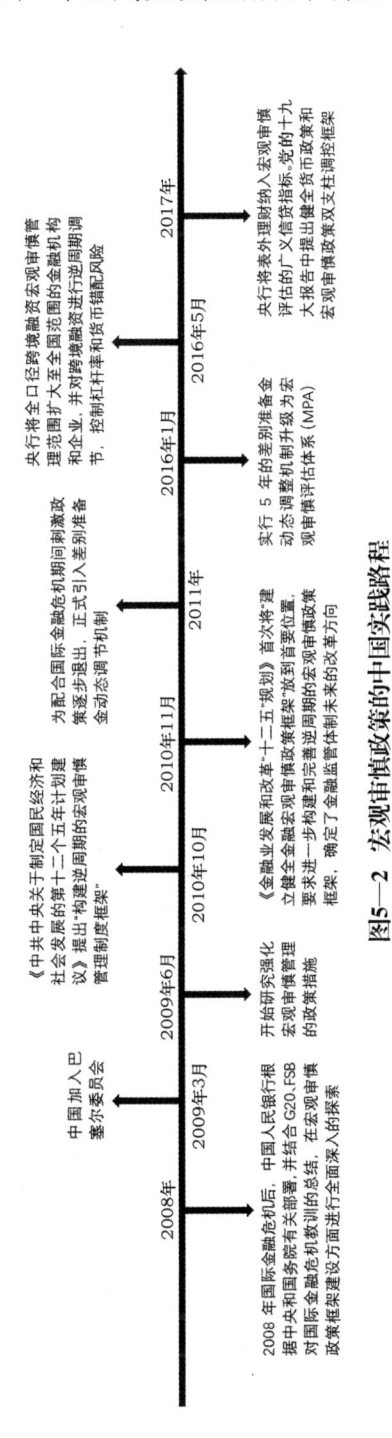

· 123 ·

审慎政策双支柱调控框架，中国人民银行积极探索货币政策与宏观审慎政策的协调配合（见表5—6）。

表5—6　　　　　　　　宏观审慎政策与货币政策对比

项目	宏观审慎政策	货币政策
定义	宏观审慎政策是以防范系统性金融风险为目标，主要采用资本拨备等审慎监管工具，且以必要的治理架构为支撑的相关政策	狭义的货币政策是指中央银行为实现既定的经济目标，运用各种工具调节货币供应量和利率，进而影响宏观经济的方针和措施的总和。广义的货币政策是指政府、中央银行和其他有关部门所有有关货币方面的规定和采取的影响金融变量的措施
中介	因其传导机制尚不明显，中介指标无法准确定义	数量型中介指标：M2、信贷与社会融资规模等。价格型中介指标：回购利率、央票利率、国债收益率等
目标	防范系统性金融风险	在维持人民币币值稳定的基础上促进经济增长
工具	时间维度： 通用资本工具：逆周期资本缓冲、动态拨备等； 流动性工具：准备金要求、流动性覆盖比率、核心融资比率、存贷比上限等； 资产侧工具：针对特定行业的资本要求、风险敞口上限等 结构维度： 识别系统重要性银行和保险机构，加强其损失吸收能力，增强可处置性； 增强金融市场基础设施抗风险能力，制订恢复和处置计划等	常规性货币政策工具：存款准备金制度、再贴现政策、公开市场业务； 选择性货币政策工具：证券市场信用控制、不动产信用控制、消费者信用控制、优惠利率、预缴进口保证金、其他政策工具； 补充性货币政策工具； 信用直接控制工具：信用分配、直接干预、流动性比率、利率限制、特种贷款； 信用间接控制工具：窗口指导、道义劝告 创新工具：短期流动性调节工具（SLO）、常备借贷便利（SLF）、中期借贷便利（MLF）、抵押补充贷款（PSL）、临时流动性便利（TLF）

双支柱调控框架是对传统调控框架的补充和完善。一方面，二者是存在差异的。宏观审慎政策与货币政策是相互独立的，并非隶属于货币政策。传统调控框架以货币政策为核心，核心目标是控制通货膨胀，促进宏

观经济持续增长。但是仅以货币政策为核心存在一定的局限性。因此，需要在货币政策之外引入宏观审慎政策，宏观审慎政策侧重于金融监管，核心目标是控制金融机构杠杆率，将更多金融活动纳入框架之内，同时通过逆周期调节维护经济和金融的稳定。宏观审慎政策运用逆周期缓冲资本等通用资本工具抑制信用过度扩张，流动性覆盖比率等流动性工具应对期限错配，控制流动性风险。另一方面，宏观审慎政策与货币政策相辅相成，互为补充。随着金融混业经营时代的来临，跨领域、跨市场金融风险连带性逐渐加强，传统货币政策的顺周期性已在金融危机中暴露出很多不足，而宏观审慎政策恰好能够对杠杆水平进行逆周期调节，修正货币政策过度可能造成的金融失衡，弥补货币政策的不足，协调宏观经济政策，共同维护经济和金融稳定。构建完善的宏观审慎政策框架，加强与货币政策、财税政策等其他政策的协调配合，对防范系统性金融风险、促进经济健康发展具有非常重要的意义（见图5—3）。

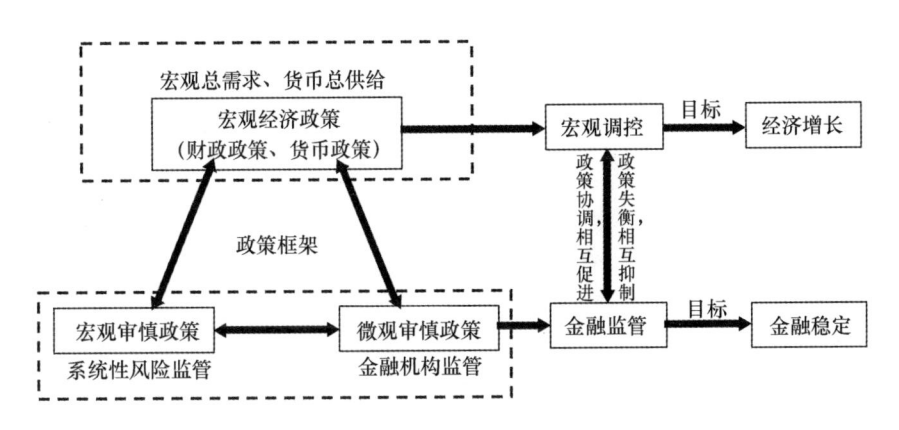

图5—3 政策协调有助于经济增长和金融稳定

第三节 中国系统重要性银行主要监管指标分析

本节主要对系统重要性银行的资产质量、盈利能力、流动性等情况予以分析，同时，为了突出分析系统重要性银行的情况，选用其他11家上市商业银行作为参照样本，5家系统重要性银行以及11家全国性股份制商业银行构成了中国银行体系的主体。

一 中国系统重要性银行资产负债规模不断扩大

中国银行业经过十多年的改革，有了长足的发展，5家系统重要性银行尤其如此。截至2015年第三季度末，从规模上看，5家系统重要性银行的资产和负债合计分别达到82万亿元和75.9万亿元，分别是2005年年末的3.7倍和3.6倍；从效益上看，净利润合计7579亿元，是2005年年末的5.9倍，资产回报率和净资产收益率分别达到1.25%、17.04%，分别比2005年年末提高0.60个、5.14个百分点，成本占收入比例为26.52%，比2005年年末下降了17.32个百分点；从资产质量和风险抵御能力上看，不良贷款率为1.55%，比2005年年末下降了6.79个百分点，资本充足率为13.92%，比2005年年末提高了2.65个百分点。

截至2015年年末，5家系统重要性银行总负债为590640亿元，而银行业总负债是1841401亿元，负债规模将近银行业的32%，5家系统重要性银行负债规模的增长，对银行业有着重要的影响（见图5—4）。

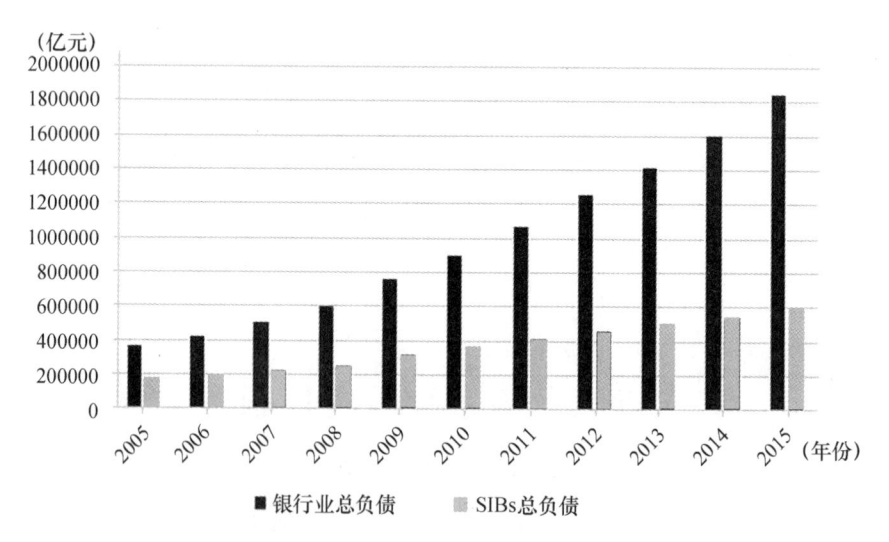

图5—4 中国5家系统重要性银行总负债与银行业总负债比较（2005—2015年）
资料来源：各家银行年报、原银监会年报。

同时，5家系统重要性银行的总资产、总负债与其他11家上市银行相比，规模绝对优势明显（见图5—5）。

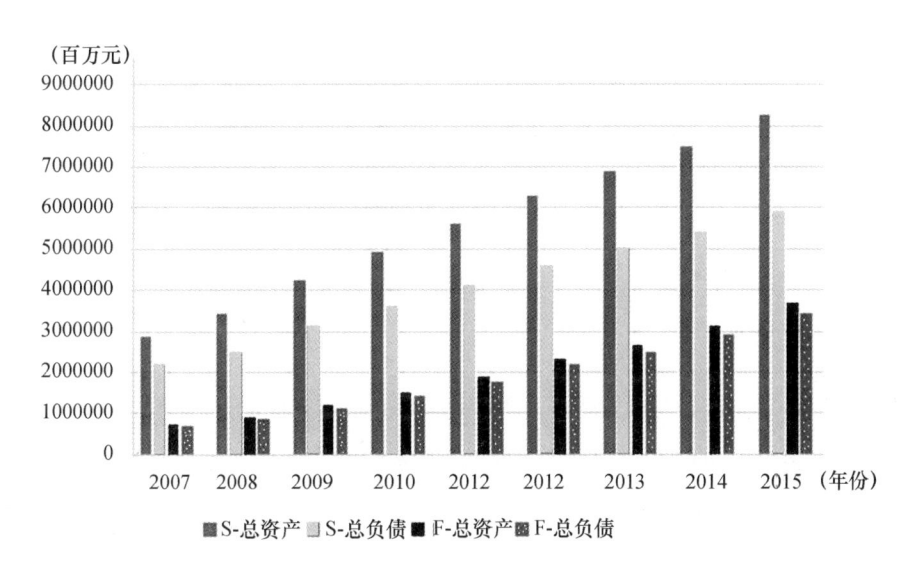

图5—5　中国5家系统重要性银行与其他11家
上市银行总资产与总负债比较（2007—2015年）

注：S代表5家系统重要性银行，F代表其他11家上市银行。
资料来源：Wind数据库、16家银行年报。

2015年中国工商银行总资产为222097.8亿元，而交通银行总资产为71553.62亿元（见图5—6）。在国内主要商业银行仍继续实行传统业务模式的情况下，我国商业银行存、贷款在总负债和总资产中所占的比重仍是很高的。

二　中国系统重要性银行存贷款规模持续上升

存款总额这个指标表示银行吸纳存款的水平，存款作为银行较低成本的一种资金来源，多多益善，但存款是要付息的；如果一家银行存款很多，贷款很少，就意味着它的成本高而收入少，银行的盈利能力较差。从银行盈利角度来看，存贷比越高越好，但从风险角度来看，存贷比太高，会导致银行发生支付危机，一旦支付危机扩散，有可能导致金融危机，对

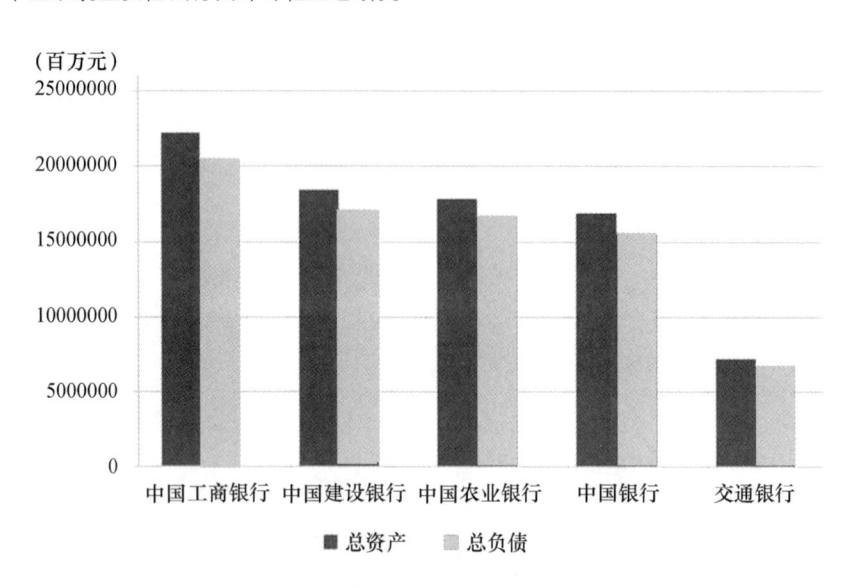

[图表：2015年中国系统重要性银行总资产与总负债柱状图，单位百万元，纵轴0—25000000，显示中国工商银行、中国建设银行、中国农业银行、中国银行、交通银行的总资产与总负债]

图5—6　2015年中国系统重要性银行总资产与总负债

资料来源：Wind数据库、5家系统重要性银行年报。

地区、国家经济造成危害，损害存款人利益。2015年以前中国尚未取消存贷比75%的限制，中国还未发生此种情况，而国外银行却比较普遍。

系统重要性银行的主要利润来源仍依赖于存贷款业务，2008—2015年5家系统重要性银行的存款规模是其他11家上市银行总存款额的3倍之多，而且逐年增长（见图5—7）。

2015年，从存款规模来看，中国工商银行最大，中国建设银行、中国农业银行次之，交通银行是最小的；但是从存贷比来看，中国农业银行的存贷比又最低，交通银行就其存款规模来说存贷比相对最高（见图5—8）。

一方面，取消利率管制之后，银行吸收存款的能力会增加。另一方面，从贷款来看，虽然贷款总量占信贷资金总量的比例持续上升，系统重要性银行的多元化经营程度过低，风险集中在贷款资金上，但从地方政府平台因债务集中到期的违约风险来看，经过政府安排目前得以避开，而2016年年初房地产业又出现拐点，银行业整体风险可控。主要表现为制造业不振造成的银行不良贷款骤升，银行对制造业的贷款中，约有1/4投向了产能过剩行业。

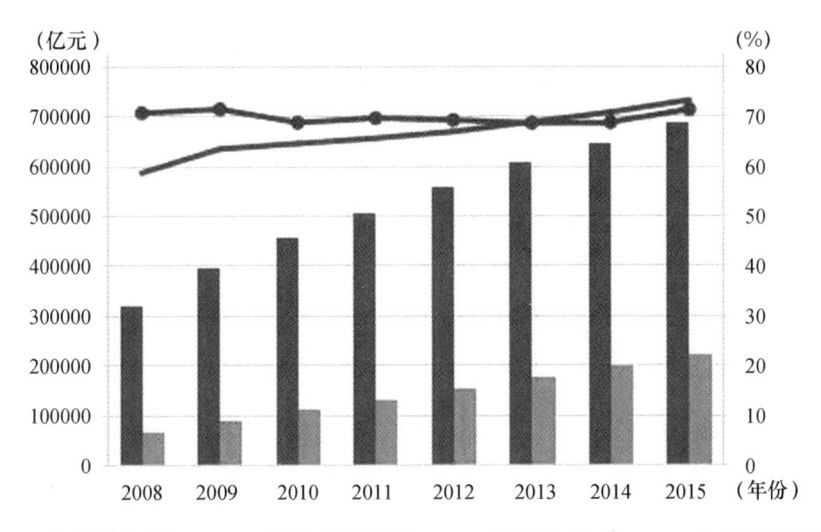

第五章 中国系统重要性银行负外部性监管实践及存在的问题

图5—7 中国5家系统重要性银行与其他11家上市银行总存款规模与存贷比比较（2008—2015年）

注：S代表5家系统重要性银行，F代表其他11家上市银行。

资料来源：Wind数据库、16家银行年报。

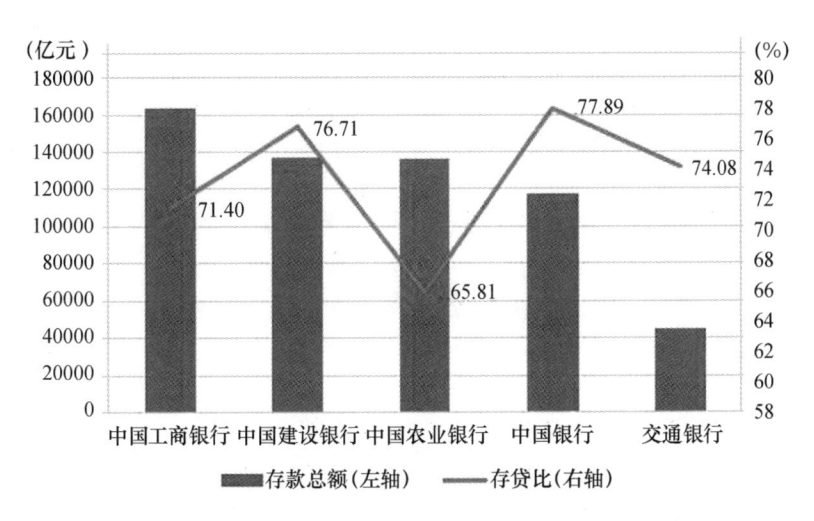

图5—8 2015年中国系统重要性银行存款规模与存贷比

资料来源：Wind数据库、5家系统重要性银行年报。

三 中国系统重要性银行资本充足率保持稳定

当关联交易人资产损失后,反映银行以自有资本抵御风险的指标主要是资本充足率。2013年《商业银行资本管理办法(试行)》实施后,全国银行业资本充足率都有所提高,2014年年末银行业资本充足率为13.2%,核心一级资本充足率为10.6%,从2014年与2015年上市银行资本充足率比较看,5家系统重要性银行除交通银行2015年低于2014年外,四大国有商业银行均提高了资本充足率标准,而且中国系统重要性银行资本充足率远高于其他银行(见图5—9)。

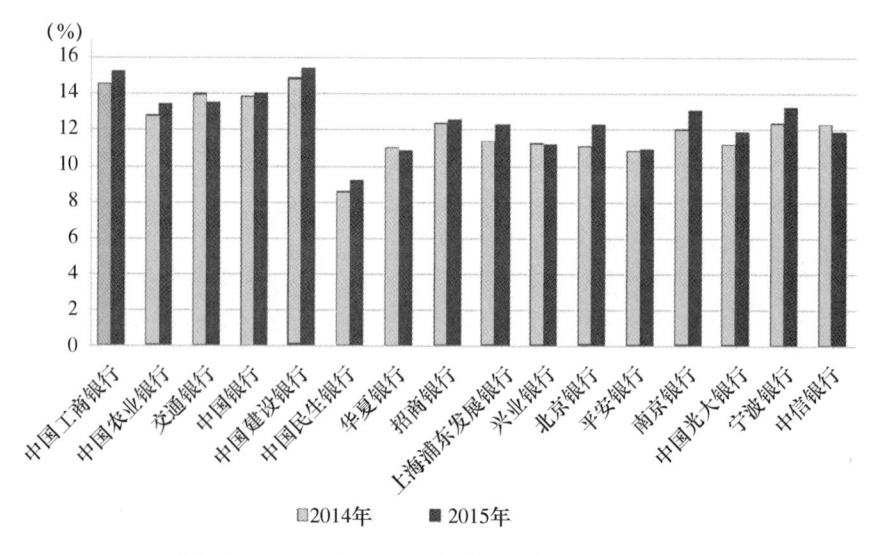

图5—9 2014年、2015年中国5家系统重要性
银行和其他11家上市银行资本充足率比较

资料来源:Wind数据库、16家银行年报。

收益水平和风险控制有时很难兼顾。当银行资本充足时,其业务扩张和盈利水平就会受限,但会增强银行系统的稳定性和抗风险能力,降低银行业系统性风险。但是,如果监管机构忽视市场的作用,弱化市场规则,而单纯地要求银行过度提高资本充足率,不仅会降低银行的利润水平,甚至有可能增加系统性风险。

四　中国系统重要性银行资产质量持续承压

拨备覆盖率表示贷款损失准备对不良贷款的比例，反映了商业银行对贷款损失的弥补能力和对贷款风险的防范能力。拨备覆盖率越高说明抵御风险的能力越强，当然，其高低应适合风险程度：过低导致拨备金不足，利润虚增；过高导致拨备金多余，利润虚降。以商业银行拨备覆盖率来看，2008年以前，商业银行拨备覆盖率要求为100%；2008年12月，原银监会要求五大国有商业银行拨备覆盖率由100%提高到130%，股份制商业银行拨备覆盖率由100%提高到150%；2019年3月又要求五大国有商业银行拨备覆盖率从130%提高到150%，即使2015年中国银行业的坏账压力急剧增大，不良贷款率升至1.67%，拨备覆盖率降至181.18%，[①]但依然高于全球多数国家拨备覆盖率50%—100%的要求。2018年2月，原银监会调整了商业银行贷款损失准备监管要求，拨备覆盖率由150%调整为120%，拨贷比降为1.5%。

2008年，中国农业银行整改上市完成，5家系统重要性银行的不良贷款率纷纷下调；2009年上市银行不良贷款率继续降低，主要是"四万亿计划"[②]信贷增量扩充、分母增大所致。2013年以后受中国经济增速持续放缓的影响，小微企业和部分产能过剩行业不良贷款持续增长，不良贷款率延续近年来的上升态势，且幅度有所扩大（见图5—10）。从分布区域来看，银行新增不良贷款主要集中在长三角等区域，有逐步向其他地区蔓延的迹象。

从上述分析可知，16家上市银行整体风险抵补能力增强，整体行业不良贷款率仍处于相对低位，上市银行2007—2015年的平均拨备覆盖率都在150%以上，行业整体风险可控。其中，其他11家上市银行的拨备覆盖率要高于5家系统重要性银行，说明这类银行的风险抵补能力更高。但是今后如果企业信用风险状况没有根本改观，商业银行资产质量将继续下行，经济增速放缓在短期内会对银行业的风险管理造成一定的压力。

[①] 参见原银监会2015年年报。
[②] 2008年11月，中国政府为应对国际金融危机中经济面临的危局，推出了扩大内需、促进经济平稳较快增长的十项措施，初步计算，实施十大措施，到2010年年底约需投资4万亿元。

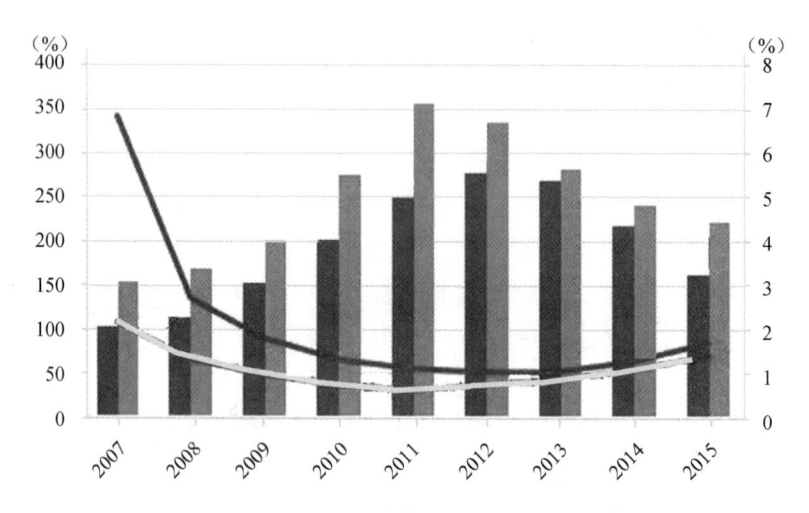

中国系统重要性银行负外部性监管研究

■S-拨备覆盖率(左轴) ■F-拨备覆盖率(左轴) ━━S-不良贷款率(右轴) ━━F-不良贷款率(右轴)

**图5—10 中国5家系统重要性银行与其他11家上市银行不良
贷款率比较（2007—2015年）**

注：S代表5家系统重要性银行，F代表其他11家上市银行。
资料来源：Wind数据库、16家银行年报。

2007—2015年，中国系统重要性银行不良贷款率平均值高于其他11家上市银行，表明其他11家上市银行资产质量好于中国系统重要性银行（见图5—10），也反映了其他股份制商业银行比系统重要性银行更加关注资产安全，但并不能就此认为系统重要性银行不好，因为系统重要性银行在经济建设中承担了更多的产业导向、扶持等功能，在一定程度上资产选择不能有效遵循市场化原则。

从2015年来看，中国农业银行不良贷款率达2.39%，各家银行的不良贷款率较上一年度均有所提升（见图5—11）。截至2015年年底，16家上市银行的整体不良贷款余额已经逼近万亿元大关，达到9942.02亿元，不良贷款率平均值为1.47%，其中除南京银行下降了0.11个百分点外，其余15家银行均上升，平均每家银行上升了0.35个百分点。招商银行、光大银行和中国民生银行的不良贷款率排名居前，分别达到1.68%、

第五章 中国系统重要性银行负外部性监管实践及存在的问题

1.61%和1.6%。①

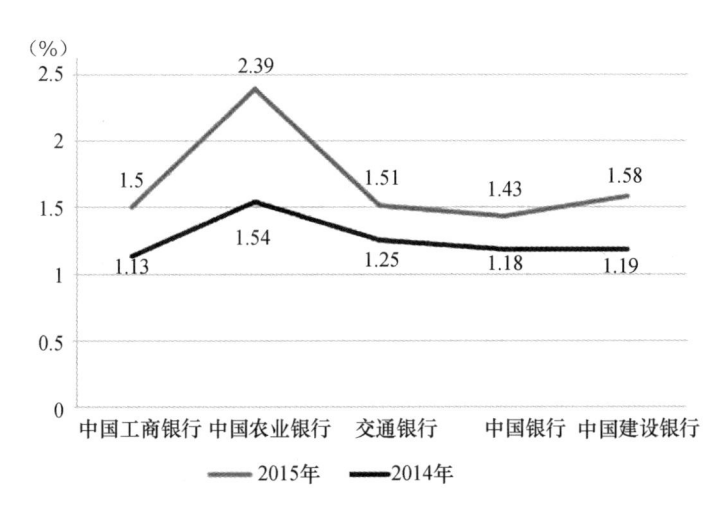

图 5—11 2014 年、2015 年中国系统重要性银行不良贷款率比较

资料来源：Wind 数据库、5 家系统重要性银行年报。

五 中国系统重要性银行盈利能力微弱增长

成本收入比不仅反映了绝大多数企业的生产活动能力，同样也适用于银行这一类机构组织。通常，该指标反映了经济活动主体在获得单位收益时所付出的成本，在进行具体量化时，一般将其界定为成本与营业收入之比。其值越大，意味着单位营业收入所需支付的成本就越大，反之，则越小。2006—2013 年国际银行业成本收入比显著上升，原因是国际银行业受到了美国次贷危机的严重冲击。相对而言，中国的银行业受次贷危机影响很小，中国系统重要性银行改善了公司治理机制，成本收入比不断下降（见图 5—12）。

2009—2010 年的"四万亿计划"期间，银行信贷出现爆炸性增长，2010 年成本收入比下降，除了成本控制之外，更主要来自规模（这是分母）的迅速扩大，所以成本收入比下降的背后，是不良贷款率攀升的风险

---

① 《证券时报》2016 年 4 月 29 日。

· 133 ·

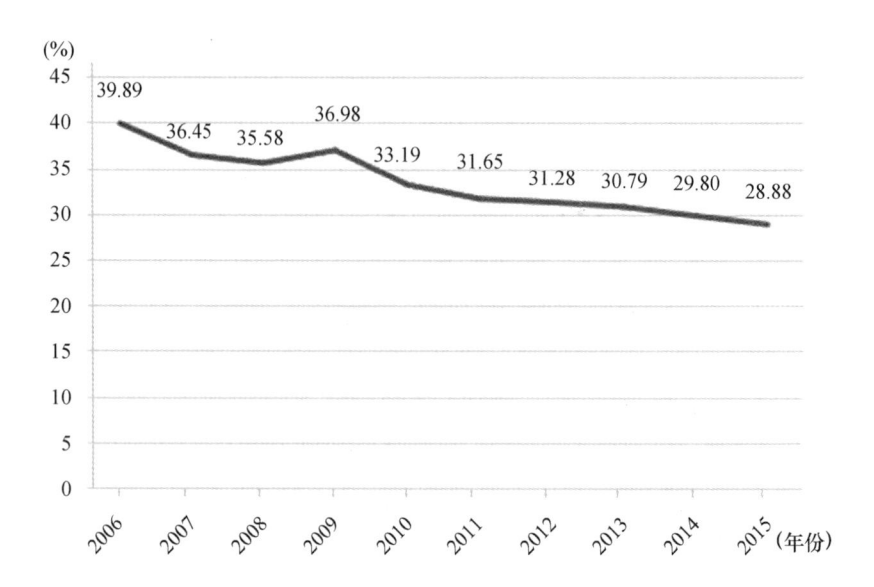

图5—12　中国系统重要性银行平均成本收入比（2006—2015年）

资料来源：Wind数据库、5家系统重要性银行年报。

（见图5—13）。

　　能够反映银行盈利能力的另一重要指标是平均资产回报率。其经济学含义是平均1单位的资产所能够带来的利润水平。对银行而言，这一指标的数值越大，银行的获利能力就越强。同时，该指标也能反映银行的管理水平。从平均资产回报率来看，2014年交通银行的平均资产回报率最低，中国建设银行的平均资产回报率在五大国有商业银行里最高，为1.42%（见图5—14），表明在系统重要性银行中中国建设银行的经营效率较高。

　　从成本收入比来看，2014年中国农业银行的成本收入比是34.56%，交通银行的成本收入比是30.29%，中国建设银行的成本收入比是28.85%，中国银行的成本收入比是28.57%，中国工商银行的成本收入比是26.75%（参见附表8），中国农业银行为五家系统重要性银行中最高，也表明创造相同的营业收入，中国农业银行需支付更多的成本，故其经营效率有待提高。

　　此外，平均净资产收益率能够说明一家银行股东权益的收益状况，该指标值越高，表明银行每1单位总资产带来的净利润越多，商业银行运用

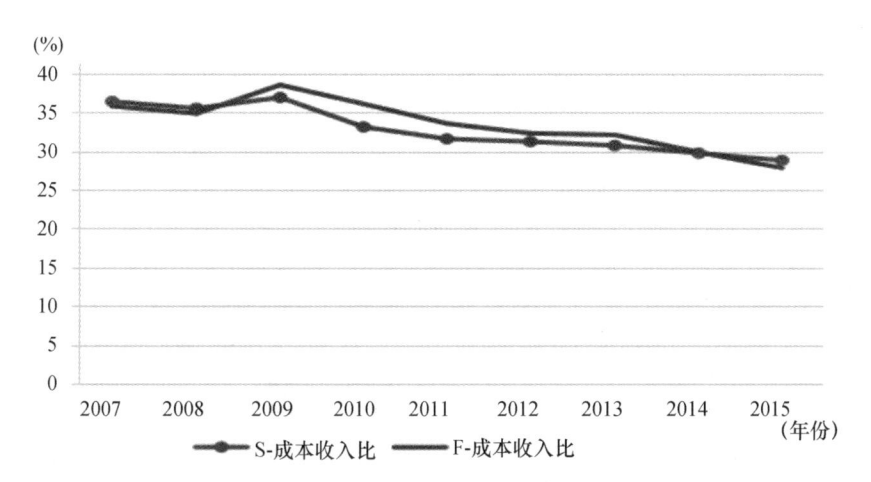

第五章 中国系统重要性银行负外部性监管实践及存在的问题

图 5—13 中国 5 家系统重要性银行与其他 11 家上市银行成本收入比比较（2007—2015 年）

备注：S 表示 5 家系统重要性银行，F 代表其他 11 家上市银行。
资料来源：Wind 数据库、16 家上市银行年报。

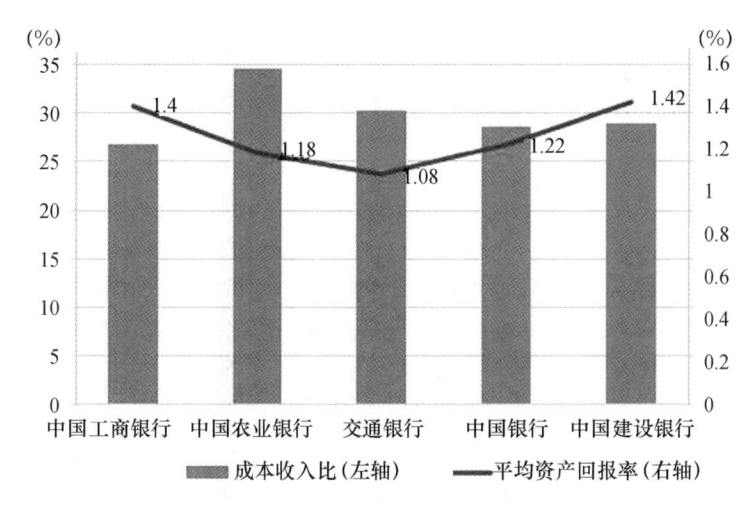

图 5—14 2015 年中国 5 家系统重要性银行成本收入比与平均资产回报率

资料来源：Wind 数据库、5 家系统重要性银行年报。

自有资本营利的能力越强。尽管五家系统重要性银行利润总额高于其他11家上市银行利润总额（得益于中国经济的快速增长），但是其他11家上市银行的平均净资产收益率在资金的运用上却比5家系统重要性银行要好（见图5—15）。

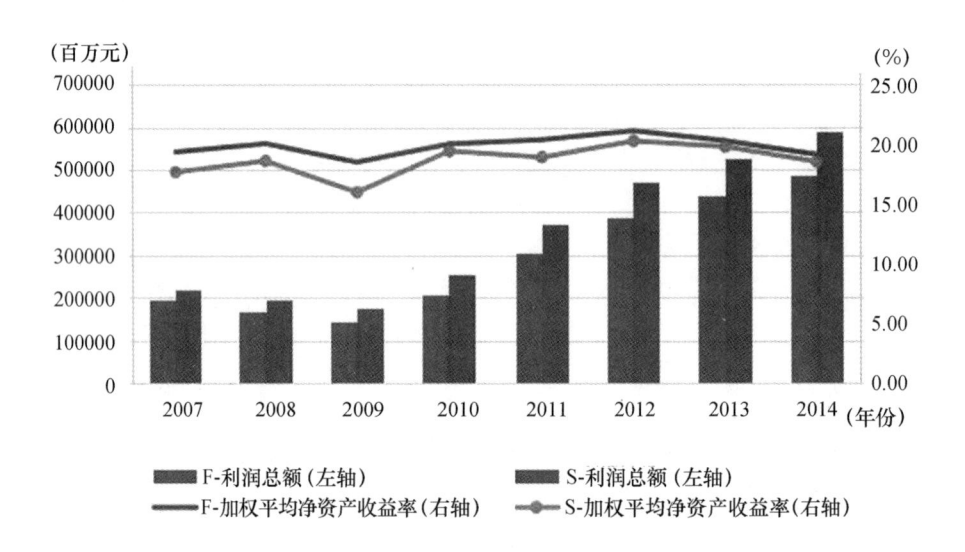

图5—15 中国5家系统重要性银行与其他11家上市银行利润总额与平均净资产收益率比较（2007—2014年）

注：S代表5家系统重要性银行，F代表其他11家上市银行。
资料来源：Wind数据库、16家银行年报。

伴随着中国经济进入新常态，且从宏观经济金融形势看，中国实体经济将经历一个较长时期的去产能、去库存、去杠杆的过程，其长期积累的风险压力将越来越多地向银行业传导，银行业经营业绩压力进一步放大。

银行业之前一直都是在利率管制条件下进行金融产品的生产和供给，中国银行业主要依靠利息收入来获取盈利，其占比很高（见图5—16）。随着利率全面放开，银行业面临的问题主要体现为信用风险管理问题和金融产品定价问题。这两个问题不解决，就会影响系统重要性银行的自身发展，进而影响经济的稳定性，甚至会造成经济下行、加剧通货膨胀的不良后果。

第五章 中国系统重要性银行负外部性监管实践及存在的问题

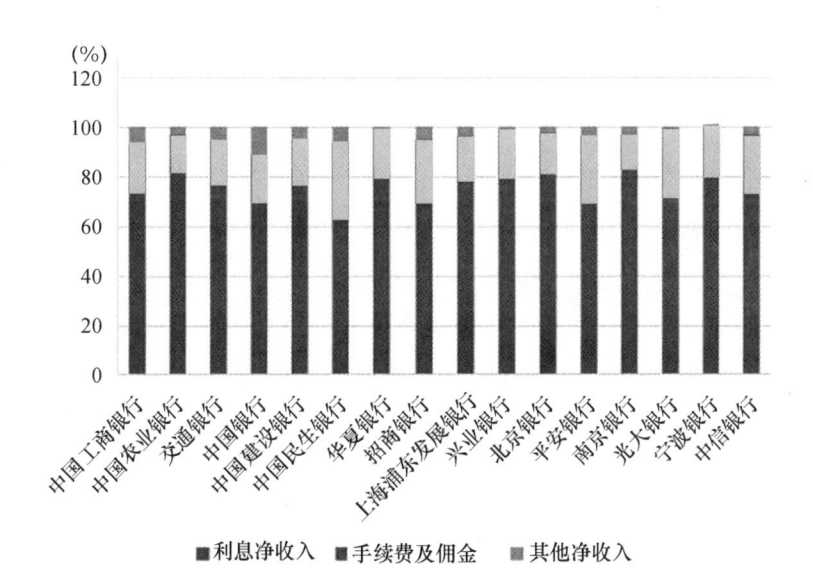

图5—16　2015年5家系统重要性银行与其他11家上市银行各项收入占比
资料来源：Wind数据库、16家银行年报。

六　中国系统重要性银行流动性压力不断增加

通常，导致银行流动性风险增加的主要原因是信贷质量下降与流动性比例上升。流动性比例是通过评价银行的资产流动状况来检验银行是否具备足够的资金储备，流动性比例监管的最低标准是25%左右。流动性比例高，一般表明偿债保证较强。

2011年以前其他11家上市银行的流动性比例要高于5家系统重要性银行，2011年以后，系统重要性银行的流动性比例超过其他上市银行，2014年、2015年系统重要性银行低于其他上市银行。整体来看，5家系统重要性银行流动性比例没有其他11家上市银行波动大，受国际金融危机影响，2008年流动性比例波动大，2009年后逐渐趋于平稳（见图5—17）。2008年以来，银行贷款急剧增长，每年M2的增速都远远超过了预期值，但企业资金紧张的矛盾却愈加严重，主要原因就是流动性比例下降。2013年6月流动性紧缺，6月末银行间隔夜回购利率一度触及30%的

· 137 ·

历史高点，2013年年末，商业银行流动性比例为44.03%，同比下降了1.8个百分点。

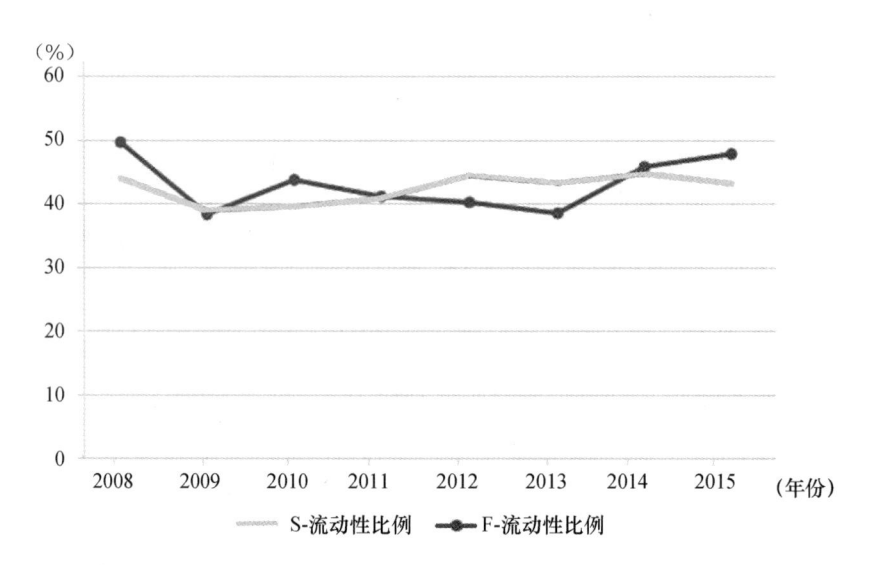

图5—17 中国5家系统重要性银行与其他11家上市银行流动性比例比较（2008—2015年）

注：S代表5家系统重要性银行，F代表其他11家上市银行。
资料来源：Wind数据库、16家银行年报。

2009年以后，人民币资产价格和人民币购买力不断增强，国内银行的支付能力和偿债能力也不断提升，中国银行业流动性间接得到增强。人民币升值后，大量资金（热钱）从国外涌入并购买人民币资产，以求保值升值，这部分资金最终将流入国内银行体系，引致行业整体流动性水平上升。而2015年以后，美元对人民币汇率在振荡中上升，行业流动性水平又受到一定挑战，因此短期内汇率波动会加大国内流动性风险。

截至2015年年底，中国工商银行流动性比例为35.5%，中国农业银行为44.5%，交通银行为42.9%，中国银行为48.6%，中国建设银行为44.17%，兴业银行为55.58%，北京银行为34.76%。

从近年来看，中国当前实体经济资金使用效率降低，银行业流动性趋于紧张，整个银行体系期限错配程度增加，对货币市场资金的依赖程度不断上升。如果中国宏观经济增速继续放缓，宏观经济进入下行通道，将对银行体系的流动性带来负面影响，无形中也会增加流动性风险的管理难度。

第四节 中国系统重要性银行负外部性监管中存在的问题

自美国发生次贷危机以来，原银监会结合国际社会监管改革实践，出台了防范系统重要性银行负外部性的诸多文件，使中国系统重要性银行整体抗风险能力明显增强，监管有效性不断提升：在监管指标体系方面，建立了包括资本充足率、杠杆率、流动性比例、拨备覆盖率、大额风险集中度比例控制等在内的全面风险监管指标体系；在监管范围方面，强调对系统重要性银行的种类、业务、风险监控等多方面的监管，完善评估体系和监管框架，加强了对股东和关联方关系控制及利益冲突的监管；在监管力度方面，限制过度杠杆，提高金融交易信息披露程度，对系统重要性银行的扩张冲动和短期行为进行有效的约束，审慎监管措施和手段的运用也对防控中国银行体系系统性风险起到了积极作用。此外，实施隔离信贷市场与资本市场的防火墙制度，而且对金融创新以及衍生产品和结构化产品采取简单、实用和透明原则，风险可控原则，制度先行原则，突出主业原则，等等[1]，对防范次贷危机具有重要的作用。

但是，在监管中，仍然存在很多问题，比如多以合规性监管为主，基本无风险性监管，而且全面风险管理技术不足，风险管理与日常经营结合得不紧密；在宏观审慎管理方面缺少对跨行业的系统性风险的关注，多以防范本行业的风险为目的；针对系统重要性银行负外部性的监管，系统性法律制度设计缺乏，尤其是系统重要性银行的市场退出法律有待完善；而且监管人员素质也有待提高，甚至在监管过程中出现了违规操作等。

中国金融体系呈现出"倒金字塔形"，因此加强对系统重要性银行负外部性的监管无疑是中国金融监管的重点，也是不发生系统性、区域性金融风险的底线。

---

[1] 王华庆：《金融创新的可持续发展之路（在2010年财资市场高峰会上的演讲）》，银监会网站。

一 "货币政策与宏观审慎政策"协调的不足

缺乏从宏观、逆周期和跨市场的视角评估和防范系统性风险，防止金融体系的顺周期波动和跨市场的风险传播是我国当前金融监管体制中存在的主要问题。加强宏观审慎监管是我国"积极稳妥推进金融监管体制改革"的必要举措，"货币政策与宏观审慎政策"双支柱调控框架的构建是对传统调控框架的补充和完善。就当前来看，存在着如下的问题：

1. 宏观审慎政策推进工作缓慢

《商业银行系统重要性评估、资本要求与处置指引（试行）》和《商业银行逆周期资本要求实施指引（试行）》，提出了完善宏观审慎政策框架，加强对系统重要性银行的监管，探索完善逆周期监管机制。但从监管内容的完善到监管手段和方法的实施、工具的补充，尚未完全从微观审慎向宏观审慎做出转变，系统重要性银行的风险战略目标不很明确。2012年颁布实施的《商业银行资本管理办法（试行）》提出了实施系统重要性银行资本附加和逆周期资本附加，但到目前仍未制定专门的实施制度，防范系统性风险的宏观审慎工具箱还不够完备，运用宏观审慎监管工具进行定量分析尚未展开，比如金融机构杠杆比率的合理累积分析、资产负债表外项目对风险暴露的敏感度分析、经济周期性与金融机构资本充足率之间的相互关系分析等。2018年3月形成的"一委一会两行"监管格局，目前只是架构了这样的协调框架，部门之间的协调机制仍未细化、不够清晰，尚未形成统一的监管规则和标准，进而及时、充分地共享信息，短时间内也难以降低监管成本、避免系统性风险监测真空的隐患、厘清监管部门之间职责，宏观审慎政策难以达到预想效果。

2. 宏观审慎政策与货币政策的协调配合有待加强

货币政策主要针对的是经济体的总量变化。西方国家的货币政策主要聚焦物价，而我国的目标货币政策则涉及稳定物价、充分就业、经济增长、国际收支平衡四个重要的宏观经济政策目标。在中国传统的调控框架中，这四个目标的实现主要依靠货币政策和财政政策的协调配合。然而，货币政策在有些经济环境下可能陷入两难境地。比如经济增长低迷，且存在金融泡沫时，刺激经济增长的宽松货币政策会导致金融不稳定；而挤压金融泡沫的紧

第五章　中国系统重要性银行负外部性监管实践及存在的问题

缩货币政策会导致经济进入费雪债务①——通缩循环。所以在双支柱调控框架下，根据著名的丁伯根原则②（即当一项经济政策只针对一个政策目标时，会达到更好的效果），让宏观审慎政策主要针对系统性金融风险，维护金融稳定，而货币政策可以将着重点放在经济增长和物价稳定等方面。

宏观审慎政策与宏观经济政策（特别是货币政策）可以相互促进，也可以相互制约。适当的宏观审慎政策能够作为货币政策的有效补充，逆周期调节杠杆水平，减轻货币政策负担，促进传导效应，强化政策效果。无论是构建和完善逆周期的宏观审慎政策框架，还是加强金融宏观审慎管理制度建设，都必然会涉及宏观审慎政策和货币政策如何协调以及宏观审慎政策与货币政策协调机制如何完善等问题。但目前我国宏观审慎政策尚处于探索阶段，市场对双支柱调控框架的认识还不够全面，因此，加快健全监管协调机制，强化统筹协调能力，完善宏观审慎政策框架，加强"货币政策与宏观审慎政策"协调，是当前研究推进金融监管体制改革十分重要的出发点和视角。

二　系统重要性银行预警机制不完善

2004年原银监会建立了大客户风险预警系统，重点关注大客户的风险，将大客户在所有银行的贷款信息汇总到一起，并从大客户扩大到行业、区域的风险信息，通过这些风险信息的汇总达到监测区域性金融风险的目的，从而降低发生金融风险的可能性，成为当时金融监管当局监测区域性风险的重要工具。2009年原银监会上线了第一版银行风险早期预警系统，丰富了对单体金融机构风险监测和防范的手段与工具，初步搭建了银行业金融机构风险早期预警体系。2016年虽然构建了宏观审慎评估体系管理框架，但主要侧重于评估，在风险预警方面还有所欠缺。在完善宏观审慎监测分析框架，比如按照时间先行和系统关联性的标准选取预警指标，建立早期风险预警系统；开展系统脆弱性压力测试，测试评估汇率、利率、资产价格等变动因素，并

---

① 欧文·费雪基于20世纪30年代世界经济危机的状况于1933年提出了"债务—通货紧缩"理论，简单地讲："债务—通货紧缩"理论是指经济主体的过度负债和通货紧缩这两个因素会相互作用、相互增强，从而导致经济衰退。
② 丁伯根原则是由丁伯根（荷兰经济学家）提出的关于国家经济调节政策和经济调节目标之间关系的法则。

对具有内在联系的经济、金融各个部门间的风险和潜在脆弱性进行评估等方面均未有所获。尤其是当前，系统重要性银行在混业经营的路上越走越快，业务融合和交易形态也会日益复杂，在利率市场化改革等背景下，银行今后的破产压力会陡增，在科学分析和及时监测的基础上，探索监测、识别系统性风险的工具与手段，将系统重要性银行系统性风险管理纳入风险评级和预警体系中来，尤为重要。而当前系统重要性银行风险识别技术能力欠缺，主要以单一风险控制为主，并未覆盖所有风险。

此外，非现场检查环节薄弱。原银监会尽管不断加强现场检查力度，但是系统重要性银行的监管需要依靠非现场检查，系统性风险和道德风险基本无法利用现场检查进行控制。无法实施非现场检查的原因在于，中国没有一个统一的法律层次上的金融监管标准，而且非现场监管体系需要持续动态地获取银行业金融机构风险状况的信息，由于金融信息不对称性等问题，缺乏充足的数据和资料，因此持续监管能力受到较大制约。

三 系统重要性银行防范机制不足

目前从防范机制来说，监管部门对系统重要性银行构筑了基本的事前监管指导规范，主要表现在实施资本附加要求，增强了系统重要性银行的损失吸收能力，引入超额流动性、杠杆率、大额风险暴露限制等其他监管措施，实施了相应的结构性措施，比如暂缓综合银行经营业务。但仍有诸多问题没有解决。

1. 长效机制有待建立

从资本补充来看，2008年国际金融危机后，中国系统重要性银行资本补充的长效机制仍然不足，原有的通过自身留存收益以满足资产快速增长带来的资本需求的方式，以及金融市场的约束限制了金融机构的股权融资，不能有效地满足银行的资本补充，在今后的长期发展中将面临较大压力。

2. 公司治理、激励约束机制还有待进一步完善

公司治理是银行管理中最重要的方面之一，是防范风险的第一道关口。随着2013年《商业银行公司治理指引》的发布，经过多年努力，中国系统重要性银行积极通过财务重组、引入战略投资者和公开上市等途径不断推进公司治理改革，建立了包括股东大会、董事会、监事会和高级管理层在内的"三会一层"组织架构，逐步确立了比较符合现代商业银行制

度的治理体系。然而，在2018年1月原银监会发布的《关于进一步深化整治银行业市场乱象的通知》中，"公司治理不健全"已被列为2018年整治银行业市场乱象工作要点的首位。中国系统重要性银行也不例外，而且在激励机制不健全的情况下，系统重要性银行经营层的薪酬往往与短期经营业绩关联，致使经营层过度注重短期利益而忽视银行的长远发展，经营行为短期化。如果同时存在约束不到位的情况，缺乏制衡的经营层有较强的动机从事机会主义行为。所以，从长远看，激励约束机制的设计要适当降低短期考核指标比例，同时加大违规处罚力度，在微观上降低违规动力。

3. 金融防火墙未建立，相关制度缺失

应急资本和自救债务工具尚未建立。应急资本和自救债务工具旨在在压力加大时赋予系统重要性银行更强的损失吸收能力。当银行处于危险的时候，可以将部分次级债或可转换债券转化为一定的普通股，以使债权人承担一定的责任，从而减少政府的责任，并对系统重要性银行有一定的制裁。目前各国正在不断地完善系统重要性银行相关制度，比如设立一定的应急资本目标、转化普通股的比例、转化的时机、融资成本和信用评级等，不同风险等级的早期干预措施需要进一步细化。此外，金融衍生工具风险防范机制尚未建立，难以定期审查、明确交易员的业务是否符合规章制度和操作程序。

此外，完善系统重要性银行监管"防火墙"制度，还要考虑全球系统重要性银行跨境活动，加强系统重要性银行跨境风险检测和防范，建立与国外风险隔离的"防火墙"。

四 系统重要性银行危机处置机制不明确

在金融机构退出渠道不畅的情况下，对金融机构的市场准入设置更高的门槛是一种无奈的逆向选择。而且，对于由系统重要性银行引发的系统性风险的处置通常也应与一般金融机构的危机处置机制有所区别。但实践中，基本上都是在国务院的领导下处置，这种非法律化的程序并不符合金融机构市场化退出的要求，也缺少一个有能力协调系统重要性银行危机处置的专业机构。从《中华人民共和国立法法》的角度讲，国务院、财政部、中国人民银行的法律地位界定不清，直接影响了不同处置机构之间的有效合作与协调。而且从中国已有的危机处置实践来看,处置行为随意性比较明显,处置行为缺乏明确的法律依据,比如1998年以后对四大国有商业银行的处置,所依据的法律主要是中国人民银行1999年下发的《中国人民银行紧急贷款管理暂行办法》等。

1. 有效处置框架不明确,处置、退出机制未建立

原银监会在次贷危机后对于系统重要性银行主要是加强资本监管,但对处置框架及退出机制均未做出特别安排。尽管恢复与处置计划在相关规章中均有提及,但对于具体的处置原则、处置机构、处置权力与处置工具等,都未做出系统而明确的规定。恢复与处置计划的目的是使系统重要性银行在危机的时候可以通过恢复计划来对自我的财务状况进行恢复,获得一定的生存能力和可持续发展能力,采取的手段比较多样,比如降低风险、分离一定的业务、债务重组等。实施处置计划是有前提条件的,即只有当系统重要性银行遭遇危机且无法靠自身来持续发展时,政府监管机构才可以采取一定的方法,或拆分或解体,以确保系统重要性金融机构有序、平稳地退出市场。通过处置计划,为系统重要性银行的破产争取一定的时间,处置相应的资产,减轻政府负担,将损失减少到最小程度,减缓系统重要性银行倒闭时对金融体系的冲击。

从处置原则来看,并未区分对可挽救金融机构与失败金融机构不同问题的救助与处置模式。尽管中国正在尝试改革不良资产市场交易模式,包括打包出售、资产证券化等,但是实践中,依然依靠资产剥离为主的资产管理公司专业处置模式,以及为数有限的依法强制破产、政府主导的合并重组,而并未形成有效的市场退出机制,银行无法通过市场交易对风险资产进行合理置换,市场自动出清机制难以形成。

从处置机构来看,除了原银监会在2014年成立的专门的消费者保护部门外,其他涉及危机的预防机构、救助机构都未明确规定;处置风险管理的组织机构不确定,风险管理部门职责不明确;风险管理委员会和审计委员会的独立性和作用不强,易受其他部门干涉,无法客观且准确地评估金融机构的风险。而救助的标准及条件、步骤等更鲜有谈及。监管机构处置权力不明确,也未对监管机构设置问责机制,无法保证救助过程的独立性和公平性。

此外,缺少层次清晰的风险处置损失分担机制,不能有效解决清算费用的分担问题。

2. 退出法规不完善

系统重要性银行本身无法解决其在金融市场中的负外部性问题，而解决其负外部性问题的最有效办法是依靠金融监管机构。当前对系统重要性银行更高的监管标准和处置机制安排，包括资本和流动性要求、股东自救、债权人自救以及恢复与处置计划等均缺乏法律支持。

此外，中国目前还没有一部针对系统重要性银行特别处置的立法和规章制度。第一，法律体系还没有清晰地界定高风险金融机构从早期发现、制订分类处置方案，到清算退出、损失分担的完整架构，呈现出一定的碎片化。虽然中国金融监管法律中有对危机中的金融机构实施救助、收购或兼并、中央银行接管、行政关闭和撤销、破产清算等初步的处置规定，依据的法律、法规依据主要散见于《中华人民共和国中国人民银行法》《中华人民共和国商业银行法》《中华人民共和国银行业监督管理法》《中华人民共和国证券法》《金融机构管理规定》《金融机构撤销条例》和《中华人民共和国公司法》等，但多是原则性规定，在启动标准、程序、条件、各方的权利义务、各相关部门的具体职责及协调机制等方面的实践操作性不强。第二，《中华人民共和国企业破产法》第一百三十四条第二款（金融机构实施破产的，国务院可以依据本法和其他有关法律的规定制定实施办法）明确了当金融机构破产时，国务院有权对其进行处置。而在《中华人民共和国商业银行法》以及《中华人民共和国保险法》中，仅是规定了当在实施接管、重组与终止等退出程序时，对大型商业银行与保险机构的处置原则。另外，就《中华人民共和国企业破产法》来看，对于发生危机的金融机构规定了适用的两种选择，一是法院主导模式，二是国务院主导的行政处置模式。但是在法院主导模式中，法院的专业能力受到质疑，而在国务院主导行政处置模式中又难以出台相关的条例。第三，当前法律体系中甚至出现了金融机构处置及退出法规等与上位法和相关法律衔接配套不够的问题，比如《中华人民共和国商业银行法》和《中华人民共和国银行业监督管理法》赋予监管当局的接管权力，在《中华人民共和国公司法》等相关法律中却没有相应的条文呼应支撑，在一定程度上影响了处置效率，甚至会带来行政诉讼风险。

第五节　原银监会颁布相关办法的 SWOT 分析

《商业银行资本管理办法（试行）》《商业银行杠杆率管理办法》《商业银行流动性风险管理办法（试行）》是原银监会颁布的部门规章，其效力级别相对较高，具有普遍的影响力，在一定程度上构成了中国金融机构都应该遵循的监管框架，也在更大的范围内确保了银行体系的安全和稳定，尤其对中国以间接融资为主，并且居民储蓄存款占银行业总资产的 80% 以上的状况而言，原银监会出台的相关政策法规对防范系统性风险具有重要的积极意义。

以《商业银行资本管理办法（试行）》为例，它规定了相应的资本充足率等要求，区分了系统重要性银行和非系统重要性银行，前者的资本充足率不得低于 11.5%，后者不得低于 10.5%。如果信贷过快增长，则需要提取超额资本，但目前中国 5 家系统重要性银行都满足资本充足率的上述规定。

中国系统重要性银行资本质量较好，资本充足率较高，大多数商业银行也已经达到新的资本充足率监管标准。截至 2015 年，中国工商银行的资本充足率为 14.75%；中国建设银行的资本充足率为 15.43%；中国银行的资本充足率为 14.45%；中国农业银行的资本充足率为 13.08%；交通银行的核心资本充足率为 13.55%。在新的监管标准实施后，银行的信贷供给没有发生较大的变化，一般而言，当资本充足率高时，银行经营就比较稳定，信贷供给就能保持可持续性，从而充分发挥银行在经济发展中的作用，也是这些办法得以执行并深化推进的机遇。

尽管强化资本监管标准有助于降低发生银行危机的概率和危机的负面影响，但是相关办法对系统重要性银行提出的更高要求，会增加系统重要性银行的经营成本，因为资本监管改革带来的融资成本上升和信贷供给能力下降会对经济增长产生负面的影响。从短期看，系统重要性银行的资本缺口很小，无须大规模补充资本，而且基于当前经济下行的趋势，原银监会的侧重点是通过调整信贷结构和改善信贷质量，以缓解国内经济增长对银行信贷供给的依赖。但是从长期来看，为支持经济持续增长，银行信贷

第五章　中国系统重要性银行负外部性监管实践及存在的问题

规模必须保持一定的增长速度，系统重要性银行不可避免地将面临资本缺口，而同时又要为持续满足资本充足率的监管要求而补足资本需求，加之国内资本市场无论是规模还是业务创新等，短时间内都不可能满足新增的融资需求，中国特殊的经济环境，特别是直接融资市场和资本市场发展不健全、市场经济体制不完善等，给系统重要性银行资本监管带来了很大的挑战。

原银监会出台的相关办法作用效果是否明显？如果提高银行的资本充足率，多获得的收益占 GDP 的比重达到多大时，才使监管收益最大化？新的监管对经济的影响程度怎么样？尤其是对 GDP 的影响，从短期看是否影响更大？能否采取其他方法来减轻新的监管方法对经济的消极作用，比如通过分步实施和差异监管等方式对系统重要性银行和非系统重要性银行区别对待？本书认为这一切有待检验，由于现阶段数据不够，在目前的条件下，难以定量计算监管带来的收益和成本，这也正是研究面临的困难所在。

从图 5—18 可以看出，资本充足率要求虽然能够提高银行吸收损失的能力，降低风险传染发生的概率，但无法避免危机的发生。资本监管可以发挥一定的作用，但也有一定的局限性，因此，资本监管的政策也要注意配套使用。尤其是当前中国金融自由化程度较低，提高资本要求必须要与金融市场化改革相协调，进而发挥市场在金融资源配置过程中的作用。同时，努力降低融资成本，在对系统重要性银行进行资本监管时，有效地实施差异化监管，起到调整信贷结构和改善信贷质量的作用。此外，要充分发挥直接融资的作用，在注重风险可控的前提下拓展证券化等金融创新业务，尽可能将实施新的资本监管后的副作用减少到最小，规避由于加强资本监管有可能引致的信贷紧缩，从而通过完善外部环境强化资本监管。

总之，自从 2017 年全国金融工作会议以来，加强监管，并借以"守住不发生系统性风险的底线"，已经成为金融界的共识。但是，必须清楚地认识到：有效监管绝不意味着强的监管，更不意味着无处不在的监管。有效监管，应当是不妨碍市场运行的监管、不越俎代庖的监管，它的主旨在于确定一个合理的运行框架，使得所有的金融机构、金融市场、金融活动有章可循。这样一种监管，应能让实体经济、让金融业、让市场更有效地发挥作用，应能更好地保护消费者利益。

优势： 构建了银行业监管框架，为深化银行业改革奠定了基础	机会： 对防范SIBs负外部性的输出起到了很好的作用
劣势： 在金融深化改革的背景下，不利于SIBs金融创新等	成本： 增加了SIBs的经营成本，监管制度的外部性目前难以计量

图5—18 原银监会颁布相关办法的SWOT分析

第六节 小结

　　本章的重点是基于法学视角探讨系统重要性银行监管立法现状，然后通过金融学方法对立法中的系统重要性银行主要监管指标进行分析，二者结合分析以明确当前中国系统重要性银行监管现状，并找出系统重要性银行监管中存在的问题。

　　中国银行业监管立法尽管体系齐全，但问题很多：法规滞后，行政规范性文件多而随意，解决现实中的监管问题常常无章可遵循。对银行业监管尤其是系统重要性银行的监管，微观审慎监管方面主要依据2010年《巴塞尔协议Ⅲ》及相关国际社会文件，国内出台的《关于中国银行业实施新资本监管标准的指导意见》《商业银行杠杆率管理办法》《商业银行资本管理办法（试行）》《商业银行流动性风险管理办法（试行）》等文件；宏观审慎监管方面主要体现在2016年年初中国人民银行推行的MPA体系，以及当前创新性提出的"货币政策与宏观审慎政策"双支柱调控框架，并且在金融模式上形成了新的"一委一行两会"格局。虽然中国系统重要性银行的资本充足率早已达标，盈利能力不断增长，存贷规模也持续上升，流动性比例也可控，但受经济下行的影响，系统重要性银行也在不断经受着考验,系统重要性银行资本监管无法包括商业银行的公司治理体系、风险监控能力等因素,而这些因素无论是对单个机构还是对整个银行体系的稳定都具有至关重要的影响。中国系统重要性银行监管中仍存在着急需解决的问题,比如应健全宏观审慎监管机制,完善预警机制、防范机制,明确处置机制,等等。

本章的意义在于,从法学与经济学视角深入分析了当前中国系统重要性银行负外部性监管的现状及存在的问题,具有一定的现实指导作用。

第六章 系统重要性金融机构监管的国际经验及趋势分析

为防范系统重要性金融机构外部性引发的系统性风险,而对系统重要性金融机构进行监管是国家干预的正当手段。美国发生次贷危机后,国际组织及各国纷纷出台对系统重要性金融机构监管的相关规定。本章旨在通过考察系统重要性金融机构国际监管实践,探索危机后金融监管新趋势,寻找平衡金融监管治乱循环模式新介质①,并基于上一章中国系统重要性银行负外部性监管中存在的问题,分析国际系统重要性银行监管中值得借鉴的经验,以完善中国系统重要性银行负外部性监管。

第一节 国际组织对系统重要性金融机构监管的推进

金融监管最早开始于 18 世纪早期,当时英国颁布了《反泡沫公司法》,此法被后世视为世界金融监管的开端。之后,美国在 1864 年出台了《国民银行法》,该法的出台意味着对商业银行开始实行监管。法律是金融基础设施里重要的组成部分,因此,可以通过立法建立和完善各项金融法律制度,维护投资者合法权益,保障银行业稳健运行,以适应经济社会发展。

美国发生次贷危机后国际组织对金融监管展开了新一轮改革,以提升金融体系效率,维护金融体系的安全和公平。作为美国次贷危机的始作俑者——大型的、具有系统重要性的金融机构成为此轮改革的重点领域。

---

① 介质是指一种物质存在于另一种物质之中,后者是前者的介质。

一 国际机构有关系统重要性金融机构监管实践

作为当前国际金融监管改革的主要推动者，金融稳定理事会（FSB）、巴塞尔委员会（BCBS）、国际货币基金组织（IMF）、国际清算银行（BIS）、二十国集团（G20）等国际金融标准制定机构，通过制定一系列文件共同搭建起目前系统重要性金融机构国际监管的基本框架。这些组织机构所制定的制度规范，具有"软法"的性质，这些国际性规范标准也越来越趋向于成为国际金融监管的统一最低标准（见表6—1）。

表6—1　国际机构关于系统重要性金融机构的监管实践

发布机构	时间	报告、法规名称	相关内容
BCBS、FSB、IMF	2009年10月	《金融机构、市场和工具的系统重要性评估指南：向G20财政部长和央行行长的报告》	首次对系统重要性金融机构的定义、评估方法、评估指标（即三个指标：规模性、可替代性和关联性）和总体原则做出界定
	2010年10月	《加强银行公司治理的原则》	明确提出银行应完善公司治理体制
	2011年11月	公布29家全球SIBs名单	要求从2016年起，这些银行的核心一级资本充足率比其他银行最多高出3.5%
BCBS	2011年7月	《全球系统重要性银行：评估方法和额外损失吸收要求》	设定系统重要性银行（SIBs）判定标准，制定处置方式，即计提系统重要性附加资本、杠杆率监管、发行自救债券与或有可转换债券、建立资本保险等，此外，还应发挥债权人市场监督作用、强化市场纪律，为全球SIFIs管理奠定基础
	2011年11月	《全球系统重要性银行：评估方法与附加损失吸收能力要求》	确定衡量全球SIFIs标准5大类12项具体指标，将SIFIs划分为4个等级；确定G—SIBs额外损失吸收为1%—3.5%
	2012年6月	《国内系统重要性银行框架（征求意见稿）》	提出了12条指导原则，涉及识别方法的共7条
	2018年7月	《全球系统重要性银行：修订后的评估方法和附加损失吸收能力要求》	修订了跨境业务指标的定义，并将保险子公司的部分业务纳入指标计算，修订后的评估方法将从2021年开始使用

续表

发布机构	时间	报告、法规名称	相关内容
BCBS	2013年1月	《有效风险数据加总和风险报告的原则》	提出14条原则,包括基础设施建设、工具运用和合作、风险数据集中能力、监管者检查、风险报告实践等
	2013年7月	《全球系统重要性银行:更新后的评估方法和附加损失吸收能力要求》	调整后表内外资产余额(即杠杆率分母)在2000亿欧元以上(折合人民币约1.7万亿元)或在上一评估期间被判定为全球SIBs的须披露相关指标;确定5大类指标,即国际经济活动、资产规模、相互关联性、网点分布范围及其可替代性、复杂性
FSB	2010年10月	《降低系统重要性金融机构道德风险:建议及时间表》	给出了SIFIs初步定义,提出SIFIs识别和监管问题时间表、应对SIFIs道德风险基本框架等
	2011年10月	《金融机构有效处置制度的关键属性》	主要从处置机制相关方面出发,包括了处置机构的指定、评估、处置权力等,并且建立了恢复与处置计划
	2011年11月	《针对系统重要性金融机构的政策措施》	包括系统重要性金融机构有效处置机制、加强有效监管、接收额外资本的要求等
	2012年4月	《将全球系统重要性金融机构监管框架延伸至国内系统重要性银行:对G20财政部长和央行行长的进度报告》	主要是对D-SIFIs监管提供了相应监管思路,并对现有G-SIFIs监管框架协调问题做出了原则性规定
	2012年6月	《国内SIBs的监管框架》	构建国内SIBs指标,包括国内SIBs评估方法、更高的资本损失吸收能力
	2012年11月	更新全球SIBs名单	由29家减至28家
	2012年11月	《提高系统重要性金融机构监管强度和有效性》	从公司治理、风险偏好、资本流动等视角提出多条建议以加强监管
	2017年7月	《处置中机构进入金融市场基础设施持续性之指引》	中央对手方处置方案指引等
BIS	2011年3月	《关于同业银行系统重要性测量方法》	提供了用于分析互联性和系统重要性之间关系的概念框架,并进行了实证分析

续表

发布机构	时间	报告、法规名称	相关内容
IMF	2011年5月	《在宏观金融框架中识别SIFIs脆弱性》	通过建立预期违约概率和宏观金融波动性经济模型，测试宏观金融因素对预期违约概率的长期影响
FSB、IMF	2011年11月	《SIFIs监管强度与有效性的建议》	提出了32项监管有效性建议

资料来源：巴塞尔委员会网站、金融稳定理事会网站、国际清算银行网站、国际货币基金组织网站。

美国发生次贷危机后，随着2009年11月《系统重要性金融机构、市场与工具评估指引》的发布，以G20、FSB等为代表的国际机构（包括BCBS、IMF、BIS、FSB等）纷纷提出认定、确立系统重要性金融机构的标准，以美国、英国等为代表的各国金融监管法案中也借之以识别和判定特定机构系统重要性，对系统重要性金融机构的相关规定更加全面，规则也更加细致、严格。

1. 对系统重要性银行监管的规定

美国发生次贷危机前，巴塞尔委员会认为大型金融机构相对于普通中小金融机构而言，资本实力雄厚，风险管理水平较高，风险抵御能力较强，因此间接降低了大型金融机构最低资本监管要求。但危机的发生，验证了由于大型商业银行与其他金融机构之间极强的关联性而形成的系统性风险，对系统重要性银行的监管也就成为巴塞尔委员会的主要任务。2009年10月巴塞尔委员会公布了《金融机构、市场和工具的系统重要性评估指南：向G20财政部长和央行行长的报告》，明确通过指标法确定系统重要性银行，且对系统重要性银行的最低资本要求应比一般金融机构要高。

2010年12月《巴塞尔协议Ⅲ》出台（见图6—1），《巴塞尔协议Ⅲ》重点扩大了核心资本的比重；引入杠杆率监管强化资本基础；建立了全球统一的流动性监管量化标准，引入净稳定资金比例和流动性覆盖率两大流动性指标，并建立全球统一的流动性监管量化标准。要求银行建立总额不低于银行风险资产2.5%的资本防护缓冲基金，形成留存资本缓冲机制并在2016年到2019年1月分段执行，对于全球系统重要性银行则要求核心

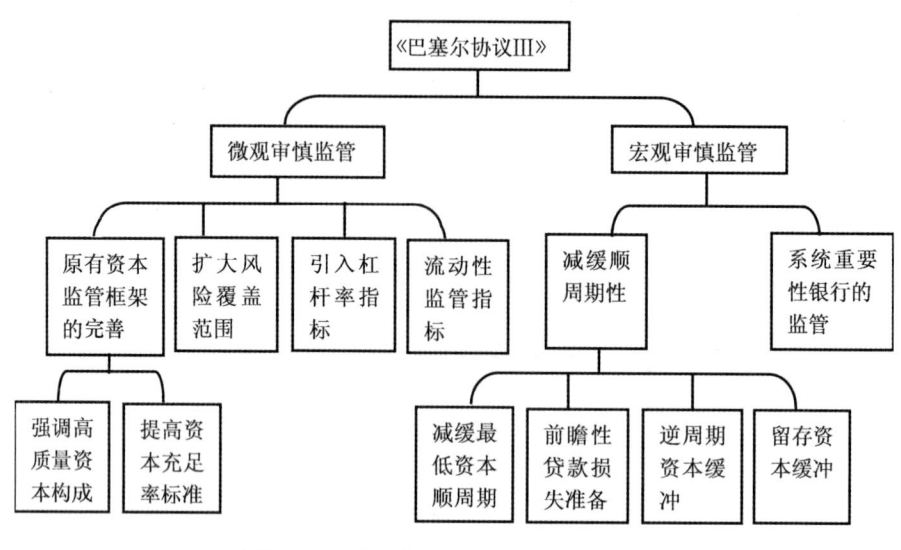

图6—1 《巴塞尔协议Ⅲ》的主要内容

一级资本充足率比其他银行高出1—3.5个百分点；增加逆周期资本缓冲，加强银行宏观审慎监管和抵御金融风险能力。

巴塞尔协议的一贯宗旨是强调风险对资本监管的重要性，此次强调了对资本严格监管的重要性（见表6—2）。一级资本充足率中提高了对普通股的要求，而《巴塞尔协议Ⅱ》中强调的二、三级资本充足率的重要性被减弱。此外，还特别提出要对系统重要性银行增加附加1%的资本充足率，并与金融稳定理事会达成共识，将系统重要性银行额外核心一级资本充足率划分为五个级别，分别为1%、1.5%、2%、2.5%和3.5%。

表6—2 《巴塞尔协议》Ⅰ、Ⅱ、Ⅲ版关于资本充足率的要求　　　　单位:%

项目	核心一级资本充足率	一级资本充足率	资本充足率
《巴塞尔协议Ⅰ》《巴塞尔协议Ⅱ》	无	4	8
《巴塞尔协议Ⅲ》	4.5	6	8

《全球系统重要性银行：评估方法和附加损失吸收要求》是巴塞尔委

员会在2011年公布的,确立了对全球系统重要性银行评估方法,初步建立了全球系统重要性银行评估标准,并按照相应评估指标将系统重要性金融机构划分为4个等级,从5个方面定量标准,这5个类别中每一类均被赋予20%的权重,具体指标及其权重见表6—3所示。

表6—3　　　　　全球系统重要性银行的评估指标体系　　　　单位:%

指标类别	具体指标	指标权重
跨境活跃程度(20%)	跨国债权	10
	跨国负债	10
规模(20%)	杠杆比率总风险敞口	20
关联性(20%)	金融体系间的资产	6.67
	金融体系间的负债	6.67
	批发融资比率	6.67
可替代性(20%)	受托资产	6.67
	通过支付体系清算的支付	6.67
	在债务和权益市场上已经承销的交易额	6.67
复杂性(20%)	场外衍生交易名义额	6.67
	第三层资产	6.67
	交易账户和可供出售账户额	6.67

资料来源:巴塞尔委员会网站,2011年11月。

指标法所选取的因素,可以反映单一金融机构对金融体系和其他金融机构的影响、金融机构之间的关联程度,简单易行地测算出具有系统重要性的银行。依据此思路,2011年9月巴塞尔委员会公布了首批29家全球系统重要性银行名单,评估方法和银行名单随时做出调整。

《巴塞尔协议Ⅲ》以及FSB也更加认识到对系统重要性银行监管的重要性,2010年10月发布《降低系统重要性金融机构道德风险:建议及时间表》,提出应对以降低SIFIs道德风险基本框架,以降低SIFIs的风险外部性。随后,《金融机构有效处置框架的关键属性》等其他法律文件相继颁布,FSB除提高对系统重要性银行损失吸收能力的要求等外,还建立了全球系统重要性银行恢复与处置框架,以此有效地对系统重要性银行进行监管,减缓系统重要性银行经营失败带来的消极影响。2013年,FSB与BCBS提出对系统重要性银行实施附加资本要求。FSB同时还提出,除附加资本要求外，还可以通过增加流动性附加资本要求、对大额风险暴露实施一定限额、征收金融机构税以及对系统重要性金融机构结构性实施限制措施等政策工具，加强对系统重要性金融机构的监管。

从2011年开始，FSB已连续4年根据上述指标法测算并公布全球系统重要性银行名单，也得到了普遍认可。各国也纷纷在此基础上加强对系统重要性银行相关监管规则的制定（见表6—4）。

表6—4　　　　各国关于系统重要性银行的监管实践

国别	时间	进展、报告、法规	主要内容
韩国	2011年9月	宏观审慎政策系统性风险评估模型	可以模型化宏观经济冲击对金融系统的首轮直接效应，还可以模型化因银行间传导、紧急抛售、信贷收缩、去杠杆化等原因导致的第二轮扩散效应
美国	2012年12月	《对在美开展业务的系统重要性外国金融机构一揽子新规（征求意见稿）》	适用于全球总资产超过500亿美元的银行集团。对美国境内分支机构实施相应监管标准和要求
	2018年5月	《经济增长、监管救济和消费者保护法案》	进一步调整对资产超过1000亿美元的大型银行的监管
英国	2011年	开发了系统重要性金融机构风险评估模型	通过收集英国最主要12家银行的资产负债表数据，根据宏观经济及金融冲击进行动态调整
中国	2011年6月	《商业银行杠杆率管理办法》	规定商业银行的并表与未并表的杠杆率不得低于4%
	2011年12月	《关于国内系统重要性银行划分标准的征求意见稿》	国内SIBs四大指标分别是规模、关联度、不可替代性以及复杂性，权重均为25%
	2012年12月	《关于实施〈商业银行资本管理办法（试行）〉过渡期安排相关事项的通知》	规定2013年年末SIBs资本充足率最低应达到9.5%等
	2018年5月	《商业银行流动性风险管理办法》	引入净稳定资金比例、优质流动性资产充足率、流动性匹配率三个量化指标
	2018年11月	《关于完善系统重要性金融机构监管的指导意见》	合理认定系统重要性金融机构，加强监管要求，建立特别处置机制

第六章　系统重要性金融机构监管的国际经验及趋势分析

2. 对非银行类系统重要性金融机构监管的规定

国际机构自从2009年以来，主要侧重于对系统重要性银行的规制，非银行类系统重要性金融机构属于被监管范围，相比银行类系统重要性金融机构，相应的法律规范仍较为缺乏（见表6—5）。各国也尚未尝试建立系统重要性保险机构识别体系。一则，对银行监管优先施行；二则，当前国际金融监管主要侧重于形式监管，而非职能监管，难以对非银行类系统重要性金融机构进行更有效的监管。

表6—5　　　国际机构识别非银行类系统重要性金融机构的实践

机构	时间	报告、法规	主要内容
保险重要性机构			
国际保险监管者协会（IAIS）	2012年5月31日	《全球系统重要性保险机构评估方法（征求意见稿）》	经营非传统保险业务（比如保险与证券连接）和非保险金融业务（比如CDS、银行业务等）的保险集团容易受到金融市场波动影响，放大和传播系统性风险，诱发金融危机
	2013年7月18日	《关于G-SIBS的评估方法》	该方法与巴塞尔委员会G-SIBS评估方法类似，但在评估指标的选择、分组和权重设置上体现了保险机构特殊性
美国金融稳定监督委员会（FSOC）	2010年7月	《多德—弗兰克法案》	对需要纳入监管的非银行金融机构进行认定
	2011年10月	《监管特定非银行金融机构》	一是明确识别标准，二是明确识别步骤
	2012年4月	《系统重要性非银行金融机构评估方法》	提出了六类评估指标，包括规模、关联性、可替代性、杠杆率、流动性风险与期限错配以及监管现状。前三项指标旨在评估非银行金融机构风险对经济金融的潜在影响；而非银行金融机构在金融危机发生时的脆弱性有杠杆率、流动性风险、期限错配和监管现状等指标评估

续表

机构	时间	报告、法规	主要内容
非银行非保险重要性机构			
国际证监会（IOSCO）	2014年1月	《全球系统重要性非银行非保险金融机构（NBNI G-SIFIs）的评估方法》	考虑到非银行非保险金融机构涵盖行业范围广泛，其法律形式、业务模式和风险特征差异较大，因此，评估框架特别针对不同非银行非保险机构，制定了金融公司、市场中介机构和投资基金的评估指标

美国对本国包括保险机构在内的非银行类系统重要性金融机构的识别方式进行了规定。非银行金融机构是指非银行控股公司的美国或国外的主要从事金融业务的金融机构。具有系统重要性的非银行金融机构包括保险公司、金融担保公司、对冲基金、资产管理公司、储贷控股公司等。

综上所述，国际机构普遍加强了对系统重要性金融机构监管的研究，对系统重要性金融机构发挥正效应具有巨大的推动作用。IMF、BIS和FSB提出了系统重要性金融机构的识别和评估方法，BCBS以及FSB加强了系统重要性金融机构监管的具体措施，为各国监管机构的监管提供了基础，对全球系统重要性金融机构监管的发展功不可没。但是，目前对系统重要性金融机构的国际监管主要是以系统重要性大小为主展开研究，且主要是由银行到非银行金融机构的路径，由于非银行金融机构的复杂性，对非银行金融监管的相关监管框架及规则还不能有效适应新变化，而且从银行到非银行金融机构的监管，从国际到国内的监管，其思路、框架和规则之间的兼容和协调仍是一个很大的问题。

二 欧盟系统重要性金融机构监管实践

2001年欧盟启动了《莱姆法路西框架》，这是欧盟金融监管的法律依据。2005年，为推动金融一体化，欧盟又发布了《2005—2010年金融服务政策绿皮书》。美国发生次贷危机后，欧洲中央银行认真反省了金融监管中分散金融监管格局存在的问题。《关于欧盟金融监管的报告》（《德拉

第六章 系统重要性金融机构监管的国际经验及趋势分析

罗西埃报告》[①]）于 2009 年颁布，它的出台构建了新"一会三局"框架。同样的，它也是《泛欧金融监管改革法案》的前身。2010 年 9 月《泛欧金融监管改革法案》的出台更新了欧盟的金融监管体系。2011 年发布了《欧盟跨国银行危机管理框架》，在不同阶段对跨国系统重要性金融机构进行监管。

欧盟改革方案主要体现在以下两个方面：第一，成立系统性风险管理委员会（ESRB）。该委员会的成员包括欧洲中央银行正、副行长和欧盟 28 个成员国的中央银行行长。在中央银行的支持、领导下，这一组织负责宏观层面监管。若委员会对具体金融机构产生的风险给予相关建议但不被采纳，那么委员会就有绝对的权力将解释不力的金融机构就该问题提交到欧洲议会，等待欧洲议会的评判，并以此增加成员国承担的道德压力。第二，建立欧洲金融监管体系。打破最初分散的金融监管格局，建立起一体化的金融监管体系，并设立了银行业监管局、保险业监管局与金融市场交易监管局三个专门监管机构。而且这三个监管机构有权直接对系统重要性金融机构做出监管决议。委员会还制定了统一的系统重要性金融机构风险评估标准，当确定系统重要性金融机构会发生系统性风险时，便通知相关成员国，要求其采取措施。

在金融全球化背景下，欧盟实施一系列政策以加强系统重要性金融机构监管合作，得到了法国和德国的切实拥护。以德国 2011 年 1 月 1 日开始生效的银行重组法为例，该法案特别强调，当德国与欧盟的其他国家发生跨国系统重要性金融机构危机时，包括欧洲层面监管部门可以一同就危机问题共同监管，监管部门之间彼此协调，从而在政策、指导原则、采取措施上尽可能保持一致，避免相互之间发生不必要的冲突。但是英国却表示欧盟不应过多干预其金融市场，加上各成员国本身金融体制和监管制度差异较大，该法案目前难以得到各国配合执行。不过，欧盟监管最大的亮点在于建立了统一、凌驾于国家之上的监管机构，加强了各成员国之间的系统重要性金融机构监管合作，顺应了国际金融监管新趋势，欧盟加强金融监管合作尤其是针对系统重要性金融机构的监管值得其他国家借鉴。

---

① 报告全称为 "The High-Level Group on Financial Supervision in the EU"。

第二节　美、英、日系统重要性金融机构监管实践

美、英、日等国接连出台了多个金融监管改革方案，开始由实施短期的应景救市措施转而寻求法律方面的调整与改革。

从各国金融监管改革实践来看，2008年以后各国监管的侧重点是系统性风险防范问题，即如何平衡金融市场创新与金融风险发生的问题，寻求一种适合的监管思路与理念，从而减小因为系统性风险发生而对全球经济产生的破坏力。具体而言，更加侧重于健全金融风险事先评估机制、事后危机处置机制，以及加强对金融消费者权益的保护。

一　美国系统重要性金融机构监管实践

美国在发生次贷危机初期，先后公布了最为显著的三部应急性法案：2008年《住房与经济恢复法案》与《紧急经济稳定法案》，2009年《美国复苏与再投资法案》。三部法案的出台，为帮助美国渡过危机起到了积极作用。之后，美国财政部公布了《金融监管改革框架》，引入"系统重要性金融机构"概念。同年6月，《金融监管改革：新基础》出台，在金融危机背景下为美国金融监管改革奠基，也是后来颁布的《多德—弗兰克法案》的前身。随后，2010年5月公布的《多德—弗兰克法案》对全世界金融监管及其新秩序的建立产生了重要影响。

美国监管改革主要表现在以下几方面：第一，加强宏观审慎监管理念。确定了一个专门的监管机构——金融稳定监督委员会（FSOC），下设的研究办公室由美联储（FED）、货币监管署（OCC）、联邦存款保险公司（FDIC）和财政部四家单位组成，其主要职责是识别和评定系统重要性银行，然后授权给美联储加强对它们的监督和管理。以促进管理协调，强化宏观审慎监管，更加有效地识别和监测系统性金融风险，有权对系统重要性金融机构进行分拆。第二，确定监管主体。基本上将系统重要性金融机构直接监管职能授予了美联储。该职权包括系统重要性清算、支付和结算

系统监管，确定系统重要性金融机构风险资本和杠杆限制，对银行、证券、保险等行业交叉业务进行协调管理。第三，严格金融监管标准。对于已确定的系统重要性金融机构，提出附加资本要求和杠杆率、流动性等其他附加监管要求，明确将商业银行和投资银行业务重新分离，限制银行自营交易，对高风险衍生品交易进行了更为严格的限制。比如，在资产规模方面，FSOC把500亿美元资产规模作为识别系统重要性银行的标准。2018年5月，美国国会通过了《经济增长、监管救济和消费者保护法案》，要求进一步调整对资产超过1000亿美元的大型银行的监管。第四，建立破产处置和自救机制。要求系统重要性金融机构定期提交"生前遗嘱"、发行应急资本和自救债券；确定系统重要性金融机构清算机构为联邦存款保险公司；在清算费用上，系统重要性金融机构制订还款计划以后，财政部可以为其提供前期清算费用，并且监管机构可以对总资产超过500亿美元的系统重要性金融机构征收费用，以偿还清算造成的损失。第五，设立消费者金融保护局。

美国金融监管改革中重塑金融监管体系、扩大监管范围并加强系统性风险监管，对缓解金融危机的进一步恶化起到了重要作用。美国一系列法案的改革成果有目共睹，极大地填补了系统重要性金融机构监管空白。围绕系统重要性金融机构建立监管框架，美国新设立了金融稳定监督委员会，总体负责监管并赋予其一定的分拆权力，扩大了美联储的监管权限，有效及时处置系统重要性金融机构的问题，明确监管机构之间的分工，避免出现监管重叠以及监管真空现象，加强对系统重要性金融机构的资本监管。建立了有效的系统重要性金融机构市场退出机制，提出"生前遗嘱"、早期干预、危机处置的程序，使"大而可倒"有现实法律依据。但是法案在具体监管措施方面并没有太强化，更多的是一些原则性探讨。而且新法案严格的监管性，使一些大型金融机构在面临更严苛的监管时，必须提高系统重要性金融机构的经营成本，进而会影响系统重要性金融机构的竞争力，甚至会被拆分，影响经济发展。当然，法案中也并没有解决系统重要性金融机构一直存在的道德风险问题。

二 英国系统重要性金融机构监管实践

美国发生次贷危机后，对欧洲而言，起初由于欧盟各国政府对金融风险无法识别也无力监管，后来虽然识别出了风险，却无力选取合适、具体的政策行动起来，改变参与者的行为。加之欧盟各国在金融监管上未能达成共识，合作与协调机制难以形成，所以，欧盟诸多国家遭受重创，尤以英国为典型，为此英国掀开了金融改革的篇章。2009年英国议会通过了银行法，巩固了英格兰银行的宏观管理地位。之后，搭建起新的"一会三局"；同年7月，推出《改革金融市场》白皮书。2011年6月，《金融监管新方法：改革蓝图》颁布，成为英国金融监管体制改革的指南针。《金融服务法案》正式生效，意味着英格兰银行理事会内设金融政策委员会以专注于识别、监测和管理系统性风险。

英国监管改革的成就主要表现在两个方面：第一，扩大英格兰银行的监管权限。英国首先确立了英格兰银行的核心地位，明确英格兰银行作为中央银行要维护稳定，涉及宏观与微观审慎监管诸多职能。其中为了监管金融系统的稳定性，并识别以及评估系统性风险等，设立了金融政策委员会，由其进行督导检查。而关于系统重要性金融机构微观审慎监管事项，则由下设的审慎监管局负责。第二，规范系统重要性金融机构优先恢复和处置计划。优先恢复强调资本恢复和流动性恢复，是指出现危机的系统重要性金融机构应当向监管者说明其恢复正常运营的策略、可能遇到的障碍以及消除障碍的方法。处置计划中的"伦敦模式"别具一格，即英格兰银行有权对倒闭中的系统重要性金融机构进行债务重组，当然"伦敦模式"意味着重组比直接进入清算程序更为有利，必要时还需对债务人的财务困境进行疏导。

英国从《2000年金融服务和市场法》开始，就处于混业监管模式，虽然英国在2008年的国际金融危机中并没有因为混业监管免受损失，但是混业监管模式有利于对系统重要性金融机构的监管，提高了监管效率，避免了监管真空及重叠问题。英国监管改革中以英格兰银行为核心的金融监管架构是其一大亮点，也成为各国效仿借鉴之处。其核心就是赋予英格兰银行作为中央银行，统筹金融体系内宏观与微观审慎管理职责。英格兰银行作为中央银行的宏观审慎管理职责得以加强的同时，又有助于微观与宏观审慎管理协调统一。

三　日本系统重要性金融机构监管实践

日本从2000年开始，沿用的一直都是集中统一的金融监管模式。在次贷危机中，日本并没有遭受太大损失，当世界发达国家纷纷进行金融监管改革时，日本的金融监管政策并没有进行太大修改，其原因在一定程度上也是众所周知的。第一，金融衍生品市场的从严管控。亚洲金融危机之后，日本为了经济增长、金融稳定，对金融衍生品市场进行严格管控，形成了限制金融业内部竞争的特色。当时日本特别出台了一条规定，即严格限制银行数量增加（日本与中国相同的一点是银行在金融体系中具有重要作用，对银行进行监管的重要性不言而喻）；同时对银行分支机构及数量、利率也进行了严格管制；严格划分国内市场与国外市场；严格防范国内外业务互相侵蚀，既防止国外机构风险输入到国内，也防止国内机构逃避监管而转战国外市场。日本这样的做法确实起到了维护国内金融机构市场份额的作用。同时，也将风险尽可能地降到最低，确保了系统重要性金融机构远离破产危险。第二，监管立法的严谨性。日本当年为了制定相应的金融监管法，先后向美国、欧盟学习，不断地完善其法律规定，制定出更适合日本国情的法规来，甚至为了制定一部《金融商品交易法》，先后修订了20多次，被各国视为立法严谨的榜样。在一定程度上，日本抵御风险能力的关键就在于拥有坚实而又完善的金融监管体系，以及相应完善的法律框架。第三，监管立法的灵活性。日本赋予了立法部门可以根据国际及国内金融市场发展新变化、新动向、新趋势，及时对本国金融相关监管立法做出相应调整的权力，以适应金融创新的挑战。

第三节　利益博弈与后危机金融监管发展趋势

一　特朗普政府与《多德—弗兰克法案》的修改

在一定程度上，美国《多德—弗兰克法案》被认为是20世纪30年代以来美国最为严格的金融监管法案。一方面，美国《多德—弗兰克法案》

在加强监管、维护金融安全方面的效果是有目共睹的。自 2010 年以来，法案至今已经落实了 70% 以上。法案对美国金融市场稳定起到了积极的作用，如银行业的盈利性指标净资产收益率（反映自由资本使用效率）已从危机中恢复，稳健性指标核心资产比率（反映银行吸收损失的能力）已稳定地高于危机前水平；问题金融机构数量稳步下降；小企业信贷可获得性环比稳步上升。①

另一方面，《多德—弗兰克法案》需要各金融监管部门制定最终规则才能落地，受大金融机构利益的制约，法案中仍有未完成的条款。据美国政府问责局（GAO）的统计，截至 2016 年年末，由 GAO 监督的所有最终规则中，行政部门尚有约 25% 的规则没有完成或尚未开始制定。2017 年年初至 7 月底制定的规则仅有 14 个，不及 2016 年全年的 1/3，法案最终规则的制定进程明显减缓；或者一些条款已远离其初衷，例如例外规定给禁止银行从事自营性质投资业务留下了空间；还有一些条款已被删除，如最初法案设计由银行缴纳 190 亿美元税费以支付金融监管改革的成本，等等。不得不说，《多德—弗兰克法案》在金融市场稳定、公平与自由之间做出了权衡与妥协。

尤其是特朗普就任后，在 2017 年 2 月 3 日签署行政命令，提出了七大核心原则②，其中关于金融监管方面的行政命令被认为是特朗普对《多德—弗兰克法案》修改甚至废除的开始。同时，特朗普还授权美国财政部对现有金融监管法规进行审核，在审查金融监管制度是否符合这些核心原则的基础上，于 6 月 12 日、10 月 6 日和 10 月 26 日先后发布了评估报告《创造经济机遇的金融体系：银行和信用社》③、《创造经济机遇的金融体

---

① 朴英爱、田彪：《〈多德—弗兰克法案〉与特朗普政府金融监管改革》，《亚太经济》2017 年第 5 期。
② 增强美国公司的国际竞争力；让每个人独立做出金融选择和决策；在国际金融监管中维护美国利益；使金融监管高效、到位、适当；避免纳税人为救助金融机构付款；监管框架合理化，对公众负责；激发增长活力，减少道德风险和信息不对称。
③ A Financial System That Creates Economic Opportunities: Banks and Credit Unions, U. S. Department of The Treasury, available at: https://www.treasury.gov.

系：资本市场》[①] 和《创造经济机遇的金融体系：资产管理和保险》[②]。而美国众议院则在 2017 年 6 月通过了《金融选择法案》（Financial Choice Act），提出：废除沃尔克规则等阻碍资本市场便利化的规定、重组以减少其对业务的干预、取消 FSOC 对系统重要性金融机构的认定权、限制美联储和联邦存款保险公司的金融机构处置权、为符合高资本标准的银行提供放松监管选择权、监管部门需进行成本收益分析并公开等[③]。法案的主张与美国财政部的评估建议方向一致，被视为从立法层面迈向修订《多德—弗兰克法案》的第一步。此外，特朗普政府还通过调整金融监管主管部门的人事任命，来实现法案执行层面的调整。2017 年 10 月 2 日，FSOC 会议宣布取消对 AIG 的系统重要性机构认定，意味着金融监管当局在执行上已经开始逐步调整《多德—弗兰克法案》。

从特朗普政府的监管改革可以折射出随着经济的复苏，金融利益集团放松了监管的诉求。但是，正如众多学者所预见的，特朗普政府试图通过金融监管改革完全废除《多德—弗兰克法案》的可能性并不大。毕竟《多德—弗兰克法案》签署通过已有 9 年时间，包括美联储在内的多家监管机构已根据法案要求建立了相应的风险控制制度，制定了较为繁复的监管细则。如果将其废除再立新的监管框架，意味着这些监管机构将付出巨大成本。因为无论对《多德—弗兰克法案》的修改，还是对这些监管细则的修订，都需要经过冗长的程序、复杂的研究，过程极为缓慢[④]。而且从历史的进程来看，金融监管都在"监管—放松—监管"的治乱循环模式中试图突破、探寻更好的规则。因此，随着经济的复苏，特朗普政府较大的可能是适度放松对社区银行等小机构的监管，适度减少监管和削减监管成本，以及对部分条款做出有限调整。

[①] A Financial System That Creates Economic Opportunities：Capital Markets, U. S. Department of The Treasury, available at：https：//www. treasury. gov.
[②] A Financial System That Creates Economic Opportunities：Assets Management and Insurance, U. S. Department of The Treasury, available at：https：//www. treasury. gov.
[③] Financial CHOICE Act of 2017, H. R. 10, 115th Congress, Jun. 8, 2017. available at：https：//www. congress. gov. CHOICE 的全称事实上是 "to Create Hope and Opportunity for Consumers, Investors and Entrepreneurs"。
[④] 宋晓燕：《国际金融危机后十年监管变革》，《东方法学》2018 年第 1 期。

二 系统重要性金融机构监管的新趋势——以《巴塞尔协议》为例

美国发生次贷危机后，系统重要性金融机构国际监管工作近年来成效明显，从国际机构及各国实践来看，危机后金融监管体系改革的核心是提高监管标准、形成互为补充的监管合力，以及加强风险处置能力，中央银行金融稳定和金融监管职能得到不同程度的强化，宏观审慎监管的重要性上升。美国及其他发达国家经过深刻反思，在立法中填补了系统重要性金融机构诸多监管漏洞。美国及欧盟等主要发达经济体也相继设立了相应的监管机构，明确了监管主体、监管机构（包括设立专门的系统重要性金融机构监管机构、扩大中央银行系统重要性金融机构的监管权限），加强金融监管主体之间的合作。同时，建立危机处置机制，比如美国建立了破产清算机制，英国建立了三种清算机制，FSB 提供了两种稳定措施和清算措施处置方式。各国监管机构也试图提出附加损失吸收能力要求，建立起长期有效防范系统性风险的防火墙，以提高系统重要性金融机构监管的强度和有效性。

由于银行业在金融体系中的重要性，巴塞尔委员会及金融稳定理事会出台颁布的文件、指引成为各国银行业系统重要性银行监管的主要依据。

《巴塞尔协议》的诞生加强了国际银行间的紧密合作，改善了银行监管工作。同法的起源一样，从无到习惯再到法律制定，《巴塞尔协议》从Ⅰ到Ⅲ逐渐成为世界级软法，巴塞尔委员会会议也从小变大直至成为具有号召力的世界级会议。从 1988 年《巴塞尔协议Ⅰ》问世，2004 年《巴塞尔协议Ⅱ》出台，再到 2010 年《巴塞尔协议Ⅲ》发布，在推进全球银行业发展等方面，产生了积极而深远的意义（见表 6—6）。

表 6—6　　　　　　《巴塞尔协议》主要演变历程

时间	文件名称	主要内容	备注
1975 年 9 月	《对银行的外国机构的监管》	建立了一套完整的、国际通用的、以加权方式衡量资产负债表内外风险的资本充足率标准	对全球银行业的公平竞争、健康发展起到了举足轻重的作用
1988 年 7 月	《关于统一国际银行的资本计算和资本标准的报告》		

第六章 系统重要性金融机构监管的国际经验及趋势分析

续表

时间	文件名称	主要内容	备注
1996年1月	《资本协议中市场风险的补充规定》	将市场风险纳入资本监管范围内，规定银行必须以量化模型（包括标准法和内部模型法）的方式准确计量自己承受的市场风险，将市场风险的预测值乘以12.5，加入总加权风险资产内	实践中许多银行为规避资本监管，运用资产证券化等手段，从事监管资本套利活动
1997年9月	《有效银行监管的核心原则》	1997年亚洲金融危机的爆发使巴塞尔委员会确立了全面风险管理的理念，但该原则并未对信用风险、市场风险和操作风险的全面管理做详尽阐述，也未涉及对这三类风险的计量方法和相应的资本要求如何设计的问题	
	《巴塞尔协议Ⅱ》修改进程大事记		
1999—2005年	跨境经营的风险管理	1999年6月《巴塞尔协议Ⅱ（第一次征求意见稿）》 2001年1月 颁布新巴塞尔资本协议草案 2001年6月《巴塞尔协议Ⅱ（第二次征求意见稿）》 2002年10月出台协议建议的最新版 2003年4月《巴塞尔协议Ⅱ（第三次征求意见稿）》 2003年8月《巴塞尔协议Ⅱ：跨境实施巴塞尔新资本协议的高级原则》 2005年4月《巴塞尔协议Ⅱ：在跨国银行交易活动中的应用及对双重违约影响的处理》	1999年草案首次提出了"银行监管三支柱"（即资本充足率、监管部门监督检查和市场纪律）；随后又进行了三轮征求意见稿的修改；为《巴塞尔协议Ⅱ》前后连续进行了五次定量影响测算
	测算《巴塞尔协议Ⅱ》的影响	2000年1月，第一次定量影响测算（QIS1） 2001年2月，第二次定量影响测算（QIS2、QIS2.5） 2002年10月，第三次定量影响测算（QIS3） 2004年11月《第四次定量影响测算（QIS4）的指导意见》 2005年7月《第五次定量影响测算（QIS5）的征求意见稿》	

续表

时间	文件名称	主要内容	备注
2004年6月	《统一资本计量和资本标准的国际协议：修订框架》		
2006年6月	《巴塞尔协议Ⅱ》完整版本		
2008—2010年	《巴塞尔协议Ⅲ》的发展历程 2009年1月《〈巴塞尔协议Ⅲ〉框架完善建议征求意见稿》 2009年7月《关于加强对资本市场活动监管的资本和信息披露》 2009年12月《增强银行体系稳定性（征求意见稿）》 2010年11月《关于商业银行资本和流动性监管改革的一揽子方案》		《巴塞尔协议Ⅲ》是对2008年国际金融危机的补救和应对措施
2010年12月	《增强银行体系强健性的全球监管框架》 《流动性风险计量、标准和监测的国际框架》	制定了更高质量的资本、更好的风险覆盖和基于风险要求增强的杠杆比率	
2017年12月	《巴塞尔协议Ⅲ》完成修订		将从2022年1月1日起逐步实施

资料来源：巴塞尔委员会网站。

2004年6月，《巴塞尔协议Ⅱ》发布，主要是再一次围绕资本进行更细化的监管，将资本分为一级资本、二级资本、三级资本，并且增加了市场约束和监管当局检查两大防范风险措施（见图6—2）。

2008年国际金融危机过后，巴塞尔委员会基于此次危机暴露出的问题，出台了《巴塞尔协议Ⅲ》。

《巴塞尔协议》的演进，实际上也是经历历次危机后，银行监管目标、监管内容的变革历程。因此，银行监管哲学也呈现出不同时期对安全、效率、公平目标的不同追求：20世纪30年代爆发经济大萧条后，世界各国吸取教训，有了统一的监管目标，各国共同努力建立并维持一个安全且稳定的银行体系；但过度严格的监管也会对经济带来不利影响，到20世纪70年代末，金融机构效率下降，其发展受到阻碍，各国银行监管开始着眼于效率问题；而2007年美国发生次贷危机以后，监管目标又发生了转变，"安全"目

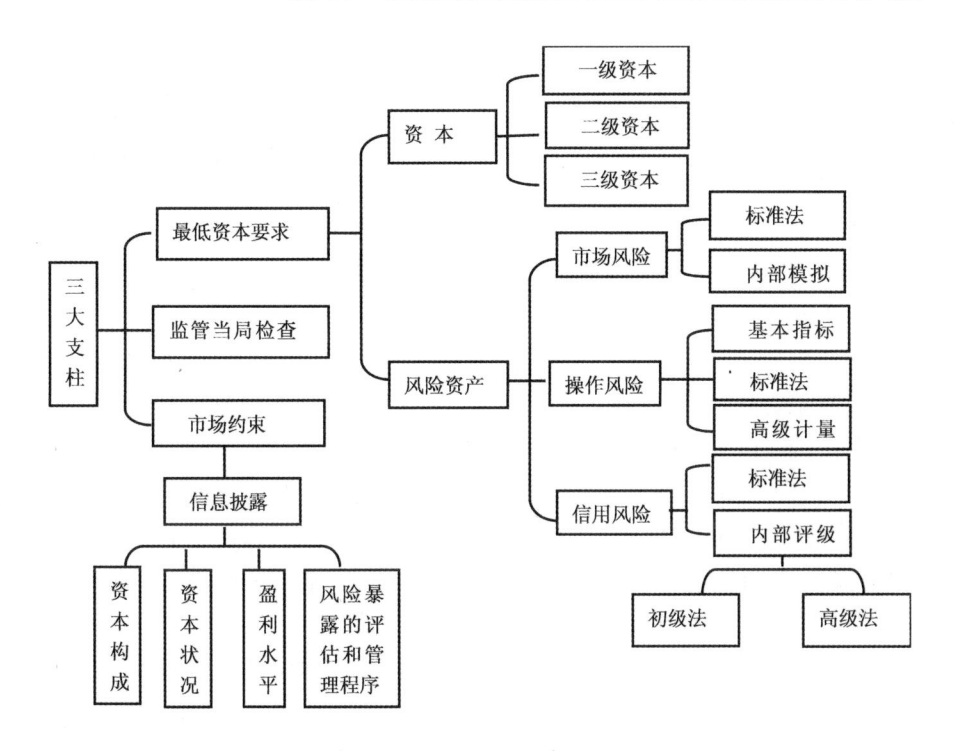

第六章 系统重要性金融机构监管的国际经验及趋势分析

图6—2 《巴塞尔协议Ⅱ》的三大支柱

标再一次被置于"效率"之上，公平不断提升。这也是银行监管目标的一次突破和转变：安全与效率并重，追求效率兼顾公平。同时，监管理念也从微观审慎监管转变为宏观审慎监管，从单一资本监管主线延伸和扩展到全面流动性风险领域，最终形成全面风险监管体系。

纵观《巴塞尔协议》发展史以及发达国家金融监管发展史，20世纪以来银行监管领域一直停留在"管制—加强—放松—管制"这样一个周期性动态监管状态中，监管也永远是以危机为导向的事后监管。但事后监管总是在经济人的金融创新挑衅中束手无策，由此也验证了经济学鼻祖亚当·斯密早在二百多年前就在《道德情操论》里阐述的人类利己损他的思想——经济人特性。经济人总是一次次地试图突破并凌驾于监管之上，一次次地突破监管底线来寻求新的金融创新以实现利益最大化。历史上由于道德风险的发生，数家"大而不能倒"银行付出了惨重代价，最著名的就是1995年2月固若金汤的英国巴林银行在天才交易员里森的违规操作下破产倒闭，可谓成就了

"一个职员竟能在短期内毁灭一家老牌银行"的神话。2006—2007 年法国兴业银行魔鬼交易员凯维埃尔挪用银行巨额资金狂炒欧洲期指，致使兴业银行损失 49 亿欧元（约 58 亿美元）；2011 年瑞士最大的银行瑞银集团（UBS）由于流氓交易员进行未授权交易，带来了约 23 亿美元的损失，这样的案例不胜枚举。实际上，由"人类利己思想"引发道德风险的危机是无法通过加强资本监管而得以防范的。《巴塞尔协议》作为银行监管学的集大成者，很多国家将之视为软法加以执行，以加强对各银行的约束和监督，但是并没有证据表明通过《巴塞尔协议》的不断革新，适用《巴塞尔协议》的银行就一定提高了金融体系的稳定。这也正是 Barth 等在 2008 年通过对 100 多个国家的多次调查所发现的重要内容。

事实上，任何先进的定量模型的考证，都无法阻挡系统性金融风险的发生，也无法避免道德风险的发生。《巴塞尔协议》中的高级计量法的运用在金融危机面前显得束手无策，金融机构也完全可以通过破解模型而脱离监管者的监管，国际金融危机中金融创新的疯狂手段再次证明了这一点。而且从法理学角度来说，市场失灵与金融监管失灵均会导致金融危机的爆发，而每次危机所呈现的失灵中占主导的成分又不一样。但每一次危机的爆发都避免不了人自身从经济中无穷索取的私欲得不到合理控制的因素，在人类还没有彻底搞清楚系统性风险之前，避免由于系统重要性机构所导致的系统性风险进而演化为世界级经济危机，只能是一种奢想。人类金融危机预警机制屡试屡败的事实告诉我们，系统性风险及人自身从经济中无穷索取的私欲必须合理控制，否则任何法律制度安排都是徒劳的。

《巴塞尔协议》固然在世界金融史上起到了不可估量的作用，但是作为只能针对每一次危机中出现的问题而制定相应规定，约束危机之后金融机构行为的具有法律性质的协议，其防范风险的目标显然是有所欠缺的。因此，需要在监管法律中融入一种激励"道德"的正向因素，从而约束"道德风险"的负面作用。美国次贷危机的发生，标志着以新自由主义为特点的经济对策、主张、思潮等全面被颠覆。从 2010 年以后监管目标的转变来看，平衡"效率—安全—公平"目标的金融监管新介质出现了，即金融包容理念。金融包容理念是约束道德风险的新理念，是当前实现金融监管目标的手段，是破解金融危机中"道德风险"的正向激励因素。金融包容所崇尚的公平的监管目标有助于金融机构不唯利益至上、不对利润无限疯狂地追求，是一种具有约束力的监管新导向。

第六章　系统重要性金融机构监管的国际经验及趋势分析

第四节　小结

本章的重点在于分析国际系统重要性金融机构监管实践及趋势。

从国际系统重要性金融机构的监管实践来看，国际金融危机后的监管提升了宏观审慎监管理念，中央银行的金融稳定和金融监管职能得到了不同程度的强化，金融监管主体之间的合作不断加强，系统重要性金融机构相关监管框架、评估指标及方法，市场退出机制等不断建立，监管标准、风险防范、处置能力不断加强，逐渐形成了长期防范系统性风险的防火墙，对中国加强系统重要性银行负外部性监管有着重要的借鉴意义。

金融监管的目标"效率—安全—公平"在金融监管史中不断兜转着，而当前宏观审慎监管理念的上升，不仅是安全、效率的优先，更体现了公平的内涵，金融包容理念应运而生。

本章的意义在于，借鉴国际系统重要性金融机构监管实践以完善中国系统重要性银行监管，并引出金融包容理念是破解金融危机中道德风险的正向激励因素。

第七章 基于金融包容理念的系统重要性银行监管探究

2008年国际金融危机后,各国金融监管改革共同折射出一个新的理念,即安全重于效率,公平不断上升。美国发生次贷危机后,金融包容作为实现社会发展权利的重要手段,业已成为国际社会共识。但是,各国金融法改革关注的重点仍然是后知后觉地对金融危机的预防,金融包容也尚未在现代金融法中找到其应有的位置。本章旨在通过实证分析研究2011年5月原银监会发布的《关于中国银行业实施新监管标准的指导意见》对中国系统重要性银行监管安全性的有效问题,以及验证新监管标准的变化对非系统重要性银行公平性的问题,提出运用金融包容理念对系统重要性银行进行监管的新主张。

第一节 金融包容与金融监管

金融包容是伴随金融发展而出现的新理念,从金融排斥走向金融包容,从而将金融包容理念融入金融监管,有利于形成有效的金融市场体系,有利于经济参与者对社会福祉的分享。

一 从金融排斥到金融包容的监管

对金融包容的理解离不开对金融排斥的认识,金融包容是相对于金融排斥而言的。一直以来,对于金融排斥问题,各国的通行做法是通过政府财税等政策来调节金融供给与需求双方之间的不平衡。2010年以后,国际社会越来越意识到应通过安排金融监管制度，减小对一个国家或者国际机构金融排斥的影响。金融资源在很大程度上是一种公共资源，金融市场及其所提供的服务，不能简单地只包括市场机制的价格发现功能，还应包括支持低收入人群和欠发达地区发展的功能，以更合理的价格、方式推动社会更高层面的福祉。

世界上大多数国家的金融法律、法规对银行监管目标都给予了明确、具体的规定。从各国银行监管法来看，均开宗明义地明确了各自监管法的目的，比如美国联邦储备法的目的就是"建立美国境内更有效的银行监管制度"。从各国具体的监管目标来看，基本内容一般涵盖三个层面，即维护银行体系安全与稳定，保护存款人、投资者和其他社会公众的利益，促进银行体系公平、有效竞争。除此之外，少数国家的银行法律试图引导监管机构将其监管职责与经济发展相关联，以覆盖对整个国民经济的促进效应，比如德国银行法规定，对于银行服务业中严重损害国民经济的行为，联邦银行监管局应予以消除。此规定中就有着金融包容之意，但金融包容并没有灌输到整个监管理念中，尚处在一个新的研究领域。

美国发生次贷危机后，国际社会安排、设计一系列金融监管制度以减弱金融排斥的影响，关于比例性原则的规定就应运而生了。比例性原则成为金融包容实现的具体法律路径。《创新性金融包容的原则和报告》（2010年）中，就有安排金融监管制度破解金融排斥的相关规定。该报告后来也成为金融包容全球合作伙伴（GPFI）成立的基础之一。20国集团提出的金融包容9大原则中的比例性原则就是其中不可或缺的一个。巴塞尔委员会于2010年8月发布《小额信贷业务与有效银行监管的核心原则》，首次公布了关于金融包容问题的指引，特别提到比例性原则是适用有效银行监管核心原则的必要考虑，而且比例性原则有效适用将会促成更加广泛的金融包容。2012年巴塞尔委员会发布的《有效银行监管核心原则》，指明银行监管者要在所管辖区内，充分考虑金融包容等责任，并明确比例性原则的概念，通过比例性原则，确定不同监管频率和深度，分配不同监管资源，对不同银行提出不同的监管措施。比例性原则的提出与适用，对将金融包容理念运用到金融监管中具有深远的意义。

二 金融包容——平衡金融效率、安全、公平之间的介质

平衡金融效率、安全、公平是金融监管的核心，金融包容作为后危机时代国际金融领域重要的新理念，是平衡三者的重要介质。

众所周知，金融监管的逻辑起点从金融安全开始，其目的在于当一国发生金融危机时，可以有效抵御各种风险，并保持整个金融体系乃至国民经济健康发展、稳定运行。具体而言，金融安全是指金融主体可以通过各种有效手段防范金融风险，减少或消除金融资产的损害。金融安全在金融监管价值中居于核心地位，这是由金融本身所具有的内在特点决定的，即金融信用间的脆弱性、金融机构的薄弱性以及金融资产价格易波动的特性。金融业健康发展的重要标志是金融体系安全和金融秩序稳定，但是，过分强调金融安全而抑制金融效率也非可取之道。

追求金融效率从金融诞生那一刻起，就成为人类的本能。金融效率的价值就在于对金融资源的最大化利用，最大限度地提高金融企业的经济效益，发展金融业、增进社会财富、促进社会经济发展。具体表现在，保护投资者利益、鼓励金融创新、促进金融资源优化配置。因此，金融监管法律制度应在金融监管与金融创新之间实现平衡与协调，进而既要保证金融安全，又要促进金融效率。

公平是一切法律的价值目标，金融公平在金融市场活动中的具体体现就是，各类主体可以均等地分享资源，而且公平地参与其中，形成合理有序的金融秩序，最终实现社会整体利益最大化。具体体现在，第一，营造公平有序的竞争环境，比如维护金融活动参加者的平等地位和机会、扶持中小金融机构等；第二，矫正市场对金融资源的非理性配置，比如对容易遭到金融欺诈的投资者利益进行保护、倾斜保护金融服务消费者等。金融公平的价值取向正好可以平衡金融安全和金融效率的权益冲突，并以此促进金融安全与金融效率之间的平衡。

金融危机背后每次似乎都意味着金融监管的宽松，比如为了促进经济发展过分强调金融效率而大力实行金融创新；而金融危机之后必然迎来新一轮空前的金融严格监管，因此又会过分重视金融安全而导致金融效率受到抑制。追根溯源，金融领域一直呈现治乱循环的模式，实则是金融监管

法律制度一直未能找到平衡金融效率、安全、公平三者之间的介质，需要采用某种监管哲学理念以减少它们之间的矛盾。

宏观审慎监管理念开创了金融监管学的先河，是政府干预经济学的又一次胜利。美国《多德—弗兰克法案》反映出，银行业监管价值取向由"系统风险优先"向"公共利益与系统风险并重"转变，效率、安全、公平日趋成为金融监管目标，即维护金融安全及稳定、保护投资者及其他社会公众的利益、维护公平及有序竞争成为金融监管的目标。

2008年国际金融危机过后，国际金融机构及各国所关注的重点依旧是如何使金融稳定并致力于建立金融危机预防机制，以及因薪酬引发道德风险的金融业诚信问题。事实上，追求全社会公平才是解决一切危机的宗旨，通过实现公平的路径，实现社会均等福祉分享。而且，金融包容理念也符合危机后银行监管史的演进。在危机爆发初期，全球对金融创新监管理念是较为严厉的，严格地控制了金融创新在金融市场中所占的份额，对金融创新的产品内容、运营方式、风险评估等各方面进行了较为严格的规制。但随着危机的消极影响和连带效应逐步削弱，对金融创新的严苛监管已然不同于危机初期，效率、安全、公平的监管目标逐渐成为主流，促进金融包容也逐渐成为平衡金融体系效率、安全和公平取舍的标准。

三 金融包容与普惠金融

金融包容这一名词虽然是在2008年国际金融危机全面爆发之后才迅速为大家所熟知，但是很早以前就对金融包容有一定的实践研究，比如2000年亚洲开发银行在对过去十几年间小微金融服务活动的研究基础上总结出：持续地在一定时期内向贫困人口提供多样化金融服务，可以推动金融体系及社会进步，而且经济增长又能提升社会个人福利。2009年以来，普惠金融得到20国集团、IMF、世界银行等组织的大力推广。2013年3月，金融包容联盟成员已突破100个，同年11月中国提出发展普惠金融，普惠金融越来越成为一套牵涉金融结构调整、体制变革等重大问题的发展战略和操作理念。2015年12月，中国制定了普惠金融发展规划。

金融包容与普惠金融这两个概念互相交叉。但是，并不能简单地认为普惠金融就是金融包容。普惠金融更侧重于金融学上的概念，而金融包容最早则是从法学视角来阐述的。国内关于金融包容最早的研究者是法学者，具有代表性的比如周仲飞、冯果、袁康等人。法学者普遍认为金融包容是金融公平的实现路径，也是平衡金融监管目标的介质，而且因为过程公平比结果公平更重要，所以促进金融包容的过程就是实现公平并减少贫富差距、减少贫困的过程，是满足弱势群体及时和必需的信贷需求的过程。

金融包容是指特定社会群体和个人（特别指弱势群体），以合理价格从合适渠道获取必需的金融服务，包括支付、储蓄、信贷服务、保险、养老年金等。金融包容性程度高，表明更多的贫困、弱势群体被纳入正规金融体系，有利于社会福祉的分享。

普惠金融是指立足机会平等要求和商业可持续原则，以可负担的成本为有金融服务需求的社会各阶层和群体提供适当、有效的金融服务。[1] 中国普惠金融重点服务对象是小微企业、农民、城镇低收入人群、贫困人群和残疾人、老年人等特殊群体，以使资源配置到薄弱领域。[2] 从目前来看，完善小微企业贷款、"三农"和棚户区改造等金融服务的配套政策支持等是普惠金融所关注的核心，因此普惠金融比金融包容外延要小很多，普惠金融是金融包容理念发展的初期。

金融包容强调促进公平的实现，旨在修正金融抑制带来的偏差、不公，形成更公平的金融环境，增强弱势群体获得金融资源的公平性。借助金融监管推动金融包容发展，通过公平的实现，达到金融稳定的功效。有效满足社会金融需求、保障所有人获得基本金融服务，不仅是评判一国银行业结构改革的重要标准，也是实现包容性增长的重要途径。

第二节 《关于中国银行业实施新监管标准的指导意见》影响的实证分析

2011年5月原银监会发布《关于中国银行业实施新监管标准的指导意见》，为中国银行业监管奠定了基础，其中特别加强对系统重要性银行的

---

[1] 2015年12月31日，国务院印发《推进普惠金融发展规划（2016—2020年）》。
[2] 同上。

第七章　基于金融包容理念的系统重要性银行监管探究

资本监管，对非系统重要性银行也提高了资本监管要求。该指导意见作为中国银行业以后较长一段时间的监管框架，对中国银行业势必会产生深远的影响。本书对监管标准变化后银行体系效率、安全、公平的相互关系及演变情况做如下分析。

一　变量选取

本章主要研究新监管标准对上市银行资金运用效率与安全的影响，并通过对不同规模和不同种类的银行进行分类，进一步探讨监管与公平之间的关系。相关研究数据主要源自 Wind 数据库、《中国金融年鉴》、相关银行年报以及原银监会年报等，[1] 由于数据可得性，中国农业银行、南京银行、北京银行、中国光大银行被剔除，样本期为 2006—2014 年。

1. 被解释变量

本章选取代表银行风险的不良贷款率（bl）作为银行风险的度量指标。不良贷款率为银行不良贷款与贷款余额之比，不良贷款率越高则银行收回贷款的可能性越小，银行面临的风险越大，资产安全性越低。选取总资产收益率（roa）作为银行效率的衡量指标，体现了资金运用效率和效果，以分析银行收益和盈利能力：总资产收益率越高，则银行资金运用效率越高。

2. 解释变量

解释变量是根据监管标准不同而划分的监管变量（h），2012 年之前没有实施新监管标准时监管变量为 0，2012 年实施新监管标准后监管变量为 1。

3. 控制变量

除解释变量之外，仍存在其他变量对银行安全与资金运用效率产生影响。这些控制变量可分为两类，一类是银行经营微观变量，选取了银行总资产规模（$size$）和资本充足率（car）；另一类是银行所处宏观经济环境，选取了有代表性的国内生产总值环比增长速度（gdp）。

---

[1] 分别为中国银行、中国工商银行、中国建设银行、交通银行 4 家大型国有商业银行，以及招商银行、中信银行、上海浦东发展银行、兴业银行、华夏银行、中国民生银行、平安银行、宁波银行 8 家股份制银行。

二 模型建立及结果分析

建立模型的第一步是确定面板模型形式。面板模型形式主要包括截距向量和系数向量皆为常数的混合回归模型，系数向量为常数、截距向量为非常数的变截距回归模型，系数向量和截距向量皆为非常数的变系数回归模型。具体运用何种模型需要通过构建 F 统计量进行确定。

$$F_1 = \frac{(s_2 - s_1)/[(n-1)J]}{s_1/[nT - n(J-1)]} \sim F[(n-1)J, n(T-J-1)] \tag{7—1}$$

$$F_2 = \frac{(s_3 - s_1)/[(n-1)(J+1)]}{s_1/[nT - n(J+1)]} \sim F[(n-1)(J+1), n(T-J-1)] \tag{7—2}$$

其中，s_1 为变系数回归模型的残差平方和，s_2 为变截距回归模型的残差平方和，s_3 为混合回归模型的残差平方和，J 为解释变量个数，n 为截面个体个数。

下面建立两个假设：

$$H_1: d_1 = d_2 = d_3 \cdots = d_n \tag{7—3}$$

$$H_2: c_1 = c_2 = c_3 \cdots = c_n, \ d_1 = d_2 = d_3 \cdots = d_n \tag{7—4}$$

其中，c 为常数向量，d 为系数向量。当统计量 F_2 小于一定置信区间下临界值时，则接受假设 H_2，采用混合回归模型进行估计。反之，当统计量 F_2 大于临界值，则需要继续考察统计量 F_1。当 F_1 小于临界值时，则接受假设 H_1，采用变截距回归模型进行估计；反之，当 F_1 大于临界值时，则采用变系数回归模型进行估计。

首先，对各变量进行描述性统计，描述性统计结果见表7—1。

表7—1　　　　　　　　　　　描述性统计

变量	均值	标准差	最小值	最大值
roa	1.068	0.282	0.130	1.490
bl	1.317	1.051	0.330	7.980
car	11.804	2.157	3.710	21.000
size	14.642	1.268	16.841	10.943
gdp	9.833	2.220	7.300	14.200

资料来源：各银行相关年份报告和国家统计局相关年份数据。

其次，建立变系数回归模型、变截距回归模型和混合回归模型，根据模型结果计算统计量 F_1 和 F_2，结果显示，所有回归统计量 F_2 均小于 5% 显著性水平下的临界值，故建立混合回归模型。在混合回归模型中，所有个体都可以用一样的回归方程进行表示，个体之间的扰动项相互独立，个体效应被平均。具体而言，利用如下回归方程进行估计：

$$roa_{jt} = c + d_1 h_t + d_2 size_{jt} + d_3 car_{jt} + d_4 gdp_t + \varepsilon_{jt} \quad (7-5)$$

$$bl_{jt} = c + d_1 h_t + d_2 size_{jt} + d_3 car_{jt} + d_4 gdp_t + \varepsilon_{jt} \quad (7-6)$$

其中，j 表示截面银行，t 为时间，ε_{jt} 为零均值、同方差、无自相关的随机误差项。通过对解释变量系数的估计可得出监管标准变化对以银行不良贷款率和总资产收益率为代表的风险和收益的影响。通过对控制变量系数的估计可得出银行总资产规模、资本充足率和宏观经济环境对银行风险和收益的影响。

具体来说将银行分为三组，首先对全样本银行进行分析，结果见表 7—2 中的回归（1），结果显示，解释变量监管变量对银行收益的影响不显著，2012 年以后监管规则的变化增加了银行风险。控制变量中，银行资本充足率和总资产规模均对银行收益有正向影响；而以 gdp 表示的中国经济增长速度对银行收益有负向影响；总资产规模、中国经济增长速度对银行风险的影响均为正向；资本充足率增加会降低银行风险。回归（2）是对中国银行、中国工商银行、中国建设银行和交通银行这 4 家系统重要性银行进行分析的结果。结果显示，解释变量对银行收益和风险的影响不显著。控制变量中，资本充足率和总资产规模增加会提高其收益；而经济增长速度降低了系统重要性银行收益，除宏观经济运行情况外，其余变量对风险的影响并不显著。回归（3）是对样本银行中除系统重要性银行外 8 家非系统重要性银行的分析结果。结果中解释变量对收益影响不显著，但监管标准变化会增加非系统重要性银行的风险。控制变量中，资本充足率和总资产规模增加会提高非系统重要性银行的收益，经济增长速度对其收益的影响不显著；资本充足率和总资产规模的提高会降低非系统重要性银行风险，而经济增长速度对其风险的影响为正向。

表 7—2　　　　　　　　　　　回归结果

被解释变量/ 解释变量	回归（1）		回归（2）		回归（3）	
	roa	*bl*	*roa*	*bl*	*roa*	*bl*
car	0.07 ***	-0.16 ***	0.06 **	0.05	0.08 ***	-0.28 ***
	(7.01)	(-4.5103)	(2.37)	(0.38)	(6.20)	(-6.56)
size	0.05 ***	0.17 **	0.14 ***	-0.03	0.09 ***	-0.35 ***
	(3.25)	(2.48)	(3.62)	(-0.13)	(2.70)	(-2.94)
gdp	-0.03 **	0.32 ***	-0.04 ***	0.31 ***	-0.01	0.19 ***
	(-2.56)	(5.84)	(-3.05)	(4.20)	(-0.76)	(2.95)
h	-0.01	0.48 *	-0.11	0.09	0.02	0.8 ***
	(-0.10)	(1.92)	(-1.60)	(0.25)	(0.28)	(2.79)

注：*、**、***表示在10%、5%和1%的显著性水平下拒绝参数不显著的原假设，括号内为各参数的 t 值。

无论是对全体样本银行还是对系统重要性银行或非系统重要性银行而言，资本充足率增加都会提高银行的收益，即提高银行资金运用效率；还可降低全体样本银行和非系统重要性银行的风险，增加银行的安全性，所以提高资本充足率是银行在自身经营过程中的有利选择。银行规模越大，三组银行的收益越高，总资产规模同系统重要性银行的风险没有显著关系，而规模增大会提升非系统重要性银行的安全性，所以对非系统重要性银行来说，应根据经营偏好在规模之间做出选择或维持适度规模。在上面的结果中，经济增长速度对银行安全和资金运用效率的影响似乎违背了我们的主观想法和判断。在本书的分析结果中，经济增长速度越快，银行资金运用效率越低，安全性越差。探其究竟，其一，本书选择样本的时间段为2006年至2014年，时间段较短，且只涵盖了中国经济从快速增长到回归平稳的一个经济周期，只表示了在这一个经济周期中经济增长速度同银行效率和安全间的关系。而在这一个经济周期中，经济增长速度对银行的影响可能存在时滞，也就是说，在经济快速增长阶段累积风险，在经济平稳阶段风险才可能逐步显现；而经济发展速度降低对银行效率的影响可能在快速增长时期表现出来。经济发展速度在本书中只是作为一个控制变量出现，而非本书研究的重点，这里不再赘述。

本书的重点研究对象是监管标准变化对银行安全和效率的影响，根据实证结果，监管标准变化对银行资金运用效率的影响并不显著，而降低了全体样本银行和非系统重要性银行的安全性，对系统重要性银行安全性的影响也不显著，并没有对所有银行产生一个公平的结果，不利于银行间的公平竞争和非系统重要性银行作用的发挥。

三 稳健性检验

为了进一步检验实证分析的结果是否会随着参数设定的变化而变化，本书将进行稳健性检验。在稳健性检验中，首先，扩充了样本容量，将年度数据扩充为半年度数据，稳健性检验中所使用的数据为2006年年末至2015年年末的半年度数据，截面银行个数不变。其次，增加了被解释变量，在原有表示银行效率的总资产收益率的基础之上加入了年化加权平均净资产收益率（roe）作为补充。在原有表示银行安全的不良贷款率的基础之上加入了拨备覆盖率（npc）。最后，在解释变量中加入了银行资本净额与总资产的比值，即杠杆率（l）。通过以上三个方面的改变，进一步验证中国银行监管标准的变化对银行安全和效率的影响。

稳健性检验结果见表7—3和表7—4。

表7—3　　　　　　　　　　稳健性检验（1）

被解释变量/解释变量	回归（4）		回归（5）		回归（6）	
	roa	roe	roa	roe	roa	roe
car	0.0008 ***	-0.0133 **	0.0001	-0.0089	0.0118	0.1395
	(2.78)	(-2.18)	(0.50)	(-1.45)	(0.63)	(0.39)
$size$	0.0454 ***	1.5478 ***	0.1014 ***	1.6775 ***	0.0335 ***	1.7743 ***
	(5.12)	(8.94)	(7.53)	(5.44)	(2.84)	(8.02)
gdp	-0.02 ***	-0.0404	-0.0137	0.1396	-0.0205 *	-0.3253 ***
	(-2.71)	(-0.24)	(0.23)	(0.53)	(-1.74)	(-1.46)
l	-9.40 ***	-26.2715	-3.9203	-1.6510 *	9.5332 ***	-39.0471
	(6.62)	(-0.9480)	(-1.36)	(4.20)	(2.89)	(-0.63)
h	-0.02	-0.1867	0.1266 *	1.5609	-0.0130	-1.6393
	(-0.55)	(-0.19)	(0.07)	(0.99)	(-0.19)	(-1.32)

注：*、**、***表示在10%、5%和1%的显著性水平下拒绝参数不显著的原假设，括号内为各参数的t值。

表7—4　　　　　　　　　　稳健性检验（2）

被解释变量/解释变量	回归（7） bl	回归（7） npc	回归（8） bl	回归（8） npc	回归（9） bl	回归（9） npc
car	-0.0002	-1.1928***	0.0003	-1.0032***	-0.2375***	23.1157***
	(-0.20)	(-10.70)	(0.35)	(-15.22)	(-4.16)	(3.94)
size	0.0679**	10.9138***	-0.0831*	18.1210***	0.0303	17.2980***
	(2.24)	(3.46)	(-1.89)	(5.48)	(0.84)	(4.71)
gdp	0.1947***	-3.2019	0.1782***	-8.2974	0.2731***	-12.1782***
	(6.71)	(-1.05)	(4.77)	(-2.95)	(7.62)	(-3.30)
l	-24.041***	-24.041***	18.7391**	-549.0035	6.8053	-2152.270**
	(-4.96)	(-4.96)	(-2.09)	(-0.77)	(0.68)	(-2.09)
h	0.2658	39.3910**	-0.4983**	57.2653***	0.6690***	-1.2962
	(1.59)	(2.27)	(-2.22)	(3.39)	(3.33)	(-0.06)

注：*、**、*** 表示在10%、5%和1%的显著性水平下拒绝参数不显著的原假设，括号内为各参数的t值。

表7—3显示了总资产收益率和年化加权平均净资产收益率的回归结果，表7—4显示了不良贷款率和拨备覆盖率的回归结果。同样，回归（4）和回归（7）为对全样本银行的分析，回归（5）和回归（8）为对4家系统重要性银行的分析，回归（6）和回归（9）为对样本银行中除系统重要性银行外的非系统重要性银行的分析。从表7—3可以发现，只有监管标准变化在10%的显著性水平下提高了系统重要性银行的总资产收益率，而对其余样本类型和年化加权平均净资产收益率均无显著影响，所以其结果与表7—2所得出的结果相同，监管标准变化对银行收益的影响不显著。

表7—4显示，监管标准变化提高了全样本银行的拨备覆盖率，降低了系统重要性银行的不良贷款率，提高了系统重要性银行的拨备覆盖率，提高了非系统重要性银行的不良贷款率，对非系统重要性银行的拨备覆盖率没有显著影响。而在表7—2中，监管标准变化对系统重要性银行风险的影响不显著，对非系统重要性银行风险的影响为负向。由此，稳健性检验

支持了上述结论,即监管标准的变化对银行资金运用效率的影响并不显著,降低了非系统重要性银行的安全性,没有对所有银行产生一个公平结果。同时,也为上述分析提供了有益补充,即监管标准变化虽然降低了非系统重要性银行的安全性,没有对所有银行产生公平的影响,但监管标准变化确实降低了系统重要性银行的风险和吸收损失的能力,对提高系统重要性银行的安全性存在一定的效果。因此,适度、公平的金融监管是金融业良序发展的保障。

第三节 金融包容与加强系统重要性银行监管

金融包容的宗旨是金融深化的前提,将排斥在金融范畴外的一切阻碍消除。金融包容有利于金融稳定,金融包容和金融稳定是相辅相成的,因此金融包容在一定程度上,可以起到金融监管的作用。

一 金融包容与金融稳定存在正相关性

(1) 金融包容的宗旨是让更宽泛的群体参与到整个金融活动中来,尤其是为弱势群体提供更基本的银行生命线性的金融服务。[①] 因此,在其为弱势群体提供金融服务的同时,也可以为诸多有融资需求的中小企业提供正常而基本的金融服务。可以将更多游离在影子银行等非正规金融体系的大量金融需求引入到正规金融体系中来,降低影子银行对金融秩序的负效应,防范非正规金融的风险。通过金融包容扩大金融供给,从根本上解决中小微企业融资难与弱势群体无法获得金融服务的问题,有利于分散经济增长风险,实现金融稳定。

(2) 零售存款是金融机构最基本也是最稳定的业务,通常情况下,低收入群体由于对金融风险厌恶,所以更倾向于到银行存款,而不做其他投

---

① 随着社会进入信息时代,人们直接使用现金的机会变得越来越少,以个人银行账户为基础的存款、转账、领取养老金这些银行基本服务已经成为人们生命线性的银行业务。

资，只要银行不被挤兑，零售存款可以成为抵御流动性风险的屏障，通过发展金融包容，吸收更多社会群体、带来更多零售存款，从而起到稳定金融体系的作用。

（3）只有将更多的社会群体、个人都纳入融资市场，金融才可以更好地发挥资金调配作用，金融资源配置可以达到最优，银行也可以发挥最大的中介作用。当所有公众进入金融市场时，会拓展金融消费者范围，从而形成更广阔的消费者群体，对提升公众金融资产的选择与议价能力有积极作用，有利于实现对金融消费者的保护，也有利于金融消费者的维权。而且，在有效金融监管框架下，金融包容还可以考虑诸如消费者获得金融安全、金融教育等金融服务（Cull，2012）。

二 金融包容与加强系统重要性银行监管并不矛盾

对系统重要性银行严格监管与金融包容理念并不矛盾。金融包容理念的运用是对系统重要性银行严格监管的补充。只有对那些"大而不能倒"的金融机构进行严格监管，抑制其负外部性输出的同时，运用金融包容理念促进非系统重要性银行发展，既可以加强对低收入人群的倾斜性扶持，又可以解决市场中的中小企业融资难问题，活跃经济。而且在严格监管系统重要性银行的同时，也应考虑到差异化监管，以此惠及其他非系统重要性银行，尤其是中小金融机构发展，通过推动不同类型、不同规模、不同机构各种比较优势的发展，为不同类型的资金需求者提供更高效的服务，有利于金融业发展。

深化金融包容，有利于规避系统重要性银行负外部性问题，促进金融稳定。系统重要性银行利用其规模巨大、关联性强、业务相较其他非重要性银行复杂的特点，滥用垄断地位，提供产品及服务时往往将高端消费者视为其所追求的盈利对象，并不能满足全民消费需求，也不能公平地为任何群体服务。而对非系统重要性银行来说，因为其规模小，业务简单，在一些业务上无法与系统重要性银行抗衡，更看重弱势人群业务，将每一个消费者视为上帝而提供系统重要性银行无法提供的服务。因此，非系统重要性银行多样化的存在形式，在一定程度上可以抑制系统重要性银行的垄断性，充分发挥竞争优势，降低系统重要性银行在市场中的不可替代性、集中度，减弱经济对系统重要性银行的依赖，有利于市场机制的完善，有

第七章　基于金融包容理念的系统重要性银行监管探究

利于解决市场失灵问题，促进中国金融业结构优化，形成公平、高效、包容的金融市场。

第四节　小结

本章的重点是厘清了金融包容与金融监管的关系，通过实证分析验证了《关于中国银行业实施新监管标准的指导意见》的出台对系统重要性银行监管的作用，但同时也带来了对非系统重要性银行监管的不公平，因此需要运用金融包容理念进行监管，在原银监会加强对系统重要性银行监管的同时，也要实施差异化的监管以鼓励非系统重要性银行的发展。

本章是上一章的延伸，美国发生次贷危机后，国际金融监管理念由微观审慎监管转向宏观审慎监管。美国《多德—弗兰克法案》也反映出监管价值取向由"系统风险优先"向"公共利益与系统风险并重"转变，"效率、安全、公平"日趋成为金融监管目标，即维护金融安全及稳定、保护投资者及其他社会公众的利益、维护公平及有序竞争成为金融监管的目标理念。因此在"效率、公平、安全"之间需要新的介质——金融包容理念，金融包容理念在世界范围内的兴起，正是对这种目标价值观的重新审视和转变。同时，金融包容所崇尚的公平监管目标有助于金融机构不唯利益至上、不对利润无限疯狂地追求，是破解金融危机中道德风险的正向激励因素，是一种具有约束力的监管新导向，是当前实现金融监管目标的重要手段。

金融包容不能简单地理解为普惠金融，而且金融包容与加强系统重要性银行监管也不存在矛盾，是对加强系统重要性银行监管的补充。金融包容还可以起到促进金融稳定、保护金融消费者的作用，从而达到金融监管的目的。因此在金融监管学的领域应引入金融包容这个法学的概念，基于金融包容理念构建金融监管体系，鼓励非系统重要性银行的发展，加强差异化监管，促进贫困地区金融发展，增加弱势群体获得银行生命线性金融服务，进而通过活跃金融市场，缩小不公平竞争，降低系统重要性银行对市场的垄断，减弱系统重要性银行负外部性。

本章的意义在于，第一，实证分析了原银监会出台的具有影响力的文件对中国银行业监管的有效性及公平问题，在一定程度上也是运用法经济学的研究方法对《关于中国银行业实施新监管标准的指导意见》外部性的论证。第二，提出金融包容的理念来进行金融监管，是对系统重要性银行监管的补充，有利于对系统重要性银行"道德风险"的防范。

第八章 构建中国系统重要性银行负外部性监管框架的建议

E.博登海默（1999）说过，"金融风险的防范、控制和化解离不开金融法律制度的建立、健全和有效执行"。本章基于外部性理论，旨在寻找构建中国系统重要性银行负外部性的监管框架对策：建立基于金融包容理念的金融监管体系，纠正系统重要性银行与相关利益关系人之间的权益冲突问题，完善系统重要性银行事后危机处置机制等，使系统重要性银行发挥金融正效应，促进经济发展。同时，通过践行金融包容理念下的社会责任，找到法律、经济之外的社会性的对策。而且从外部性法学发展来看，完善权利救济制度也成为负外部性问题法律解决的补充机制。

第一节 建立基于金融包容理念的金融监管体系

自2010年8月巴塞尔委员会首次发布关于金融包容问题的指引后，金融监管理论改革趋向越来越明了——从金融抑制走向金融深化，从金融排斥走向金融包容，金融包容理念将渗入金融监管中，也将成为重新梳理金融监管理论的一种新价值观。新形势下，未来金融监管改革，无论是立法还是监管实践，均应充分考虑金融包容。

金融包容理念作为后危机时代的一个新理念，无论是在理论研究层面，还是在实务政策层面，都有了新的发展，当前监管层对这一新理念高度重视，因此，运用金融包容理念来完善中国金融监管路径时，应将金融包容理念作为监管层的行动准则，并构建金融包容监管体系。

目前在国家层面，需要着手建立金融包容发展体系，第一，成立专门推进金融包容发展的部门,加强与国际及国内各部门的沟通与合作,提出发展战略、政策框架、路线图等。第二,借鉴现有发展中国家甚至是发达国家在构建金融包容发展评价体系方面的先进经验,立足于中国实际,收集全面数据,尽快开发中国金融包容数据库,制定出适应中国金融包容的评价指标和体系。同时,为促进金融包容评价体系的可操作性,应定期对各省各地区,尤其是农村偏远地区实行动态金融包容水平监测与考核,定期公开金融包容发展报告,健全金融包容披露机制,对评价不达标的地区,派专业人士及机构进行指导帮助。社会信用评价体系、支付体系等一系列基础性服务体系,也是金融包容评价指标构建的重要基础。

金融包容更深层的意义在于,金融包容与金融稳定、金融消费者保护三者之间存在正相关关系。因此,应将促进金融包容、维护金融稳定与保护金融消费者利益列为中国金融监管目标。

当前金融法亟须树立包容性监管理念,以金融包容理念来构建金融监管体系。金融包容监管理念是指监管部门应将金融包容作为一种监管原则、目标和手段,运用到对金融市场和金融活动的监管实施过程中而形成的思想及观念,而且不同的监管理念必然会形成不同的监管效果。如果按照现有金融监管理念来构建监管金融体系,必然以主流的评估方法、交易规则以及现有监管体制与监管规章来衡量。如此一来,金融资源仍将集中在系统重要性银行及其政策主导盈利性项目上。而且,系统重要性银行出于对竞争的无视、对利润的追求等诸多考虑,更倾向于对那些高价值客户提供金融服务,最终形成信贷集中、收入差距加大的局面,抑制小微银行的创新热情,客观上必然又形成了金融排斥。但是,如果以金融包容理念构建金融监管体系,监管部门在进行监管活动时,会考虑在其履行职责过程中如何实现该理念,并始终贯彻金融包容价值取向,将提高金融包容程度和水平作为第一要务。并且,应按照国际已有的包容性评估法则、交易规则,结合国内实践提出新的法则、规则来实施,具体手段是降低银行准入门槛、促进银行竞争、增加银行服务供给。通过构建金融包容理念的监管体系,金融资源将向有偿还能力、有利于社会持续发展的分散的资金项目倾斜,从而分散信贷,不再集中于系统重要性银行,达到金融公平的目的。

第八章　构建中国系统重要性银行负外部性监管框架的建议

第二节　构建纠正系统重要性银行与利益相关主体之间权益冲突的处置机制

《民法通则》第五条规定，"公民、法人的合法的民事权益受法律保护"。权益包括了权利和利益。系统重要性银行在倒闭时会产生强烈的负外部性，因此，需要法律予以规制。同时，在正常存续期，系统重要性银行与利益相关主体之间有着直接权益冲突问题，所以对系统重要性银行负外部性的防范，必须首先纠正系统重要性银行与利益相关主体之间的权益冲突问题，平衡系统重要性银行与利益相关主体之间的权利义务，这是防范系统重要性银行负外部性的基础。有效纠正系统重要性银行在存续期间与其利益相关主体之间的权益冲突问题，是防范系统重要性银行负外部性的根本。

在现代金融体系中，由于金融高度发达，各方参与主体都因金融交易而紧密地联系在一起，形成诸多债权债务网络关系，而且借助于银行主体之间最基础的信贷市场、资金拆借市场、支付体系等，银行与诸多利益主体交织在一起，同业金融机构、企业、消费者、纳税人、管理层等都成了其重要的利益相关者。其中系统重要性银行与非系统重要性银行、金融消费者、管理层、股东及债权人因诸多交易，有着直接的利益关系。此外，监管机构对整个金融市场及金融活动进行监督指导；纳税人所面临的问题就是当金融机构倒闭时，需要政府救助，纳税人即公民埋单（见图8—1）。

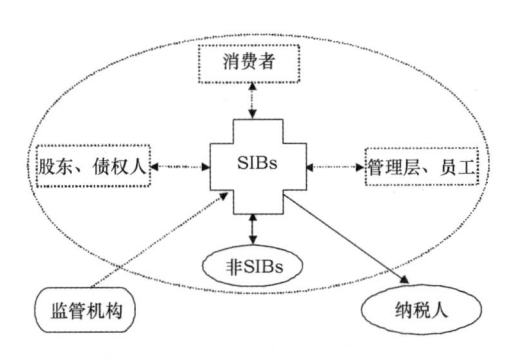

图8—1　系统重要性银行交织的利益相关者形成的权益关系

在众多利益相关者之间，系统重要性银行的权益冲突主要表现在四个方面，即系统重要性银行与非系统重要性银行之间的权益冲突关系、系统重要性银行与金融消费者之间的权益冲突关系、系统重要性银行与管理层和员工之间的权益冲突关系、系统重要性银行与股东及其债权人之间的权益冲突关系。每一种利益关系对应着一种权益冲突，由这种权益冲突所表示的社会关系就形成了对应的权利义务关系。纠正冲突，界定权利义务，是权益的核心。权益冲突问题的重要性在于其与金融市场效率优化、金融机构安全与稳健和投资者保护等重大问题紧密相关。

法律制度的构建是对不同主体权利义务调节机制的确认，权利义务调节机制是解决广泛权益冲突的有效手段。法律的重要作用就在于法律是一种权益衡量机制。系统重要性银行监管制度的核心是平衡系统重要性银行与非系统重要性银行、系统重要性银行与金融消费者、系统重要性银行与系统重要性银行管理层、系统重要性银行与系统重要性银行股东及债权人等各方面的权利义务关系。平衡系统重要性银行与非系统重要性银行的权益冲突，对其课之以特殊义务，限制其系统重要性、垄断性，而对非系统重要性银行则鼓励发展，扩展更多权利；平衡系统重要性银行与金融消费者的权利义务，就是要对金融消费者的权利进行保护；纠正系统重要性银行与其管理层之间的权益冲突，重点是完善系统重要性银行公司治理并对管理层加强薪酬控制；平衡系统重要性银行与其债权人的权利义务关系，主要是规范市场约束机制及构建系统重要性银行危机处置制度。

一 系统重要性银行与非系统重要性银行之间权利义务的界定与处置

系统重要性银行与非系统重要性银行之间的权益冲突表现为垄断性主体与竞争性主体之间地位不对等，而且系统重要性银行具有的"系统重要性"市场地位本身就加剧了其与非系统重要性银行之间的权益冲突，造成了典型的外部性问题。一方面，系统重要性银行具有先天优势，比如自身资金实力雄厚、人才素质高，因此在获取资金和融资成本、发行债券、信用违约掉期（CDS）、信用评级等方面具有强大优势，很容易取得规模经济效应，而且消费者也更乐于选择金融业务多元化的系统重要性银行。另

第八章 构建中国系统重要性银行负外部性监管框架的建议

一方面,在正常存续期间,系统重要性银行利用垄断地位,与非系统重要性银行开展不公平的竞争,采用掠夺性定价行为、价格歧视、产品捆绑销售并提供折扣等惯用手段,损害非系统重要性银行的利益。而系统重要性银行倒闭时,又会绑架政府,政府隐性的支持无疑会提高其资产收益水平,非系统重要性银行是无法与之比拟的,所以一定程度上,系统重要性银行与非系统重要性银行的竞争与能力、配置资本效率及服务客户效率并无关系,越是在市场动荡阶段,系统重要性银行的优势越是明显。总之,系统重要性银行的垄断性主要表现在滥用市场支配地位、与经营者达成垄断协议、经营者集中、行政垄断行为上,影响商业银行的创新能力,降低货币政策传导顺畅程度,使中小企业融资面临困境,侵害消费者合法权益。

因此,纠正彼此之间权益冲突的要点,对系统重要性银行与非系统重要性银行权利义务进行规制的核心,一是对系统重要性银行课予义务,限制、降低系统重要性银行的系统重要性,而不是争相成为系统重要性银行,使系统重要性银行逐步变得越来越不重要。同时对系统重要性银行的行为实行适当的限制性规制,对经营状况不佳的系统重要性银行限制其在市场中继续从事一定的经营性行为,甚至按照市场机制使其退出,防止低效率机构存续而产生恶性竞争。二是赋予非系统重要性银行更多权利,即培植小企业、分散市场、加强对非系统重要性银行的扶持,减弱系统重要性银行对市场的影响,形成没有复杂金融网络的经济体系,使更小、更简单地致力于有效服务客户的非系统重要性银行与系统重要性银行形成对立,从而更有利于金融市场良性竞争。通过界定系统重要性银行与非系统重要性银行的权利义务从而平衡二者间的权益冲突,有利于分配正义与矫正正义的实现,有利于国家权力、社会权力的实现。具体需要施以下几个措施:

1. 有效识别系统重要性银行

目前国内对系统重要性银行的评估因素主要考虑四大指标,即规模性、关联性、复杂性和可替代性。在实践中,普遍认为中国工商银行、中国农业银行、中国银行、中国建设银行、交通银行是中国系统重要性银行。周小川也曾指出,把交通银行作为一个临界点,对于规模小于交通银行的银行,可以将该银行的资产与交通银行的资产的比例作为国内系统重要性银行系数,并以此系数为标准来计算该银行需要的监管要求。①

国际国内通过颁布一系列建议、指导,通过指标法等对系统重要性银行进行定量识别、界定,但是在一定程度上确定系统重要性银行是人为主观的定性指标的选取,并不十分严格。系统重要性银行是市场经济竞争到达垄断的最终的自我选择过程,而政府无形中依赖并进一步纵容了系统重要性银行的信贷扩张,因此对系统重要性银行的监管是从私法过渡到公法的监管哲学。从法理上来说,为了体现公正,法律应该是一种客观的定量陈述。而这种客观描述,既离不开定量手段的测定,也离不开定性地对"重要性"的分析,定性分析必须以客观数据为基础,以防止监管者过大的自由裁量权,定量计算也必须肯定主观性分析的作用和地位,毕竟尽管是定量,但是很多时候数据的选取也是人为的,具有一定的伪客观性,更多地体现了监管者自身的判断。

评估方法的有效性和准确性会对监管政策的效果产生重大影响,通过评估可以促使对各金融机构系统性风险来源的确定,有助于识别会对经济产生严重危害的因素,并且能减少系统重要性银行因道德问题导致的系统性风险。因此,既不能宽松识别而遗漏真正的系统重要性银行,将其排除在监管体系之外,也不可过度识别,增加金融机构抵御风险成本和政府监管成本,阻碍非系统重要性银行的发展。对系统重要性银行的评估是一个长期过程,需要定期跟踪,并不断调整系统重要性银行名单,用以监测金融体系格局的变化。名单所划定的系统重要性银行范围过宽过窄都不宜:过宽会增加这些系统重要性银行的运营成本,降低机构运行效率,不利于盈利的实现,金融信贷量会因之而大幅减少,不利于金融对经济的有效支持与促进;过窄的话,防范系统性风险、维护金融稳定则难以实现。

2. 降低系统重要性银行重要性,规制其特殊义务

对系统重要性银行与非系统重要性银行权利义务进行规制的核心是限制系统重要性银行系统的重要性、降低系统重要性银行的规模、业务复杂性和风险关联度,推行简约经营模式,弱化系统重要性银行的系统重要性,加强对系统重要性银行的反垄断法规制,避免太大机构的存在。第一,对系统重要性银行实施严格的资本监管。2011年《关于中国银行业实施新监管标准的指导意见》对具有系统重要性的银行提出了审慎要求,包

---

① 周小川在2010年12月15日北京大学的演讲,中国人民银行官网。

括附加资本要求、流动性要求、杠杆比率限制等，并从提高最低资本要求的比例、推进高级资本计量方法等方面对系统重要性银行严格监管。降低系统重要性，降低市场集中度以平衡系统重要性银行的垄断地位，鼓励民间资本和一定比例的外资进入，加大系统重要性银行产权多元化的力度。第二，限制系统重要性银行规模及业务。对规模过大、业务过于复杂、风险关联度过高的系统重要性银行多加限制，强化系统重要性银行结构化限制，限制系统重要性银行从事高杠杆交易、结构复杂的业务。防止系统重要性银行盲目进行业务或规模扩张，审慎推进综合经营试点。而对于准备开展综合经营业务的系统重要性银行，必须提前设计必要的风险处置与清算机制，开展资产证券化与形成风险事前预防机制同时进行。制定系统重要性银行日常监管核心内容与流程，分割国内外市场，防止国内机构逃避监管将业务输出国外，也防止国外对国内市场的扰乱。第三，在未来的实践中，中国应借鉴"沃尔克规则"①，限制系统重要性银行自营交易服务，反对和禁止商业银行发展对冲基金和私募股权基金，限制金融衍生品交易等，对系统重要性银行在适度发展规模的基础上控制杠杆倍数，建立总风险敞口。

3. 基于金融包容理念实施差异化监管改革

原银监会从 2011 年开始陆续发布差异化监管相关规范，如《关于支持商业银行进一步改进小企业金融服务的通知》等，大力扶持小企业金融服务差异化监管，2015 年又出台了《关于做好 2015 年农村金融服务工作的通知》，旨在强化农村金融差异化监管。随着互联网金融的发展，2015 年《关于促进互联网金融健康发展的指导意见》等规章也相继出台，互联网金融也在差异化发展。《关于进一步深化小微企业金融服务的意见》中的 15 条措施更加明确具体。但由于中国的区位条件、资源禀赋、经济发展严重失衡，差异化监管制度改革困难重重，而且差异化监管更多是纸上行文。

中国在对非系统重要性银行尤其是中小银行的政策扶持或对不同大小银行资本监管的差异性上较为弱化，更多的是通过间接方式影响小企业贷

---

① "沃尔克规则"是奥巴马在 2010 年 1 月公布的，是由奥巴马政府经济复苏顾问委员会主席保罗·沃尔克提出的，内容是以禁止银行业自营交易为主，将自营交易与商业银行业务分离。奥巴马批准了他的这个建议，并把这项政策称为"沃尔克规则"。

款政策，提供资本监管优惠等一系列措施（比如鼓励发行小企业金融债、放宽小企业贷款资本要求），其出发点只是增大小企业金融服务力度，并非扶持非系统重要性银行。而且，在现有监管理念下中国银行业在监管引导上存在着较强的趋同性、一致性，具体体现在一系列监管指标及标准上。对系统重要性银行与非系统重要性银行来说，其监管指标和标准并无明显差异，资本充足率、不良贷款率等指标就可以充分反映和体现这一点，如《关于中国银行业实施新监管标准的指导意见》将系统重要性银行和非系统重要性银行的资本充足率分别提高到11.5%和10.5%。对于非系统重要性银行，过高的资本充足率流动性监管标准等，在一定程度上制约了非系统重要性银行的发展，非系统重要性银行不会增加创新，对视为有风险的企业或者没有担保的小微企业不予扶持，企业因此无法开展经营，社会创新动力不足、社会就业减少、社会福利受损。甚至由于从正规金融渠道无法融资，弱势企业或个人转而向民间借贷，甚至不惜以高利贷的形式解决燃眉之急，在加重企业或个人负担的同时，助长了影子银行的扩大。此外，在市场准入和业务资格条件设定上，系统重要性银行与非系统重要性银行也无显著区分，尽管目前中国人民银行试图规定差异化存款准备金，但仅由规模差异而决定的差异准备金，其显性效果并不能直接体现出来。

因此，深化金融包容，有利于调整金融资源的配置，促进公平正义的实现。实施差异化监管，有利于提高监管效率、提高监管有效性，有利于非系统重要性银行乃至银行业整体盈利增加及维护金融系统稳定。而且，基于金融包容理念构建差异化监管时，一定要侧重于激发银行等金融机构向贫困地区以及弱势群体提供金融服务的潜能，本着这样的原则制定相应的对策。鼓励非系统重要性银行中的中小银行加快发展，形成竞争；鼓励其他非系统重要性银行比如股份制银行、城市商业银行、村镇银行等现有银行的发展，成立小额贷款或担保公司、农村资金互助社等，及时提供支付便利、安全可靠的第三方支付机构等，发挥地方中小金融机构的优势，促进民间资本进入金融市场，弥补由于系统重要性银行垄断地位所引致的金融不公问题，促进中国金融体系为贫困阶层和弱势群体提供正义而又有效的金融服务。具体如下：

（1）强调对结构差异化的调整，弱化对资本充足率的依赖。在资本监管框架中，将对第一支柱过分倚重挪到第二支柱对资本的差异监管中来，

第八章 构建中国系统重要性银行负外部性监管框架的建议

协调好第二支柱与第一支柱的关系。而且应该向国外学习，直接对银行债务、资本范围进行界定，这样，差异化调整才会更有效，而不是通过对中小企业等政策扶持予以间接的引导。同时，对不同规模的银行，以及不同经营目标，应采取不同的调整措施。对系统重要性银行来说，主要是维持资本充足率稳定，同时调整其风险资本结构，实施多样化经营战略；对其他大型商业银行，鼓励其向轻资本方向发展；对于中型商业银行，可适当扩充其股本，并以次级债形式提高其资本量，有利于经营利润的提高；而对于城市商业银行，主要加强其增发股本空间，形成为中小企业服务的模式。此外，中小商业银行主要以优化治理机制为核心，鼓励民间资本进入这些领域，拓宽多渠道资金来源，重视对中小银行所有权结构的审查，进一步加大资本补充工具创新力度。而且，应结合不同行业、相关业务、特色，及国外国内已有规则，对不同的非系统重要性银行实施一定的资本监管，考虑到非系统重要性银行发展缓慢，在资本监管标准上不可过严，应适度将审慎监管扩至非系统重要性银行，促进中国金融业结构优化。

（2）统一同类银行监管标准和尺度，推进银行监管专业化。监管机构通过发展定位、按照资产规模对商业银行重新进行分类并分组评级，根据评级结果确定不同监管标准、程序和方式，实施分类治理，定期根据实际情况对分类标准进行调整。同时，对不同类型的银行确立不同发展目标，制订更专业的发展方案。比如针对小型银行，限制其脱离自身实力来盲目扩张，尽可能根植于本地市场，引导其向社区银行或专业银行发展，服务实体经济。建立小微支行、社区支行等便民服务网络，规范服务定价，部分符合条件的中小商业银行在加强并表监管与风险隔离的前提下，立足于自身发展战略与市场定位，审慎开展综合化经营。

（3）扩大资金分配、资金成本差异化等政策面支持。对专门服务于贫困地区的银行，国家可通过低利率资金对银行业实施差异化资金成本策略，给予特殊关照，降低小型银行、专业性银行的资金成本，通过专项信贷、基金或财政支持方式，改变金融资源错配情况，引导金融资源流向农村地区和中小企业。在风险可控、商业可持续的前提下创新金融服务模式，借助互联网、移动设备、大数据等网络信息技术广泛应用的新趋势，加强创新，比如探索围绕手机银行的新业务模式，规范发展互联网金融，支持中小商业银行开展业务治理创新，实现"部门银行"向"流程银行"的转变，利用差异化监管解决商业银行同质化经营问题。

（4）推进以小微金融机构为主体的金融包容体系建设。改变目前过于强调资产规模的准入指标体系，转向以风险为核心，引导民间资本积极参与微型金融服务，构建多样化、适度竞争的普惠金融间接融资服务体系。大力发展多种融资方式，提升其财富管理和风险管理能力，拓宽小企业多元化融资渠道；完善直接融资比例、规范发展小额贷款公司。鼓励政策性、商业性和合作性等金融机构加强合作，探索建立多样化的资本补充渠道。

（5）转变传统监管理念，构建分层监管体系。逐步完善中央、地方、行业等方面的管理制度，完成分层、分业和分类监管，从根本上转变金融监管"一刀切"的方式，明确区域监管立法位序，完善区域监管法律法规，改进监管手段和方法，推动金融改革深度。只有所有群体都能够公平地享有金融服务的权利和机会，才是有效的金融体系，才能实现金融改革的核心任务。

4. 对系统重要性银行在可行条件下征收银行风险税或征收金融危机责任费

征税的目的在于，通过税收由系统重要性银行最终承担起被救助成本，克服政府必须以纳税人的钱进行救助而导致的道德风险。征税是对系统重要性银行课予公法上的义务，是对其负外部性内部化处理的手段。征税既可以在事前，抑制金融机构过度冒险的动机，约束其降低风险程度，也可以在事后，使金融机构为其经营失败支付成本。中国的存款准备金制度在一定程度上起到了征收金融危机责任费的作用，是一种事前征税的形式，存款准备金作为中国人民银行使用的最主要的货币工具，对所有银行都适用。对系统重要性银行而言，与实施事前征税提高资本充足率的监管类似，只是增强了资产负债表的弹性。因此，可参照事后征税，将税收作为风险处置基金或政府预算的一部分，从而由股东和债权人而不是纳税人来承担机构倒闭的成本和损失。此外，关于征收金融危机责任费等的设计，监管机构可按照系统重要性银行业务的风险程度和对系统性风险的贡献程度，对其征收一定的系统性风险保险费，或者系统性税。

二 系统重要性银行与消费者之间权利义务的界定与处置

2011年10月G20巴黎峰会通过了OECD牵头起草的《金融消费者保

护高级原则》，奠定了危机后金融消费者保护的基础。从国际经验来看，英国《2012年金融服务法案》、美国《多德—弗兰克法案》是英美两国金融消费者保护的法律依据，尤其是2010年美国的《多德—弗兰克法案》对世界金融消费者保护起到了极大的促进作用。该法案第二百一十四条明确规定，纳税人资金不得被用于阻止任何金融公司的清算；在清算过程中，不得使纳税人利益遭受任何损失。

因此，为全面吸取国际金融危机的经验教训，我国这些年来一直在探索将金融消费者保护纳入监管体系。在与国际金融监管接轨的同时，原银监会、证监会、原保监会都对金融消费者保护进行了相关的推进。2012年，"一行三会"分别在内部增设专门的消费者保护部门，金融消费者保护监管框架得到确立，并在健全工作机制、规范经营行为、强化投诉处理、开展金融知识宣教等方面采取了一系列措施。2014年2月，原银监会印发《关于银监局银行业消费者权益保护监管工作的指导意见》，以完善消费者保护组织架构；8月，原银监会印发《银行业金融机构消费者权益保护工作考核评价办法（试行）》，以督促银行业金融机构坚持依法合规、内部自律。同时，监管机构及各家银行也在强化消费风险提示机制，比如原银监会与广播电台合作向社会公众宣传消费者保护、提示金融风险等；中国工商银行深入开展"送金融知识下乡"等活动；交通银行的消费者权益保护应急预案等制度。2015年5月《存款保险条例》颁布，存款保险实行限额偿付，最高偿付限额为人民币50万元，这一限额高于世界多数国家的保障水平，能为中国99.63%的存款人提供全额保护。在存款保险制度稳步实施的同时，也意味着从"政府隐性担保"而变为明确的对存款人权益的保障。2015年11月国务院办公厅发布《关于加强金融消费者权益保护工作的指导意见》，其中提出坚持审慎监管与行为监管相结合，建立健全金融消费者权益保护监管机制和保障机制，规范金融机构行为，培育公平竞争和诚信的市场环境，切实保护金融消费者合法权益，防范和化解金融风险，促进金融业持续健康发展。2017年7月召开的全国金融工作会议明确提出要更加重视行为监管，加快建立、完善有利于保护金融消费者权益的机制。

但是，从实践效果来看，原"一行三会"4个部门各自设立的消费者保护机构完全是各监管机构的内设部门，缺乏行政上的相对独立性；在监管方式上，因监管资源所限，消费者保护局主要负责制定消费者保护基本制度、处理消费者日常投诉、金融知识宣传教育等事项，难以对金融机构行为及金融产品实施日常监管并进行及时干预，监管有效性亟待提高。而且，随着金融市场的深化发展，金融创新活动不断涌现，金融产品与服务日益呈现出多样化、复杂化、混业化的特点，大多数金融消费者并未掌握与其自身财富水平相匹配的专业金融知识，金融机构与金融消费者之间的不对称、不对等加剧。尤其是近年来随着数字技术的进步，非法金融活动更具隐蔽性，对甄别金融消费者能力提出更高的要求。

事实上，系统重要性银行与金融消费者双方应受到同等的保护，二者应具有平等的地位，但是二者在交易中，有关商品和服务的交易条件都是由系统重要性银行事先规定的，作为强势一方的经营者会利用合同法赋予的权利侵害作为弱势一方的消费者的利益，消费者只能单纯地表示接受合同内容。具体表现是：第一，由于信息不对称等因素，金融消费者在与系统重要性银行进行交易时往往处于被动局面，有时完全依赖于评级机构的评级，或者对巨大规模的追求，并不能对金融工具及其衍生产品进行专业判断。第二，系统重要性银行对市场价格具有强大影响力，会随着系统重要性银行集团化、跨国化不断壮大，进一步增强了消费者的弱势地位。消费者与系统重要性银行在经济实力、信息占有和缔约能力等方面的不对称性，以及消费者的分散性、求偿能力的局限性和对系统重要性银行开发的复杂高科技产品的隐蔽性的不了解，致使金融消费者的弱势地位并不能从根本上得到扭转，只能使利益受损，比如系统重要性银行不能基于客户利益为其推销产品，而是以自身利益为第一要务；系统重要性银行往往违反为客户保密的义务，在系统重要性银行内部共享信息，等等。第三，一旦发生金融风险，对个体消费者而言，维权艰难，或者作为一个没有组织的群体，很难联合起来形成群体力量以对抗这种交易中的不公平。

因此，要纠正二者的权益冲突，就应为金融消费者在消费环节提供相应法律制度作为保障：赋予消费者更大的权利，完善消费者最基本的权利。同时维护消费者重要的权利，比如消费者公平交易权、自由自主权、请求赔偿权等，并且完善对金融消费者利益损害的救济机制，从而实现对金融消费者利益的保护。具体而言，应做如下工作：

1. 金融消费者定义

美国发生次贷危机前，鲜有提及金融消费者的概念，都是用金融投资者称呼，发生危机后金融消费者保护问题引起了各国的重视，多数国家更将投资者规范为金融消费者,根据消费者保护方面的法律对其进行规制。其出发点都是对金融市场上的弱势交易主体进行倾斜性保护,目的在于解决现代金融交易中存在的严重信息不对称问题。

《中华人民共和国消费者权益保护法》指出,应不分行业地对消费者实施统一保护,但消费者协会作为社会组织,保护消费者权益的能力有限,虽然强调了消费者个人,但却侧重于生活消费(见《中华人民共和国消费者权益保护法》第二条的规定),难以适用于金融领域,更奢谈对金融消费者的保护。无论是《中华人民共和国证券法》《中华人民共和国保险法》,还是《中华人民共和国银行业监督管理法》,以及2015年国务院办公厅发布的最高层级的文件《关于加强金融消费者权益保护工作的指导意见》(为数不多的涉及保护金融消费者权益的法律之一),对消费者保护的规定都只是原则性的,并未上升到国家法律法规层面,很难在实践中真正起到作用。此外,金融领域的相关立法,大都重视金融秩序和金融机构而忽视服务对象的重要性,鲜有从金融消费者的角度设计原则,金融消费者也很难有效地主张、行使和维护其个人权利,比如中国人民银行颁布的《关于银行业金融机构做好个人金融信息保护工作的通知》《关于加强电子银行客户信息管理工作的通知》和《关于银行业金融机构免除部分服务收费的通知》等制度,偏重对违法违规行为施以行政和刑事处罚,并无有效的民事救济途径。显而易见,这些都是行政规范性文件,而且只涉及金融消费者的部分权益,尚未形成体系性的或者全面的金融消费者保护制度。

从现有实践来看,由于资产证券瞬息万变,对投资人影响很深,所以证监会也时常发布一些提示(如入市需谨慎)或者披露一些信息来为投资人提供服务与支持。原保监会也会通过保险消费教育等形式开展消费者保护活动。保险机构与银行机构已开始使用消费者这一概念,但证券机构仍然沿用投资者的概念,基本不采用"金融消费者"这一词汇。从银行机构对消费者的保护来看,2015年出台的《存款保险条例》表明对消费者最高赔付限额为50万元。所以对在一家银行内存款超过50万元的消费者来说,在救济上存在一定难度,包括对存款以外的非保本的理财产品的投资增值金融服务,一旦发生损失,从原银监会已有的对消费者保护的相关零星规定来看,也要求由投资人自身来承担。

实际上,作为当代金融消费者权利保护的集大成者——美国《多德—弗兰克法案》,中国可借鉴其立法取向及相关经验,改变现有对金融消费者保护力度不足的问题。在对金融消费者的界定上，并不需要在消费者的概念上过多着墨，将之界定为个人或者代表个人行事的代理人、受托人或代表人即可，重要的是要加强对消费者金融产品或服务的详细规定，以确定金融消费者的范围。因此，中国对金融消费者的定义是"基于非营业目的，在满足个人、家庭消费的基础上，购买或使用金融产品和金融服务的自然人"，并且对其中所指的"金融产品和金融服务"的界定应较为宽松，基本上可涵盖整个金融服务领域。

同时，做出这个界定，在一定程度上也考量了当前及未来中国金融立法和相关实践。2011年原保监会内设保险消费者权益保护局，证监会增设投资者保护局，之前的这种消费者保护机构是由偏向于分业监管的趋势而形成的，而随着"一委一行两会"中国金融监管框架的落地，金融监管框架包括了国务院金融稳定发展委员会、中国人民银行、中国银行保险监督管理委员会、中国证监会。因此，在界定上，仍将资本市场中的投资者界定为投资者，并充分考虑证券投资者的特殊性及特点。而将资本市场以外的金融领域，尤其是其中从事零售个人业务的自然人视为金融消费者，包括存款人、银行卡持卡人、贷款人、投保人等，这也符合当前的金融监管模式。

2. 构建监管框架，明确监管主体职责

在现行监管体制下，应首先提高消费者保护部门的独立性，明确其对金融活动实施统一行为监管。在统筹协调方面，国务院金融稳定发展委员会作为我国最高层级的金融监管统筹和协调机构，可以在加强横向部际监管协调、消除纵向监管分割等方面发挥重要的作用。具体而言，国务院金融稳定发展委员会可牵头建立行为监管及金融消费者保护日常协作机制，加强各方的信息沟通与共享，并在规制建设、日常监管、风险处置等方面加强分工协作，推动统一行为监管标准的制定，消除套利空间，填补监管空白。

3. 强化金融机构信息披露义务，保护金融消费者数据与隐私

金融消费者知情权是金融消费者权利体系的核心，由于信息不对称使消费者处于不利境地，金融消费者知情权常常受扰。而金融包容在一定程度上又会加大经验不足和脆弱消费者的风险，消费者没有充分的信息，极容易成为欺诈、掠夺性贷款等不公平交易行为的牺牲品，信息披露成为金融消费者权益保护的核心和重要保障。因此，信息披露机制是与保护

金融消费者利益息息相关的重要机制。第一，创设要求全体市场参与者充分披露信息的市场环境和制度，加强商业银行、保险公司和证券公司经营的信息管理，增大信息透明度，各类与存款人、投保人和证券公司客户利益相关的信息必须及时、客观、准确地披露。第二，对金融机构、评级机构和相关主体的经营行为依法监管，形成一个由信息披露义务、说明义务和适当性原则等金融机构民事义务构成的健全的信息披露法律责任追究和惩戒机制。第三，设立专门性金融监管机构，对金融消费者保护问题进行系统研究和规制，各金融机构进行严格控制和管理，同时加强对金融产业中自律协会的指导和督促。第四，既要营造金融公平交易环境，又要处理好信息披露与信息保密的平衡，保护消费者资产免受欺骗和误导及消费者数据和隐私，提高金融服务提供者及其代理机构的责任意识。在大数据时代必须特别重视对投诉数据的积累及应用，透过对有效数据的深入挖掘，充分发挥其指向性、预测性作用，准确把握当前主要矛盾及潜在风险隐患，实现对问题的前瞻性研判和及时介入治理，维护银行核心竞争力。

4. 拓展金融消费者受教育权利

消费者和银行之间在金融产品和服务方面存在的信息不对称使消费者处于不利境地。面对错综复杂的金融市场，金融消费者难以选择价格合理且适合自身的金融产品和服务，因此金融受教育权是金融消费者保护中最重要的一项核心权利。如何实现这种权利呢？第一，对于青少年、进城务工人员、中老年人、农村居民等群体因受教育水平的限制，往往难以识别金融风险及侵权行为，金融知识宣教应向上述群体重点倾斜；同时，金融知识宣教应增强敏感性，持续跟踪热点金融问题并总结相关风险案例，及时调整并更新宣教重点，做好风险提示。第二，将金融教育纳入学校课程，针对不同目标群体实行不同的金融教育，深化校园教育、开展若干金融教育试点计划，尤其是针对难以获得金融教育的人提供相关信息。第三，向广大消费者提供免费、公正的一般性财务咨询服务，同时多培养经纪人、贷款人员或金融专业人士，由其直接对金融消费者提供金融教育普及宣传，以及提供规避金融产品风险的信息。第四，鼓励社会参与、推进"社区金融学习"项目，印发金融教育和咨询服务的宣传材料，以推进金融知识的普及。

5. 提供投诉处理和救济途径，建立完善金融消费纠纷第三方调解机制

2013年11月，原银监会公布《消费金融公司试点管理办法》，2015年11月国务院办公厅发布了《关于加强金融消费者权益保护工作的指导意见》①（以下简称《指导意见》），提出金融消费者有知情权、公平交易权、依法求偿权、受教育权等八项基本权利。因此在制定总体性的金融消费者权益保护法或金融消费者保护条例时，第一，将《指导意见》作为立法的重要参照，设立专门的金融消费者保护机构，专职保护金融消费者权益，针对不同消费者群体提供不同法律援助及诉讼权利等。第二，充分运用好消费者投诉"大数据"，做好风险预警及研判，加快建立完善金融消费纠纷第三方调解机制。从国际经验来看，由于第三方纠纷调解机制具有中立性、专业性、高效性等优势，因而在化解消费纠纷、维护社会稳定方面发挥着重要作用。近年来，我国金融消费纠纷呈快速增长态势，为了给消费者提供更加公平、高效的纠纷解决渠道，各监管部门也在多个省份启动了第三方调解机构的试点。现在看来，为确保相关工作取得实效，调解机构在做实、做强纠纷调解职能的基础上，还可在政策研究、宣传教育、公众咨询等方面积极发挥作用，为众多金融消费者提供一站式、全方位的服务，由此不断提升社会公信力及影响力，并在时机成熟时向全国铺开。

三 系统重要性银行与其管理层之间权利义务的界定与处置

通常情况下，对于具有委托代理关系的系统重要性银行与管理层、员工，只要管理层按照代理协议、职责规定勤勉尽职，系统重要性银行与管理层、员工的利益是一致的。但是，在现实中，管理层与系统重要性银行却有不一致的利益取向。当然，如果系统重要性银行与股东可以无成本地监管管理层工作的话，一般来说，管理层也会为系统重要性银行有效率地工作，但是，股东与系统重要性银行不可能随时监管任何一个员工的行为。因此，由于管理层拥有更充分的信息，管理层追求的是自己的目标而不是系统重要性银行的目标，可能会为了一己之利，发生损害系统重要性

---

① 虽然使用了金融消费者这个定义，但是依然没有对金融消费者进行界定。

第八章 构建中国系统重要性银行负外部性监管框架的建议

银行的行为。如果系统重要性银行流动性问题不可避免，欺诈等就成为管理层恶意管理的必然做法，或者掩盖系统重要性银行过去或者当期的亏损而继续分配红利，以迷惑股东；或者改变由系统重要性银行或管理层部分拥有的公司所有权关系，来保证自己的利益得以最大化地实现；而且在系统重要性银行风险激励型薪酬机制下，管理层并不会选择从事规避风险行为，而是热衷于从事高风险业务，这与公司股东存在极大的利益冲突，而且管理层也熟知存款保险以及央行作为最后贷款人的安全网保护作用，逆向选择、道德风险由此发生。

平衡系统重要性银行与系统重要性银行管理层之间的权益问题，需要确立合理的公司治理结构，以强化系统重要性银行内部治理和风险防范。公司治理实则就是通过一种良性的制度安排，确定所有者与经营者、股东与员工之间的权利义务关系，并在他们之间合理分配权利义务（OECD Principles of Corporate Governance，2005）。因此，要充分关注机构中利益相关者的权利、责任和影响，提升公司治理水平，强化系统重要性银行内部风险管理、完善薪酬激励机制、提高监管人员素质。具体而言，应采取如下措施：

1. 完善薪酬激励机制，推进公司化治理

管理层与系统重要性银行的利益并不是总能达成一致，在依据公司法完善优化公司治理结构和管理制度、做好内控的同时，还要完善薪酬激励机制。薪酬与公司治理之间的关系是，通过限制薪酬加强系统重要性银行公司治理，实现管理层与系统重要性银行及其股东之间权利义务的平衡，也即以管理层薪酬控制为重点，完善系统重要性银行公司治理，保证银行内部权利相互制衡。

2002年美国出台了《萨班斯—奥克斯利法案》，该法案代表了对公司治理的高度管控，也是内部控制制度的典范。但是在美国发生次贷危机前后，金融机构高管薪酬问题引起了广泛关注，《多德—弗兰克法案》特别针对该问题进行了规制，在一定程度上也是对《萨班斯—奥克斯利法案》在薪酬问题上的弥补。

就中国2010年发布的《商业银行稳健薪酬监管指引》来看，目前，中国并未将薪酬管理纳入银行公司治理的范畴，原因主要是现有的银行高管模式主要采用任命制，既不需要太多薪酬管理，也在一定程度上对银行经营不需承担过多责任。如此并不利于银行市场化运行，也容易增加金融犯罪风险。中国也亟须通过完善薪酬激励机制来推进银行公司化治理。第一，制定可调整的内部激励机制，使系统重要性银行的经营状况与高管薪酬一致，有奖就有罚，从关注短期业绩转向关注机构长期发展。第二，加强董事会建设，董事会需对银行全权负责，并对高级管理层进行监督，始终使系统重要性银行的经营战略目标、方针、标准与董事会的决定一致，对于偏离目标、偏好风险经营及时纠正。第三，系统重要性银行要及时监督和检查董事会职责，明确董事会对系统重要性银行的经营、管理、内控等承担最终责任，一旦发现有问题的行为，要加大对责任人的处罚力度，根据所负责任程度，做出不同层面的法律规制，对严重欺诈系统重要性银行的责任人行为，法律可以规定刑事措施。

2. 实施弹性薪酬管理，区别适用法律

对于薪酬管理，一是要注意私法意思自治精神，因为从私法来说，公法适用于系统重要性银行，其核心是意思自治，管理层薪酬的多寡并不应当由经济立法来确定。对于正常存续期内的系统重要性银行，薪酬管理应该充分尊重双方合意的结果，尤其是对于恪尽职守，为系统重要性银行的利益合理开展经营，并取得相当利润的管理层而言，限制其正常薪酬也是对其积极性的打击，并不利于系统重要性银行公司利益的长远发展。二是要注意公法进入时间。当系统重要性银行经营困难、盈利不佳时，甚至进入破产程序或清算程序时，风险预防机制发出警报，系统重要性银行的薪酬也应进入警报期，应适当降薪；如果经营持续恶化，就应对管理层的薪酬进行严格限制；完全破产时，应将管理层与系统重要性银行的利益交织在一起，共同承担由其经营不善带来的后果。

3. 形成利益制衡机制，优化股权结构

过于集中或过于分散的股权结构对公司治理都不利：当股权结构过于分散时，便会产生股东"搭便车"的问题，股东也就疏于对管理层进行监督；而当股权过于集中时，突出的问题是，小股东的利益和诉求根本无法得到满足，因为股权完全被控制在大股东手上，小股东只有听命的份儿。因此，应在股权分散和集中之间寻找到平衡点。同时，基于中国系统重要性银行股权结构的特点，政府对金融机构的持股比例应当科学评估，并适度降低。

4. 完善内控制度，提升从业人员素质

加强机构内控能力，明确每个交易员业务的操作流程和规则等，加强对办理业务的日常监督，严厉查处违规操作行为；建立起全面的金融衍生工具防范风险机制，定期对财务核算、信贷资产、软件运行进行检查，对交易员业务流程是否合规进行审查，以提高系统重要性银行在运行过程中对风险的敏感度和警惕性，防止风险蔓延。成立监督系统重要性银行的相对独立的和专门的稽核机构，建立系统重要性银行内部风险评估制度，加强机构内部风险宣传教育，增加工作人员的风险防范意识。

世界银行监管史一再表明，外部监管制度无论制定得多好，都无法阻止因贪欲、道德失控带来的风险，只有系统重要性银行的内在约束机制配合好，才会令监管及其效用大大提高。在系统重要性银行加强资本监管以增强其抵御风险的能力的同时，也减少了商业银行杠杆倍数，缩小了盈利空间，系统重要性银行管理层必会伺机寻找监管空白，实施监管套利。因此，系统重要性银行治理的目标在于保护股东的利益，规范管理层相关行为，更要以减少市场风险、维护金融体系稳定为目的。

四 中国系统重要性银行与其股东及其债权人之间权利义务的界定与处置

当系统重要性银行陷入破产困境时，股东与债权人考虑的是系统重要性银行股东的收益权与系统重要性银行债权人的债权能否实现，并尽可能使各自的利益最大化，但并不关注对系统重要性银行自身价值的保护。

系统重要性银行的股东既享有资产收益权，又享有剩余财产分配请求权，还可以通过股权转让实现其投资收益，即使系统重要性银行濒临破产，其原有股东的股权会被强行要求稀释，这些股东仍能从政府援助中获益。一定程度上法律对股东有限责任的保护使其并不太关注自身机构的运营状况，股东监督责任放松，无形中进一步放大了系统重要性银行追求高风险业务的行为。

系统重要性银行的债权人既是系统重要性银行的重要交易人，又是系统重要性银行的重要利益相关者，对系统重要性银行享有权利，当系统重要性银行陷入破产困境时，债权人完全可通过启动破产程序，促进债权的履行，维护自身权益。在这个过程中，一般情况下，债权人会密切关注债务人的偿付能力，行使自己的监督权利，因为系统重要性银行的偿付能力关系到债权人利益的实现。但是,债权人深知由于系统重要性银行自身的特点,政府为了避免因其破产而引发系统性风险,必然会进行财政援助,一旦所有债权人和交易对手方由于得到救助而免受损失,他们管理系统重要性银行的动机就会进一步降低,债权人放松监督责任,无形中进一步放大了系统重要性银行追求高风险业务行为。正是由于系统重要性银行债权人忽视行使自己的权利而不监督债务人积极履行其义务,在一定程度上助长了道德风险的发生。

因此,一方面,系统重要性银行对作为整体的债权人群体负有确保交易安全的责任,具体包括债权人的知情权、债权人公司利益求偿权等,系统重要性银行要在任何情况下对任一债权人都合法、善意、无过失地进行交易,切实履行依法订立的合同。另一方面,除了相关的公司法、金融机构破产条例等,要严格做出针对系统重要性银行股东和债权人的自救规定。

2008年国际金融危机爆发前,对于系统重要性银行股东及其债权人的相关法律规制相对较少,也没有太多认识。关于股东权利限制,各国立法中也都是做了概括性规定,但没有形成系统的股东权利限制制度,尤其是系统重要性银行危机处置中对股东权利限制内容不具体,缺少透明操作程序,不能约束系统重要性银行危机处置中股东滥用股权行为。危机爆发后,各国纷纷意识到系统重要性银行股东及其债权人会利用财政隐性救助而发生道德风险,所以开始重新审视并安排它们之间的权利义务关系,即在金融市场中重点完善系统重要性银行风险防范与市场化处置制度。

1. 基于股东的责任

明确股东在危机处置中的限制责任,是为了防止股东对公司实施损害行为。系统重要性银行股东权利限制是基于系统重要性银行的特殊性,并且考虑处置需要和金融稳定因素来对系统重要性银行的股东权利进行限制。处置机构通过运用恰当的处置工具和安全措施,对危机处置过程中股东享有的部分权利进行限制。美国联邦存款保险公司就被授权认为有必要时可更换经营者,并免除股东收益。《中华人民共和国公司法》第二十条,《中华人民共和国破产法》第七十七条,《中华人民共和国银行业监督管理法》第三十七条,《商业银行资本充足率管理办法》第四十条,《商业银行流动性风险管理指引》第八、第九条,都明确或暗示了对股东权利进行限制。《中华人民共和国公司法》明确规定股东不得损害公司利益、债权人利益及其他股东利益，《中华人民共和国破产法》特别强调企业重组期间的股权分配和转让限制，《中华人民共和国银行业监督管理法》则"限制分配红利和其他收入"和"限制有关股东"的权利。因此，金融监管机构应当根据《中华人民共和国银行业监督管理法》《中华人民共和国公司法》《中华人民共和国破产法》等相关法律的基本精神，针对危机处置时期，结合金融风险监管基本原则，对股东权利限制进行具体设置。限制可以分为直接的和间接的，直接限制是针对股东自己牟取私利的行为加以限制，间接限制是对为利害关系人牟利的行为加以限制。股东权利限制制度可以按照限制的具体内容、期限、操作过程、具体方式、法律标准等来设计。

要特别注意的是，为加强商业银行股权管理、弥补监管短板、防控金融风险，原银监会曾在2010年和2017年先后颁布《关于加强中小商业银行主要股东资格审核的通知》和《关于切实弥补监管短板 提升监管效能的通知》，2018年1月5日，原银监会再次出台了《商业银行股权管理暂行办法》（以下简称《办法》），延续既有思路，完善监管办法，对商业银行股权管理行为实施更为精细化的监管。《办法》将对商业银行经营管理有重大影响的主要股东作为监管重点，将主要股东界定为"持有或控制商业银行百分之五以上股份或表决权，或持有股份总额不足百分之五，但对商业银行经营管理有重大影响的股东"，并将主要股东及控股股东、实际控制人、关联方、一致行动人、最终受益人纳入商业银行的关联方管理，明确同一投资人及其关联方、一致行动人作为主要股东入股商业银行的数量不得超过2家，或控制商业银行的数量不得超过1家[①]，对主要股东提出明确要求，切实防范大股东违规干预商业银行经营管理现象。涵盖了信息披露、入股数量、持股期限、资本补充以及公司治理等方面，覆盖商业银行实质承担信用风险的各类关联交易类型，防止股东通过同业投资、资管计划等渠道转移、侵占商业银行资金的行为。其目的在于加强股东资质的穿透审查，并规定对违规不改正的股东采取限制股东权利、责令商业银行控股股东转让股权等，以通过信息披露、联合惩戒等方式，借助市场力量做好股权监管工作。

---

① 即"两参或一控"。

《办法》的出台建立健全了从股东、商业银行到监管部门的"三位一体"的穿透监管框架，成为强化股东监管的重要内容，对超过"两参或一控"范围的投资进行有序处置，可以从源头控制重大风险的形成，为商业银行安全稳健运行创造更为良好的制度条件。

2. 基于债权人的责任

债权人或投资者权利保护由法律的完善程度决定，这也是影响金融交易倾向的决定因素，因此应改善执法质量，提高执法效率，有效地保障投资者的权利（徐永前，2009）。对于系统重要性银行债权人，一方面，应适时、尽早披露信息，改变债权人行为，促使金融机构减少冒险行为；另一方面，应通过自救制度重新分配债权人的权利义务，让债权人承担债权可能不被清偿的风险，合理保护纳税人利益。政府救助系统重要性银行，通常情况下是以优先股的形式出现的，所以当用"优先股"救助缓解系统重要性银行流动性问题时，确实会让原有股东比例稀释，其权益大幅缩水，股东也在一定程度上承担了损失。但是，以"优先股"的方式进行救助时，债权人很少承担机构倒闭的损失，相反，政府只要救助，最终损失还是转嫁给了纳税人。因此，对于解决损失分担问题，可以通过完善自救措施，让股东和债权人共同分担损失。

从一般商事法律理论来说，只要不被法律禁止，任何企业都可以实施自我拯救。但是，由于在危机处置中系统重要性银行的特殊性，在确保关键功能持续、维护纳税人利益及降低系统性风险发生的前提下，可以在监管机构的指导下，实施一定的自救措施，起到自身恢复健康的作用，包括股东注资、发行自救债、启动债转股以及实施债务减记等。金融稳定理事会专门成立了自救机制工作组负责研究、审议自救机制的操作框架；同时，欧盟和美国联邦存款保险公司也分别在债务工具和强制可转换债方面进行了一些制度探索和设计。

债转股方式可以让债权人承担一部分损失，其核心就是合理分担机构损失责任，让股东和债权人承担更大的损失责任。债转股方式在降低机构道德风险、减少系统性风险的发生、维护纳税人利益等方面起到了重要的作用。具体而言：

（1）借鉴瑞士信贷银行发行可转换债的相关理论，在系统重要性银行自救债制度设计中，在明确自救债触发条件和可转换比例等内容的基础上进行合理的制度设计；参考欧盟关于自救债范围的规定，明确自救债范围，为系统重要性银行设计符合自身特征的自救债提供参考标准。并且，系统重要性银行在发行债务工具时，可以设定：当符合一定条件时，债务工具自动转化为股本。系统重要性银行资本充足率不满足监管要求时，可以通过增加损失缓冲减少系统重要性银行出现危机时对国家财政和纳税人的负担。同时，授权监管机构对系统重要性银行与其债权人之间的债权债务进行干预，当监管机构或处置机构发现在实施自救机制一定期限后没有达到自救效果时，监管机构或处置机构应该及时终止自救。

（2）完善自救安排的立法衔接，规范自救机制。应在金融机构破产条例中做出原则性规定，国务院、"一委一行两会"、存款保险机构及其他相关部委等，制定专门的"关于金融机构自救制度的实施条例"，自救安排中涉及的一切问题，都应纳入市场化处置措施中予以解决。条例可针对自救安排的具体条件、实施程序、所针对的债权范围及幅度做出规定。当然，对于相应监管机构也应予以规定。在此基础上逐步完善，构建起适合中国国情的自救条例。

总之，金融监管立法改革要从对各主体的权利保护着手，使其落到实处，这也是银行业市场稳定和繁荣发展的前提条件。法律制度完善会使市场主体间的权利义务关系和相关法律责任更加明确，也能更好地约束和规范金融机构，对其准入资格、各方参与者的主体资格进行审核，对信息披露和风险控制加以管理，以减少市场中的不当行为。

第三节 健全货币政策和宏观审慎政策双支柱调控框架

在完善并逆周期调整宏观审慎政策方面，党的十九大报告创造性地提出"健全货币政策和宏观审慎政策双支柱调控框架"，为政策制定者调控宏观经济提供了更有效的思路和工具。

一 确保国务院金融稳定发展委员会监管的有效性

对于金融监管协调，市场并不陌生。早在2013年8月，国务院同意建立由中国人民银行牵头的金融监管协调部际联席会议制度。其具体职责包括货币政策与金融监管政策之间的协调；金融监管政策、法律法规之间的协调；维护金融稳定和防范化解区域性系统性金融风险的协调；交叉性金融产品、跨市场金融创新的协调；金融信息共享和金融业综合统计体系的协调，等等。2016年，金融监管协调部际联席会议制度继续深入推进金融监管政策、措施、行动的统筹协调，不断增强金融监管合力和有效性，在防范系统性金融风险和促进金融更好地服务实体经济等方面发挥了积极作用。2017年全国金融工作会议决定设立国务院金融稳定发展委员会，迈出了金融混业监管的第一步，解决了之前监管机构之间、中央和地方之间缺少一个实体性的、制度化的统筹协调机构的问题，符合当前我国金融业的需要和实际，可加强监管协调与决策机制的建设，发挥防范金融风险的作用。

国务院金融稳定发展委员会主要解决以下问题：一是统筹系统重要性金融机构和金融控股公司，尤其是对这些机构进行审慎管理的统筹。将所有金融业务都纳入监管，尤其在创新和交叉性金融业务监管上，强化金融监管的专业性、统一性、穿透性，加强中央银行对系统重要性金融机构和金融控股公司的功能监管，实现对新型金融业态的监管全覆盖。二是统筹各类金融基础设施和金融信息数据，比如支付、清算、交易等基础设施能够为整个金融体系所共享。三是统筹协调监管机构之间、监管机构与其他部门之间的权责利，以及面对跨域业务的监管合作问题。四是统筹中央监管与地方监管的分工和协调问题，形成多层级的监管框架。五是积极参与国际金融规则的制定，统筹监管标准的内外差异，避免产生政策的负外部性。坚持自主、有序、平等、安全的方针，稳步扩大金融业双向开放，加强对金融风险外溢性所带来的外汇和资本跨境流动冲击的科学监测和有效应对。

此外，从长远来看，国务院金融稳定发展委员会的工作不仅限于监管沟通与协调，而且要对"一行两会"无法达成一致的金融监管领域内的重大问题进行决议，相应配备宏观审慎政策研究团队，统筹制定宏观审慎政策，切实提升金融监管的权威性和有效性。

二 加强"货币政策与宏观审慎政策"的协调性

就宏观调控而言,货币政策长期担当主角。而双支柱调控框架则将宏观审慎政策与货币政策并列,表明宏观审慎政策在当今的宏观调控中具有重要地位。为什么需要双支柱调控框架?因为,货币政策与宏观审慎政策有着紧密的联系。一方面,货币政策会通过货币传导机制作用于资产价格、市场利率和汇率等,从而影响宏观审慎政策制定;另一方面,宽松或紧缩的宏观审慎政策决定了货币政策的操作空间。货币政策调节金融市场运行和金融机构行为,目的是调节宏观经济运行。宏观审慎政策则从时间和空间两个维度进行逆周期和跨市场调控,其目标是整个金融业和金融市场,可以在控制系统性金融风险方面发挥主导和关键作用。货币政策与宏观审慎政策双支柱调控框架,将更好地发挥金融管理部门和地方政府的作用,更好地将币值稳定和金融稳定结合起来,加强金融统一监管和协调监管,以有效平衡经济周期和金融周期调控,将从根本上大幅提升我国系统性金融风险的防控能力。

从全球来讲,双支柱调控框架还是一个不断探索的过程。尽管我国已开展了上述几个方面工作,但在制度、规则设置、政策协调等方面做得还不够好。正如金融部门、房地产部门和外汇部门等都可能产生系统性金融风险,所以相对应的逆周期资本缓冲、杠杆率、动态贷款损失拨备、贷款价值比、偿债收入比、房地产相关税收、流动性缓冲要求、准备金要求、外汇流动性费用和跨境融资杠杆率等都被纳入宏观审慎政策工具箱。但是目前这些宏观审慎政策工具分别由"一行两会"和财政部各自独立制定和实施,缺乏有效的沟通和协调,很难达到理想的政策效果。再如我国央行肩负制定、管理货币政策、宏观审慎政策的职责,即双支柱调控政策。然而,在现行银行货币制度下,银行存款构成货币的主体,规范而理性的银行微观行为,成为落实货币政策和宏观审慎政策的前提。因此,对银行微观行为的调节与控制,是双支柱取得预期效果的关键因素,微观监管是宏观政策的"柱础",即"双支柱之础"。这也是近年国内外金融监管体系改革的主要逻辑。所以,作为双支柱调控框架的重要组成部分,宏观审慎政策与货币政策在实施中应各司其职、合理搭配、互为补充,还应与微观审慎监管相协调。毕竟这三个方面政策实施的直接目标都是针对金融机构和金融体系，尽管各有侧重，但仍有可能产生叠加效应，从而可能形成同步收紧或同步宽松的现象，进而有可能在政策效应的力度方面存在偏差。由于货币政策针对的是宏观经济运行，而宏观审慎政策的目标则是金融行业整体运行及其风险，由于二者目标工具不一致，如果政策缺乏协调，可能导致经济周期与金融周期背离，对政策效果产生抑制作用，对宏观经济和金融稳定产生不利影响。因此，应注意避免两种政策可能相向而行带来的政策效应。

第四节 践行金融包容理念下的中国系统重要性银行社会责任

随着企业社会责任逐渐为大家广泛认识，银行社会责任也就被提上了议事日程。事实上，银行本身具有准公共特性，也应当有高度的使命感与责任感，并承担一定的与其地位相一致的社会责任，而且新技术革命发展的内在要求，也促使通过社会责任的强化，推进银行在信息经济大潮里的发展。2008年国内13家商业银行联合签署的《全国股份制商业银行社会责任宣言》，明确了金融机构6项社会责任内容。最初银行的社会责任是指银行在效率追求、法律约束、道德伦理和社会公益等方面，对其长期发展过程中有利益关系的社会群体负责。现阶段的社会责任又赋予银行新理念。银行具有准公共特性，比一般公司具有更为强制性的社会责任，已是一个不争的事实。银行除了受到监管机构的监管外，还受到存款保险制度的保障，尤其是对系统重要性银行而言，中央银行作为最后贷款人，甚至会使用纳税人的钱进行救助。所以，系统重要性银行作为一个具有系统重要性的与经济社会关联性极强的准公共机构，在受到政府默认保护的同时，应该比一般公司或银行承担更多的强制性社会责任。《欧盟信贷机构设立及其业务经营指令》第26（1）条规定中提到了"公益"原则，欧洲法院认为"公益"包括消费者权益、工人利益保护、社会秩序和其他事项，此处的"公益"应该是对银行社会责任的最好诠释。但是如何落实这种"公益"？如何践行这种社会责任，并转化为具体对策呢？

一方面，《中华人民共和国公司法》第五条规定公司要承担社会责任，但却未规定具体通过何种方式来履行社会责任，公司在社会责任改造上并不具有操作性，目前对社会责任的履行与承担、片面地理解为通过公司单纯捐助资金、物资等来实现慈善捐款、保护环境等，实则并没有厘清本质，也才会有对银行社会责任是公益捐助捐款的简单认识。另一方面，规模程度不一、金融创新手段不一的银行，其所经营的主要业务仍然是吸收公众存款，系统重要性银行也不例外。公众的存款创造了银行盈利模式，也是银行的一切利益之源，因此，让所有的群体、公众都能获得由银行提供的最基本服务，正是这种利益的对价。从权利义务视角来看，系统重要性银行规模经济效应的产生，更使其有理由、有义务向特定地区和人群提供基础服务。但是，对系统重要性银行而言，它更多的是把公众存款投资到有利可图的地区、有利可图的经营活动，而忽视该地区的公众能否享受到银行服务，比如中小企业支持了经济的发展，创造了诸多就业，但是中小企业想获得相关贷款时，却是非常困难的。随着社会经济发展水平逐步提高，银行业务范围会扩大，系统重要性银行所承担的法定社会责任范围也会扩宽。对系统重要性银行，国家或者纳税人赋予了其太多经营优势，它应回馈公众，也有义务为这一地区的公众提供相应的贷款扶持，提供相应的参与经济活动、改善生存条件的银行服务，扶持该地区及公众发展。因此，在一定程度上，让所有群体，尤其是贫困地区弱势群体，都能获得银行的最基本服务，本身就是对金融包容理念的深化，更是银行践行社会责任具体、微观、可行、可操作的有效方式。当金融包容被确定为法定社会责任时，银行就可以根据一国社会、经济发展程度以及法律规定来解决其实施过程中涉及的准确性和可操作性问题。银行践行社会责任的路径如下：

（1）构建银行社会责任评价体系。对社会责任的履行应当融入银行的基本业务、结构治理、企业文化和制定的发展战略中，并从中探索和建立起银行的社会责任指标评价体系。中国社会科学院经济学部于2004年1月发布了《中国企业社会责任报告编写指南》《中国企业社会责任报告评级标准（2014）》，为构建该体系做出努力。

（2）对不同银行应要求不同的社会责任。中小银行在同业竞争中处于劣势地位，因此，它的社会责任在于稳妥地推进银行利润最大化的同时，尽可能关注社会公益事业，践行绿色银行理念。而股份制银行侧重于提升客户服务能力和水平，不断丰富产品体系，努力为客户提供定制化、差异化的产品和服务,以及绿色金融和开展公益等方面的产品和服务,国有大型商业银行尤其是系统重要性银行更应充分体现对国家、环境责任的履行,并在金融深化的前提下侧重于民生金融服务、普惠金融构建(甚至在依法纳税的基础上,为城市下岗工人提供小额贷款,帮助他们走出困境,这样既可以增加再就业者的收入,也可以为政府再就业工程提供有力的支持),拓展微观金融服务等体现公平的社会责任,深化金融包容理念的落实,促进金融改革。

(3)特别加强金融包容理念下系统重要性银行社会责任的践行。完善金融相关立法中对银行应承担社会责任的规定,将公众如何获得基本金融服务写入金融基本法规中,使银行履行社会责任更加法定化。同时对系统重要性银行做出明确具体的规定,要求其必须向弱势群体提供最基本的银行服务,这些服务甚至可以以列举的方式明确。系统重要性银行对这些服务负有强制缔约的义务,并根据年度或者季度盈利情况,规定这些业务的合理收费,对一部分地区及一部分人群实施免费或者低成本的收费,起到系统重要性银行对经济反哺的功能。

(4)鼓励、规范、监督金融机构,确保其履行社会责任。按照原银监会《关于加强银行业金融机构社会责任的意见》《中国银行业金融机构企业社会责任指引》以及对上市公司有关社会责任信息披露要求,编制企业社会责任报告,并经国际大型会计师事务所审计后公开披露。对《中华人民共和国银行业监督管理法》做出修订,明确特定监管机构对系统重要性银行不承担社会责任的惩罚措施,并根据国家或者机构编制的行业社会责任承担报告对上一年度不合标的系统重要性银行做出相应处罚。需要特别指出的是,对系统重要性银行规定在年度内完成几项或者一定额度的覆盖其区域的业务的目的是,保证系统重要性银行正常经营,而不使其成为公益实体。

中国银行业协会从2009年开始连续六年发布《中国银行业社会责任报告》,主要从加强社会责任管理、支持国家改革和经济发展、助推普惠金融、公平善待消费者、践行绿色低碳金融、热心支持社会公益、致力构建和谐劳动关系七个方面进行了介绍,展示了中国银行业金融机构承担社会责任的成果。通过各家银行披露的社会责任报告发现,银行社会责任理念在2013年悄然发生了变化:更加突出普惠金融,公平善待消费者。因此践行社会责任与推动金融包容发展有着异曲同工的作用,尤其在中国占据金融资产主要地位的银行,以及在银行体系中占有绝对地位的系统重要性银行,践行社会责任有着深远意义。

当金融机构负外部性成为道德危机的温床时,当"效率、安全、公平"的监管目标屡屡遭受挑战时,当为追求利润最大化而漠视利益相关者的权利时,仅靠资本监管等外部约束,难以从根本上解决负外部性的难题。因为没有正确金融监管理念的制度安排,仅是一时危机化解之策。同时,履行一定的社会责任对金融包容发展、普惠体系的构建,以及正处于金融深化的当前中国,都有非常重要的风险防范作用,是其隔离风险的一道重要屏障、一面防火墙。

第五节 完善股东及存款人权利救济制度

基于监管机构对政府救助的预期,监管机构会懈怠于对系统重要性银行进行监管或者发生权力寻租现象,造成系统重要性银行道德风险的发生;而且监管机构制度的不合理,也会造成对金融机构的侵害。并且从负外部性解决的法学发展理论来看,也需要完善权利救济制度。因此,完善股东及存款人权利救济制度,赋予股东、存款人救济权利,有助于促进监管制度的合理制定,有助于避免道德风险的发生,也有助于避免因监管制度本身不合理而引发新的社会成本。

当前关于金融监管的相关法律法规,均是基于假设金融监管机构制定的监管制度对解决系统重要性银行外部性是有效的而论证的。通常,对一项制度是要按照成本收益法进行评估测算的,运用成本收益分析方法约束金融监管机构制定监管政策的行政裁量权不被滥用。从金融监管国际经验来看,成本收益法是有效提高金融监管政策质量的最好手段。但法律为了"节省市场交易成本"而进行界权,在此过程中本身就存在一定的机会成本效率损失,甚至有时付出的成本可能更高,可见并不是所有法律制度都合理、有效。法律尚且如此,比其效力低很多级别的由监管机构制定的规章等更是存在这样的问题,因为政府不可能对每一项具体法规、制度运用成本收益法进行合理测算,而且更多时候也是无法测算的。以对全球系统重要性银行的监管为例,国际金融危机之后如何测算并量化系统性风险可能造成的损失已经成为金融监管成本收益分析的基础目标之一,但任务异常艰巨。当金融监管机构所制定的法规、规范性文件对金融机构,尤其是股东、存款人产生侵害时,机构、股东、存款人该不该实施侵权之诉呢?权利救济有无依据?

以存款人为例,通常情况下,基于市场失灵,当系统重要性银行倒闭破产时,法律给予了受害人获得被保险的权利,系统重要性银行的股东和债权人也应当承担系统重要性银行破产的损失,正常清算退出机制也是对市场失灵的最好干预,侵权通过存款保护制度也就完成了。当金融机构倒闭是由监管机构的过失而引起,且对受害人权益造成了极大损失时,存款人即使接受了存款保险制度给予的补偿,但侵害仍然很大,该如何行使自己的权利呢?实践中,各国受害人可以通过一定方式追偿监管机构的侵权责任。以美国为例,因为其存款保险额比较高,银行破产时存款人很少受到损害,由存款人提起的侵权之诉就非常少,但是却经常会有银行股东针对监管机构发起侵权之诉。和美国相反,英国由于存款保险限制相对较高,发生银行破产时,存款人的利益由存款保险制度所能带来的保障比较弱,此时存款人常常针对监管机构提起诉讼,以使其损失尽可能减小。因此完善权利救济相关理论,对制约监管机构的监管俘获、套利等行为有着重要的作用。

监管机构是银行利益相关者中重要的一类,甚至银行破产的损失(包括受害人股东、存款人、金融消费者)与监管机构有着密切联系。监管机构并不必然代表公共利益,现实中监管机构侵害股东及存款人的事件是存在的,如:监管机构一定程度上的不作为,就是法律上的消极义务,抑或是监管机构假借公共利益之名,强迫银行从事行政职责却造成严重坏账(比如2008年以后由地方债务引发的风险),更不要说监管机构主动侵权行为了,比如"监管俘获"的发生[1]。

而且,通常情况下,监管机构本身所具有的通过审慎监管使监管更有效的法定义务,使股东及存款人信任监管机构并创造了法定的期待。当监管机构的不法行为侵害了股东、存款人的利益时,由此而造成的损失是否

---

[1] 美国监管机构曾为了避免或延缓大量银行在其任期内破产,设计了针对问题银行破产的会计制度,以实现自身机构利益最大化,但结果就是不合理的制度加速并加重了问题银行破产的频率及程度。

第八章 构建中国系统重要性银行负外部性监管框架的建议

应该由监管机构承担呢？显然，监管机构应被视为次级侵权人，而且监管机构的过失行为在一定程度上会加重股东或存款人的损失，即使股东或存款人的损失多与银行经营不善有关。

让监管机构承担责任，在法律上并不会产生消极损害。同时，赋予受害人以损害赔偿，恰恰是对监管机构自利的一种约束。尽管监管机构责任豁免权是出于确保监管金融机构可以更好地、更有力地实施监督之责而设定的，但是宪法、物权法等赋予公民财产权利不受侵害却是权利救济制度的起点，也是约束监管机构、完善权利诉讼制度的基础。

从各国相关立法来看，实践中法定豁免大多都为监管机构开辟了一条免除承担责任的途径，无论是实体法上还是判例法上通过侵权之诉以期获得由市场竞争引起的银行股东求偿都是难以获得的。但从理论上来说，权利制度逐渐完善，是对监管机构行使侵权之诉的基础。首先，从国外来看，各国宪法大都规定了对财产权的保护，禁止政府滥用权力，因此，根据宪法获得救济也是权利保护的重要方式。其次，次贷危机后美国出台了《多德—弗兰克法案》，提出了对金融消费者等的保护，一定程度上为存款人或者消费者提供了权利行使的基础。英国还特别对股东权利限制做出说明，当股东认为权利受损时，可以遵循《欧洲人权公约》向政府相关机构申请赔偿。欧洲相关法令也规定了股东和存款人可以通过欧洲法院获得损害救济。完善股东、存款人权利救济制度并不是空穴来风，既符合时代人权发展的进步，紧随国际法律理念，在中国又有可实行的理论基础与实践。

因此，当前中国应完善相关侵权立法，完善当事人（股东、债权人、存款人等）的复议与诉讼救济制度，如果当事人认为行政处置权的行使超过了必要限度，侵害了当事人合法权益，那么当事人可以通过行政复议或司法诉讼方式寻求救济。这种程序上的权利救济应该受到法律的严格保障。这既符合权利救济的基本法理，又可以约束行政处置权的行使，防止权利滥用。但是，为了避免当事人滥用救济权利而影响危机处置程序的有序进行和处置效率，应该对当事人的救济制度加以必要限制：一是救济程序不能影响处置程序的进行，也即权利救济应该是一种事后救济；二是司法机关对当事人权利救济时，案件的审查应该为形式审查和合法性判断，也即在专业问题上，司法机关应该尊重行政处置机构的专业判断。

第六节 小结

本章的监管机制思路源于本书第三章对系统重要性银行负外部性问题破解的理论分析。本章的重点是基于上述理论分析，提出构建系统重要性银行负外部性监管框架建议。

（1）不同的监管理念必然会形成不同的监管效果。以金融包容监管理念构建金融监管体系，监管部门在进行监管活动时，会考虑如何实现该理念，并始终贯彻金融包容价值取向，将提高金融包容程度和水平作为第一要务。并且，按照国际已有的包容性评估法则、交易规则，结合国内实践提出新的法则、规则，具体手段是降低银行准入门槛、促进银行竞争、增加银行服务供给。通过构建金融包容理念的监管体系，金融资源将向有偿还能力、有利于社会持续发展、分散的资金项目倾斜，从而分散信贷，不再集中于系统重要性银行，达到金融公平的目的。

（2）运用法律手段，界定侵害主体和受害人的权利义务。对于系统重要性银行这个侵害主体，课予义务，即限制它的系统重要性、限制规模扩张等。对受害主体：非系统重要性银行、国家、纳税人（其中国家与纳税人是不特定主体）而言，则赋予它们更多权利。具体如下，针对非系统重要性银行，实施差异化监管，鼓励非系统重要性银行尤其是中小微金融机构发展，等等。针对国家这个不特定的主体，因确权太难，侵权之诉难以实现。因此，对国家赋予权利，转为判定对系统重要性银行课予义务，要求系统重要性银行践行金融包容下的社会责任，防范道德风险。对不同银行明确不同的社会责任，尤其对系统重要性银行做出更严格的社会责任规定。依据相应完善的金融立法，将社会责任法定化，对正处于金融深化的当前中国具有重要的风险防范作用。同理，针对纳税人（公民），要求系统重要性银行必须公平地为全社会成员尤其是弱势群体提供可获得的金融服务。

（3）系统重要性银行在倒闭时会产生强烈的负外部性，需要法律规制。有效纠正系统重要性银行在存续期间与其相关利益关系人之间的权益冲突问题，是防范系统重要性银行负外部性的根本。需要纠正并平衡系统重要性银行与管理层、消费者、债权人之间的权利义务关系，如界定金融消费者的外延，加强金融消费者权利保护；通过完善薪酬机制，区分适用薪酬，加强公司治理；形成有效的利益均衡机制，明确危机时期股东限制责任，加强股东对公司的监督，防止道德风险发生；设计合理的自救制度及工具，加强债权人对公司危机责任的承担，减小对纳税人的损害，从而完善防范机制。

（4）健全货币政策与宏观审慎政策双支柱调控框架。要确保金稳委监管的有效性，加强货币政策与宏观审慎政策之间的协调，形成职责清晰和协调高效的宏观审慎组织架构体系。而且，考虑到监管机构基于对政府救助的预期，会懈怠于对系统重要性银行进行监管或者发生权力寻租的现象，导致系统重要性银行道德风险的发生；抑或由于监管制度本身的不合理，造成对金融机构的侵害从而引发新的社会成本，因此，从负外部性解决的法学发展理论来看，也需要完善股东及存款人权利救济制度。

法律保护有助于支持金融市场发展，法律制度的完善与金融运行质量相关，因此，在从国际社会和其他国家移植其先进法律体系时，应结合本国经济、文化、法律等因素，因地制宜，实现本国法律制度的创新和完善。上述路径对中国金融监管改革、防范系统性风险、加强系统重要性银行负外部性监管具有参考价值。

第九章 结论与展望

第一节 结 论

本书回顾了美国次贷危机以来国际及国内系统重要性银行监管实践，阐述了中国系统重要性银行负外部性表现及其监管现状、存在的问题，提出运用金融包容理念进行监管，以防范系统重要性银行负外部性的输出。

第一，梳理了将经济学中的外部性引入法学后，外部性在法学中的由来、发展等，并在以往研究的基础上对法学负外部性的认识进行分析、探讨，明确提出了基于经济学概念的法学外部性的内涵及其本质，以及在运用法学手段解决外部性问题时的理论依据。同时，外部性问题并不是简单的经济学或者法学的问题，外部性问题更是社会性的，因此对于外部性问题应该运用多学科的视角去解决。

第二，金融监管的目标"效率—安全—公平"在金融监管史中不断兜转着，而当前宏观审慎监管理念的上升，不仅是安全、效率的优先，更体现了公平的内涵。金融包容理念在世界范围内的兴起，正是对这种目标价值观的重新审视和转变。同时，金融包容所崇尚的公平监管目标有助于金融机构不唯利益至上，不对利润无限疯狂地追求，是破解金融危机中道德风险的正向激励因素，是一种具有约束力的监管新导向，是当前实现金融监管目标的重要手段。

第三，提出构建中国系统重要性银行负外部性监管框架的建议：（1）建立基于金融包容理念的金融监管体系。当前中国应将促进金融包容、维护金融稳定与保护金融消费者利益列为中国金融监管目标，以金融包容监管理念构建金融监管体系，监管部门在进行监管活动时，金融机构才会考虑其在履行职责过程中如何实现该理念，并始终贯彻金融包容价值取向，将提高金融包容程度和水平作为第一要务。并且，按照国际已有的包容性评估法则、交易规则，结合国内实践提出新的法则、规则来实施，具体手段是降低银行准入门槛、促进银行竞争、增加银行服务供给。通过构建金融包容理念的监管体系，金融资源将向有偿还能力、有利于社会持续发展的扩大、分散的资金项目倾斜，从而分散信贷，不再集中于系统重要性银行，达到金融公平的目的。而且，运用金融包容理念监管与加强系统重要性银行监管并不矛盾。（2）构建纠正系统重要性银行与利益相关主体之间权益冲突的处置机制。运用法学手段，通过界定权利，平衡系统重要性银行与非系统重要性银行、管理层、消费者、债权人等之间的权利和义务，完善事前机制。降低系统重要性银行的系统重要性地位，基于金融包容理念实施差异化监管，鼓励非系统重要性银行发展，赋予其更多的权利；界定金融消费者的外延，加强金融消费者权利保护；通过完善薪酬机制，区分适用薪酬，加强公司治理；形成有效的利益均衡机制，明确危机时期股东限制责任，加强股东对公司的监督，防止发生道德风险；同时设计合理的自救制度及工具，加强债权人自身对公司危机责任的承担，减小对纳税人的损害。（3）健全货币政策与宏观审慎政策双支柱调控框架。确保国务院金融稳定发展委员会监管的有效性，加强货币政策与宏观审慎政策之间的协调性，形成职责清晰和协调高效的宏观审慎组织架构体系。（4）践行金融包容下的系统重要性银行社会责任。构建银行社会责任评价体系；对不同银行明确不同的社会责任，尤其对系统重要性银行做出更严格的社会责任规定，鼓励系统重要性银行提供生命线性的金融服务；依据相应完善的金融立法，将社会责任法定化等，鼓励、规范、监督金融机构，确保其履行社会责任。践行银行社会责任有利于金融包容的发展、普惠体系的构建，对正处于金融深化的当前中国具有重要的风险防范作用。（5）完善股东及存款人权利救济制度。完善相关侵权立法，完善当事人（股东、债权人、存款人等）的行政复议与司法诉讼救济制度，保障其可以通过行政复议或司法诉讼方式寻求救济。同时，为了避免当事人滥用救济权利而影响危机处置程序的有序进行和处置效率，应对当事人的救济制度加以必要限制：一是救济程序不能影响处置程序的进行，也即权利救济应该是一种事后救济；二是司法机关对当事人权利救济时，案件的审查应该为形式审查和合法性判断，也即在专业问题上，司法机关应该尊重行政处置机构的专业判断。完善股东及存款人权利救济制度，赋予股东、存款人救济权利，有助于促进监管制度合理制定，有助于避免道德风险发生，有助于避免因监管制度本身不合理而引发新的社会成本。从负外部性解决机制的法学发展理论来看，也需要完善权利救济制度。

第二节　展望

防范系统重要性银行引发的系统性风险是当前国际、国内金融理论界与实务界重点研究的内容之一，也是一个比较前沿的问题。本书围绕其展开负外部监管研究，但因为是从法学与经济学两个方面入手，考虑到写作中的体系安排、研究侧重点等问题，受时间与精力等因素所限，仍然存在一些缺陷或不足之处，留待后期思考与研究：

第一，运用经济学与法学等相结合的方法展开对系统重要性银行负外部性监管的研究。经济手段、法律规制并不能一劳永逸地解决负外部性所有的问题，系统重要性银行负外部性监管问题不应只运用经济学手段，或者法学方法单一处理，而应将二者结合起来，同时发展金融人文哲学理念，采取多视角的方式。因此，运用法学的思路赋予金融学的内涵，构建系统重要性银行负外部性监管的对策建议，同时，通过运用金融包容理念践行系统重要性银行社会责任作为经济、法律以外的对策，无疑是对当前系统重要性银行负外部性监管的有力补充。本书进行了一种新的尝试，但仍需在今后进一步论证、深入研究。

第二，运用金融包容理念，加强对系统重要性银行负外部性监管的研究。本书大胆地将当前国际金融关注的问题——金融包容理念引入对系统重要性银行负外部性的监管中，金融包容理念或者国内提出的普惠金融理念如出一辙，却又不甚相同。对于将盈利作为主要经营目标的银行而言，其本质还是追逐利润最大化的企业。因此，能否将金融包容理念真正运用到金融监管中去，有待进一步研究跟进。对"大而不能倒"的系统重要性银行来说，加强资本监管、实施宏观审慎监管是当前国际社会通行的做法，但是历次金融危机证明，即使再严的监管也无法阻止一次次危机的爆发，完全依靠现有的金融学常规监管理念是无法真正阻止危机的再一次爆发。而且金融包容理念强调的是过程公平比结果公平更重要，将金融包容理念运用到对当前系统重要性银行负外部性的监管中，是对现有国际从严监管的补充，也是负外部性本身的解决对策。金融包容由于兴起不久，中国的金融包容体系基础也尚未建立，因此继续跟进并研究运用金融包容理念进行监管是有意义的，也是任重而道远的。

第三，加强对系统重要性银行负外部性微观与宏观审慎监管的研究。基于国际系统重要性银行金融实践、国内金融环境，以及当前中国系统重要性银行负外部性，提出构建中国系统重要性银行负外部性监管框架的对策。但是，目前中国针对系统重要性银行负外部性的监管规范主要来源于《巴塞尔协议Ⅲ》或者是以 FSB 等为代表颁布的相关规定，而以美国、英国等为代表的西方发达国家，与中国的金融体系、金融体制有很大区别，西方国家的改革是"自下而上"，而中国的改革是"自上而下"。原银监会先后出台的一系列规范性文件是否一定有利于中国系统重要性银行的发展、负外部性的监管，也有待进一步检验。再如，宏观审慎政策的构成包括政策目标、评估工具、传导机制以及治理架构等。宏观审慎政策的逆周期调节工具包括资本水平和杠杆率等；跨市场调节工具则包括机构规模、业务范围、风险敞口以及流动性等。因此，宏观审慎政策的构建、完善是一项长期复杂的系统性工程。本书尽可能立足于中国实际来发现问题、解决问题，但是如何将这种对策建议落实到中国系统重要性银行负外部性的具体监管中，确实是一个艰难而又长期的过程，并非一朝一夕所能解决的，仍需在未来的时间里，进一步修正、设计、研究。

附　录

附表 1　银行业金融机构与五家系统重要性银行总资产、
　　　　　总负债（2006—2015 年）　　　　　　　　单位：亿元

总资产＼年份＼类别	2006	2007	2008	2009	2010
银行业金融机构	439500	531160	631515	795146	953053
SIBs	253493	286872	339614	423521	490176

总资产＼年份＼类别	2011	2012	2013	2014	2015
银行业金融机构	1132873	1336224	1513547	1723355	1993454
SIBs	558772	627134	686783	748479	823216

总负债＼年份＼类别	2006	2007	2008	2009	2010
银行业金融机构	417106	500763	593614	750706	894731
SIBs	188406	216885	248687	309970	359425

总负债＼年份＼类别	2011 年	2012 年	2013 年	2014 年	2015 年
银行业金融机构	1060779	1249515	1411830	1600222	1841401
SIBs	409579	456178	498091	538768	590640

资料来源：相关银行年报、原银监会年报。

附表2　　16家上市银行拨备覆盖率（2006—2015年）　　单位:%

年份	中国工商银行	中国农业银行	交通银行	中国银行	中国建设银行	中国光大银行	宁波银行	中信银行
2006	70.56	5.08	114.69	96.00	82.26	108.89	405.28	84.62
2007	103.50	93.42	95.63	108.18	104.41	113.14	359.94	110.01
2008	130.15	63.53	116.83	121.72	131.58	151.27	152.50	150.03
2009	164.41	105.37	151.05	151.17	175.77	194.66	170.06	149.36
2010	228.20	168.05	185.84	196.67	221.14	313.38	196.15	213.51
2011	266.92	263.10	256.37	220.75	241.44	367.00	240.74	272.31
2012	295.55	326.14	250.68	236.30	271.29	339.63	275.39	288.25
2013	257.19	367.04	213.65	229.35	268.22	241.02	254.88	206.62
2014	206.90	286.53	178.88	187.60	222.33	180.52	285.17	181.26
2015	156.34	189.43	155.57	153.30	150.99	156.39	308.67	167.81

年份	中国民生银行	华夏银行	招商银行	上海浦东发展银行	兴业银行	北京银行	平安银行	南京银行
2006	116.62	84.10	135.61	151.46	126.03	87.27	47.63	107.25
2007	113.14	109.27	180.39	191.08	155.21	119.88	48.28	146.88
2008	150.04	151.22	223.29	192.49	226.58	180.23	105.14	170.05
2009	206.04	166.84	246.66	245.93	254.93	215.69	161.84	173.74
2010	270.45	209.04	302.41	380.56	325.51	307.12	271.50	234.71
2011	357.29	308.21	400.13	499.60	385.30	446.39	320.66	323.98
2012	314.53	320.34	351.79	399.85	465.82	419.96	182.32	316.74
2013	259.74	301.53	266.00	319.65	352.10	385.91	201.06	298.51
2014	182.20	233.13	233.42	249.09	250.21	324.22	200.90	325.72
2015	153.63	167.12	178.95	211.40	210.08	278.39	165.86	430.95

资料来源：Wind数据库、相关银行年报。

附表3　　16家上市银行不良贷款率（2006—2015年）　　单位:%

年份	中国工商银行	中国农业银行	交通银行	中国银行	中国建设银行	中国光大银行	宁波银行	中信银行
2006	3.79	23.43	2.01	4.04	3.29	7.58	0.33	2.50
2007	2.74	23.57	2.05	3.12	2.6	4.49	0.36	1.48
2008	2.29	4.32	1.92	2.65	2.21	2.00	0.92	1.36
2009	1.54	2.91	1.36	1.52	1.5	1.25	0.79	0.95
2010	1.08	2.03	1.12	1.1	1.14	0.75	0.69	0.67

续表

年份	中国工商银行	中国农业银行	交通银行	中国银行	中国建设银行	中国光大银行	宁波银行	中信银行
2011	0.94	1.55	0.86	1	1.09	0.64	0.68	0.60
2012	0.85	1.33	0.92	0.95	0.99	0.74	0.76	0.74
2013	0.94	1.22	1.05	0.96	0.99	0.86	0.89	1.03
2014	1.13	1.54	1.25	1.18	1.19	1.19	0.89	1.30
2015	1.5	2.39	1.51	1.43	1.58	1.61	0.92	1.43

年份	中国民生银行	华夏银行	招商银行	上海浦东发展银行	兴业银行	北京银行	平安银行	南京银行
2006	1.23	2.73	2.12	1.83	1.55	3.58	7.98	2.47
2007	1.22	2.25	1.54	1.46	1.15	2.06	5.62	1.79
2008	1.20	1.82	1.11	1.21	0.83	1.55	0.68	1.64
2009	0.84	1.50	0.82	0.80	0.54	1.02	0.68	1.22
2010	0.69	1.18	0.68	0.51	0.42	0.69	0.58	0.97
2011	0.63	0.92	0.56	0.44	0.38	0.53	0.53	0.78
2012	0.76	0.88	0.61	0.58	0.43	0.59	0.95	0.83
2013	0.85	0.90	0.83	0.74	0.76	0.61	0.89	0.89
2014	1.17	1.09	1.11	1.06	1.10	0.86	1.02	0.94
2015	1.60	1.52	1.68	1.56	1.46	1.12	1.45	0.83

资料来源：Wind 数据库、相关银行年报。

附表4　16家上市银行存款总额（2008—2015年）　　单位：亿元

年份	中国工商银行	中国建设银行	中国农业银行	中国银行	交通银行	中国光大银行	宁波银行	中信银行
2008	82234	60974	60974	51734	63759	6259	762	9458
2009	97713	74976	74976	66850	80013	8077	1108	13419
2010	111456	88879	88879	75392	90754	10632	1458	17308
2011	122612	96220	96220	88180	99875	12253	1767	19681
2012	136429	108629	108629	91740	113431	14269	2076	22551
2013	146208	118114	118114	100978	122230	16053	2553	26517
2014	155566	125334	125334	108852	128987	17853	3065	28496
2015	162819	135384	135384	117292	136685	19938	3557	31828

续表

年份	中国民生银行	华夏银行	招商银行	上海浦东发展银行	兴业银行	北京银行	平安银行	南京银行
2008	7858	4853	12506	9473	6324	3158	3605	627
2009	11279	5817	16081	12953	9009	4469	4546	1021
2010	14169	7676	18972	16387	11328	5577	5629	1397
2011	16447	8960	22201	18511	13453	6142	8508	1664
2012	19262	10360	25324	21344	18133	7138	10211	2137
2013	21467	11776	27753	24197	21703	8345	12170	2601
2014	24338	13032	33044	27240	22678	9228	15332	3683
2015	27323	13517	35717	29541	24839	10223	17339	5042

资料来源：Wind 数据库、相关银行年报。

附表5　16家上市银行存贷比（2008—2015年）　　单位：%

年份	中国工商银行	中国建设银行	中国农业银行	中国银行	交通银行	中国光大银行	宁波银行	中信银行
2008	56.40	59.50	50.84	61.30	65.29	74.86	64.49	70.30
2009	59.50	60.24	55.19	70.30	71.97	78.15	69.40	79.41
2010	62.00	62.47	55.77	70.20	72.10	71.63	66.22	73.04
2011	63.50	65.05	58.50	68.77	71.94	71.67	66.62	72.87
2012	64.10	66.23	59.22	71.99	72.71	71.52	67.74	73.74
2013	66.60	70.28	61.17	72.52	73.40	72.59	61.97	73.21
2014	68.40	73.45	64.61	72.97	74.07	70.10	64.12	76.78
2015	71.40	76.71	65.81	77.89	74.08	73.59	63.73	79.45

年份	中国民生银行	华夏银行	招商银行	上海浦东发展银行	兴业银行	北京银行	平安银行	南京银行
2008	83.78	70.44	70.75	73.64	70.82	57.98	78.70	61.60
2009	78.28	70.97	73.69	71.71	71.90	58.94	69.12	64.00
2010	74.64	67.00	74.59	69.96	71.21	58.22	69.23	60.04
2011	73.28	66.72	71.80	71.93	71.46	64.41	72.94	61.77
2012	71.88	69.51	71.37	72.21	66.50	68.19	69.61	58.63
2013	73.33	69.90	74.44	73.05	61.95	68.74	68.64	56.49
2014	74.48	70.65	76.08	74.46	64.76	71.41	65.39	47.43
2015	74.96	75.29	79.07	76.01	67.62	75.85	69.01	49.82

资料来源：Wind 数据库、相关银行年报、相关年份《中国统计年鉴》。

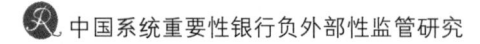

附表6　　　16家上市银行资本充足率（2014年、2015年）　　　单位：%

年份	中国工商银行	中国农业银行	交通银行	中国银行	中国建设银行	中国民生银行	华夏银行	招商银行
2014	14.53	12.82	14.04	13.87	14.87	8.59	11.03	12.38
2015	15.22	13.40	13.49	14.06	15.39	9.19	10.85	12.57

年份	上海浦东发展银行	兴业银行	北京银行	平安银行	南京银行	中国光大银行	宁波银行	中信银行
2014	11.33	11.29	11.08	10.86	12.00	11.21	12.40	12.33
2015	12.29	11.19	12.27	10.94	13.11	11.87	13.29	11.87

资料来源：Wind数据库、相关银行年报。

附表7　　　GDP与五大银行的存贷比（2006—2014年）　　　单位：%，亿元

年份	存贷比	GDP	中国工商银行	中国农业银行	交通银行	中国银行	中国建设银行
2006	60.25	217656.6	50.50	66.37	64.17	59.38	60.86
2007	63.81	268019.4	56.30	65.71	70.99	64.78	61.27
2008	58.67	316751.7	56.40	50.84	65.29	61.30	59.50
2009	63.44	345629.2	59.50	55.19	71.97	70.30	60.24
2010	64.51	408903	62.00	55.77	72.10	70.20	62.47
2011	65.55	484123.5	63.50	58.50	71.94	68.77	65.05
2012	66.85	534123	64.10	59.22	72.71	71.99	66.23
2013	68.79	588018.8	66.60	61.17	73.40	72.52	70.28
2014	70.7	635910	68.40	64.61	74.07	72.97	73.45

资料来源：Wind数据库、相关银行年报。

附表8　　　16家上市银行成本收入比（2007—2015年）

单位：%

年份	中国工商银行	中国农业银行	交通银行	中国银行	中国建设银行	中国民生银行	华夏银行	招商银行
2007	34.48	33.52	40.26	38.07	35.92	46.26	40.39	35.05
2008	29.54	44.71	39.38	33.55	30.71	42.55	41.41	36.78
2009	32.87	43.11	38.87	37.15	32.90	42.17	44.88	44.86

续表

年份	中国工商银行	中国农业银行	交通银行	中国银行	中国建设银行	中国民生银行	华夏银行	招商银行
2010	30.61	38.59	31.12	34.16	31.47	39.48	43.41	39.90
2011	29.38	35.89	30.13	33.07	29.79	35.61	41.89	36.19
2012	28.56	36.76	29.71	31.81	29.57	34.01	39.95	35.98
2013	28.03	36.30	29.35	30.61	29.65	32.75	38.93	34.36
2014	26.75	34.56	30.29	28.57	28.85	33.27	37.57	30.54
2015	25.49	33.28	30.36	28.30	26.98	31.22	35.01	27.67

年份	上海浦东发展银行	兴业银行	北京银行	平安银行	南京银行	中国光大银行	宁波银行	中信银行
2007	38.62	36.53	25.03	38.93	30.25	31.81	36.48	34.89
2008	36.69	34.90	23.40	35.99	25.39	33.61	40.23	32.98
2009	35.99	36.69	26.27	41.76	31.29	39.30	41.37	39.95
2010	33.06	32.91	30.30	40.84	30.46	35.44	38.14	33.82
2011	28.79	31.95	26.35	39.99	30.97	31.95	36.38	29.86
2012	28.71	26.73	25.78	39.41	29.86	29.97	34.13	31.51
2013	25.83	26.71	25.51	40.77	31.03	31.58	34.86	31.41
2014	23.12	23.78	24.65	36.33	27.91	29.82	32.07	30.32
2015	21.86	21.59	24.99	31.31	24.10	26.91	34.03	27.85

资料来源：Wind 数据库、相关银行年报。

附表9　16家上市银行利润总额（2007—2015年）　　　单位：百万元

年份	中国工商银行	中国农业银行	交通银行	中国银行	中国建设银行	中国民生银行	华夏银行	招商银行
2007	115114	78257	31038	89955	100816	9212	3820	21043
2008	145301	52349	35818	86251	119741	10488	4006	26759
2009	167248	73928	38240	111097	138725	15656	4827	22384
2010	215426	120734	49954	142145	175156	22976	8007	33343
2011	272311	158201	65451	168644	219107	37175	12527	47122
2012	308687	187927	75216	187380	251439	50652	17251	59564
2013	338537	214174	79909	212777	279806	57151	20705	68425
2014	361612	232257	84927	231478	299086	59793	24003	73431
2015	363235	230857	86012	231571	—	60774	25205	75079

续表

年份	上海浦东发展银行	兴业银行	北京银行	平安银行	南京银行	中国光大银行	宁波银行	中信银行
2007	10758	10910	69452	37718	1063	8390	1185	13140
2008	15303	14037	71622	792	1740	7920	1523	17679
2009	17296	17229	8601	6190	1871	10493	1749	19265
2010	25280	24005	11397	7948	2829	17111	2948	28695
2011	35839	33664	14769	13257	3910	24211	4035	41590
2012	44754	46193	14770	17550	4958	31590	5098	41609
2013	53849	54261	16815	20040	5608	34421	6051	52549
2014	62030	60598	19850	26194	7057	38554	7007	54574
2015				28846	9019	39358	8015	54986

资料来源：Wind 数据库、原中国银监会年报、16 家银行年报。

附表10 16家上市银行加权平均净资产收益率（2007—2015 年） 单位：%

年份	中国工商银行	中国农业银行	交通银行	中国银行	中国建设银行	中国民生银行	华夏银行	招商银行
2007	16.15		17.17	13.85	19.5	12.62	17.12	24.76
2008	19.39	17.72	20.86	14.23	20.68	15.23	18.23	28.58
2009	20.14	20.53	19.26	16.44	20.87	20.19	13.04	21.17
2010	22.79	22.49	20.08	18.86	22.61	18.29	18.25	22.73
2011	23.44	20.46	20.49	18.27	22.51	23.95	17.44	24.17
2012	23.02	20.74	18.43	18.1	21.98	25.24	18.5	24.78
2013	21.92	20.89	15.49	18.04	21.23	23.23	19.3	22.22
2014	19.96	19.57	14.87	17.28	19.74	20.41	19.31	19.28
2015	17.1	16.79	13.46	14.53		16.98	17.18	17.09

年份	上海浦东发展银行	兴业银行	北京银行	平安银行	南京银行	中国光大银行	宁波银行	中信银行
2007	20.1	25.34	18	19.81	15.95	20.41	18.15	14.3
2008	36.71	26.06	16	3.8	13.71	22.02	15.91	13.27
2009	19.45	24.54	17	26.59	13.23	19.43	15.79	12.91
2010	15.59	24.64	19	23.32	17.21	20.99	20.53	19.24
2011	18.33	24.67	18	20.32	15.87	20.44	18.81	21.07
2012	20.95	26.65	18.3	16.78	17.35	22.54	19.97	16.7
2013	21.53	22.39	18.04	16.57	17.56	21.48	20.41	18.48
2014	21.02	21.21	17.98	16.35	19	17.36	19.45	16.84
2015	—	—		14.94	17.59	15.5	17.68	14.55

资料来源：Wind 数据库、原中国银监会年报、相关上市银行年报。

附表 11　　12 家上市银行流动性比例（2008—2015 年）

单位：%

年份	中国工商银行	中国农业银行	交通银行	中国银行	中国建设银行	华夏银行
2008	33.30	44.79	39.62	48.80	52.74	52.90
2009	30.70	40.99	27.83	45.30	49.63	28.68
2010	31.80	38.36	32.23	43.20	51.96	38.10
2011	27.60	40.18	35.37	47.00	53.70	39.39
2012	32.50	44.75	37.93	49.80	56.73	33.95
2013	30.20	43.57	47.62	48.00	46.57	30.63
2014	33.20	44.02	47.17	49.90	48.88	46.76
2015	35.50	44.50	42.90	48.60	44.17	39.14

年份	兴业银行	北京银行	平安银行	南京银行	中国光大银行	宁波银行
2008	41.04	63.00	41.50	50.24	41.71	56.44
2009	32.07	46.99	38.59	40.24	35.15	46.17
2010	38.45	37.71	52.52	40.24	45.63	53.00
2011	30.71	33.64	54.84	39.21	37.67	52.19
2012	29.06	37.57	51.31	36.06	51.25	41.99
2013	34.80	32.75	50.00	45.39	33.12	42.68
2014	41.15	33.46	52.51	45.81	45.90	54.61
2015	55.58	34.76	52.14	55.44	54.90	42.44

资料来源：Wind 数据库、原中国银监会年报、相关银行年报。

参考文献

［美］阿兰·兰德尔：《资源经济学》，施以正译，商务印书馆1989年版。

［美］E.博登海默：《法理学——法律哲学与法律方法》，邓正来译，中国政法大学出版社1999年版。

［美］理查德·A.波斯纳：《法律的经济分析（上、下）》，蒋兆康译，中国大百科全书出版社2003年版。

［美］理查德·布隆克：《质疑自由市场经济》，江苏人民出版社2000年版。

巴曙松、邢毓静、朱元倩等：《金融危机中的巴塞尔资本协议：挑战与改进》，中国金融出版社2010年版。

巴曙松、朱元倩等：《巴塞尔资本协议Ⅲ研究》，中国金融出版社2011年版。

白玲、杜创：《反倾销法中的损害权问题》，《世界经济与政治论坛》2005年第6期。

白瑞明：《银行处置与恢复计划的目标及工具》，《中国金融》2012年第2期。

［英］边沁：《道德与立法原理推论》，时殷弘译，商务印书馆2000年版。

曹涌涛、王建萍：《论商业银行的社会责任》，《金融论坛》2008年第7期。

陈敏娟：《中国金融系统性风险及其宏观审慎监管研究》，中国社会科学出版社2015年版。

陈三毛、钱晓萍：《中国各省金融包容性指数及其测算》，《金融论坛》2014年第9期。

崔满红：《金融资源理论研究》，中国财政经济出版社 2002 年版。

道格拉斯·贝尔德：《法经济学的展望与未来》，《经济社会体制比较》2003 年第 4 期。

泽维尔·弗雷克萨斯、拉克莱文、何塞—路易斯佩德罗：《系统性风险、危机与宏观审慎监管》，王擎译，中国金融出版社 2017 年版。

范小云、王道平、刘澜飚：《规模、关联性与中国系统重要性银行的衡量》，《金融研究》2011 年第 11 期。

方平：《论有问题银行的负外部性》，《经济评论》2000 年第 6 期。

冯果、李安安：《民生金融的语境、范畴与制度》，《政治与法律》2012 年第 8 期。

伏军：《论银行"太大不能倒"原则兼评美国〈2010 华尔街改革与消费者保护法案〉》，《中外法学》2011 年第 11 期。

[美] 雷蒙德·戈德史密斯：《金融结构与金融发展》，周朔等译，上海人民出版社 1994 年版。

龚锋：《问题银行的负外部性与中国的问题银行处置》，《特区经济》2005 年第 5 期。

郭金良：《系统重要性金融机构危机市场化处置法律制度研究》，法律出版社 2016 年版。

[英] F. A. 冯·哈耶克：《法律、立法与自由》（第 1 卷），邓正来等译，中国大百科全书出版社 2000 年版。

[英] F. A. 冯·哈耶克：《自由秩序原理》，生活·读书·新知三联书店 1997 年版。

何德旭等：《中国金融安全评论》，金城出版社 2014 年版。

何德旭、蒋照辉：《中国银行业逆周期监管架构优化的目标与路径分析》，《金融评论》2017 年第 8 期。

何德旭、娄峰：《中国金融稳定指数的构建及测试分析》，《中国社会科学院研究生院学报》2011 年第 4 期。

何德旭、吕铀、潘博等：《新常态下的金融创新与金融发展》，中国社会科学出版社 2016 年版。

何德旭、苗文龙：《金融排斥、金融包容与中国普惠金融制度的构建》，《财贸经济》2015 年第 3 期。

何德旭、王朝阳等：《中国金融业高增长逻辑与风险》，中国社会科学出版社 2017 年版。

何德旭、王卉彤：《金融创新效应的理论评述》，《财政问题研究》2008 年第 12 期。

何德旭、吴伯磊、谢晨：《系统性风险与宏观审慎监管：理论框架及相关建议》，《中国社会科学院研究生院学报》2010 年第 6 期。

何德旭、钟震：《论系统重要性金融机构与宏观审慎监管：国际比较与政策选择》，《金融评论》2013 年第 5 期。

何德旭、钟震：《论系统重要性金融机构与宏观审慎监管》，《上海金融》2013 年第 11 期。

何德旭：《注重防范区域金融风险》，《中国金融》2015 年第 3 期。

贺丹：《欧盟金融机构复原与处置法律框架评述》，《证券市场导报》2011 年第 8 期。

胡代光、周安军：《当代国外学者论市场经济》，商务印书馆 1996 年版。

胡元聪、唐灿：《商业银行信息披露中的负外部性及其经济法解决探析》，《北京工业大学学报》（社会科学版）2014 年第 2 期。

胡元聪：《外部性问题解决的经济法进路研究》，法律出版社 2010 年版。

胡元聪、杨秀清：《农村金融正外部性的经济法激励》，《农业经济问题》2010 年第 10 期。

黄河、李军波：《国家促进农业生产经营法律制度若干理论问题研究》，《经济法论坛》2007 年第 1 期。

黄建新：《外部性、信息不对称性与国有商业银行的社会责任》，《财会月刊（综合）》2007 年第 12 期。

黄少安：《产权经济学导论》，人民出版社 2004 年版。

黄文艺、张维迎：《信息、信任与法律》，生活·读书·新知三联书店 2006 年版。

贾彦东：《金融机构的系统重要性分析——金融网络中的系统风险衡量与成本分担》，《金融研究》2011 年第 10 期。

金俐：《关于中央银行金融监管权边界的理论思考》，《金融发展研究》2010 年第 3 期。

［德］彼得·科斯洛夫斯基：《伦理经济学原理》，中国社会科学出版

社 1997 年版。

科斯：《社会成本问题》，上海人民出版社 1994 年版。

雷兴虎、刘水林：《矫正贫富分化的社会法理念及其表现》，《法学研究》2007 年第 2 期。

黎四奇：《后危机时代对宏观审慎监管理念法律化的冷思考》，《法学评论》2014 年第 1 期。

黎四奇：《后危机时代"太大而不能倒"金融机构监管法律问题研究》，《中国法学》2012 年第 5 期。

李波等：《双支柱调控框架》，中国金融四十人论坛网站，2017 年 10 月 23 日。

李昌麒：《经济法论坛》，群众出版社 2007 年版。

李昌麒、应飞虎：《论经济法的独立性——基于对市场失灵最佳克服的视角》，《山西大学学报》（哲学社会科学版）2001 年第 3 期。

李臣：《金融危机后美国金融机构薪酬监管改革及其对中国的启示》，《金融法苑》2012 年第 1 期。

李仁真：《论金融机构自救中债转股的制度设计》，《河南社会科学》2012 年第 7 期。

李文红：《宏观审慎监管的思考与探索相关文献及会议发言观点》，2018 年。

李文泓、吴祖鸿：《系统重要性金融机构监管：目标和政策框架》，《中国金融》2011 年第 3 期。

林建华：《论国有商业银行制度创新》，《金融研究》1999 年第 12 期。

凌祁漫、谢晓尧：《也论知识产权的冲突与协调——一个外部性的视角》，《思想战线》2007 年第 2 期。

刘辉：《市场失灵理论及其发展》，《当代经济研究》1999 年第 8 期。

刘俊海：《公司的社会责任》，法律出版社 1999 年版。

刘连煜：《公司治理与公司社会责任》，中国政法大学出版社 2001 年版。

刘庆飞：《系统性风险监管的立法完善》，《法学》2013 年第 10 期。

刘万明、李雪莲：《全球银行业产权结构去国有化变革与外部性、软预算约束：基于新制度经济学产权理论的一个阐释性框架》，《国际金融研究》2007 年第 9 期。

刘扬：《宏观审慎监管框架下中国金融监管的政策选择：基于〈巴塞尔协议Ⅲ〉的视角》，《南方金融》2011 年第 7 期。

刘迎秋：《国际金融危机与新自由主义的理论反思》，《经济研究》2009 年第 11 期。

［美］托马斯·梅耶：《货币、银行与经济》，洪文金等译，上海三联书店 2000 年版。

［英］约翰·斯图亚特·密尔：《自由论》，程崇华译，商务印书馆 1959 年版。

马君潞、范小云、曹元涛：《中国银行间市场双边传染的风险估测及其系统性特征分析》，《经济研究》2007 年第 1 期。

毛奉君：《系统重要性金融机构监管问题研究》，《国际金融研究》2011 年第 9 期。

毛小红：《从金融外部性剖析存款保险制度》，《商业时代》2010 年第 29 期。

［美］米什金：《货币金融学》，郑艳文译，中国人民大学出版社 2010 年版。

潘林伟、吴娅玲：《系统重要性金融机构监管的国际经验及对我国的启示》，《南方金融》2011 年第 5 期。

［美］庞德：《通过法律的社会控制——法律的任务》，沈宗灵译，商务印书馆 1984 年版。

乔海曙：《银行危机的蝴蝶效应、负外部性及其防治》，《金融论坛》2006 年第 11 期。

阙方平：《有问题银行：负外部性初步研究》，《金融研究》2000 年第 7 期。

任碧云、刘进军：《基于经济新常态视角下促进农村金融发展路径探讨》，《经济问题》2015 年第 5 期。

［美］保罗·萨缪尔森、威廉·诺德豪斯：《经济学》，萧琛等译，华夏出版社 1999 年版。

沈沛龙：《商业银行内部评级体系实施理论研究》，科学出版社 2009 年版。

沈沛龙、王晓婷：《宏观审慎政策与银行风险承担研究》，《财经理论与实践》2015 年第 5 期。

盛学军：《后危机时代下对金融监管法价值的省思》，《重庆大学学报》2011年第1期。

盛学军：《监管失灵与市场监管权的重构》，《现代法学》2006年第1期。

宋翠玲：《信贷非均衡行为的负外部性及成因分析》，《西安财经学院学报》2004年第6期。

宋翠玲：《银行挤兑模型、外部性与对策取向》，《华东经济管理》2007年第12期。

宋海、任兆璋：《金融监管理论与制度》，华南理工大学出版社2006年版。

苏洁澈：《论银行监管机构的侵权责任——以银行破产和英美法为例》，《法学家》2011年第1期。

苏昱冰：《基于金融监管角度的影子银行全面测算和影响研究》，《经济问题》2015年第12期。

粟勤、肖晶：《中国银行业市场结构对金融包容的影响研究——基于区域经济发展差异化的视角》，《财经研究》2015年第6期。

隋平：《金融机构"大而不倒"问题及其法律规制》，《江西社会科学》2014年第1期。

涂永前：《美国2009年〈个人消费者金融保护署法案〉及其对中国金融监管法制的启示》，《法律科学》2010年第3期。

［美］戴维·L.韦默、［加］艾丹·R.维宁：《政策分析——理论与实践》，戴星翼等译，上海译文出版社2003年版。

王都富、刘好沟：《从金融外部性视角分析不良资产与金融脆弱性》，《金融论坛》2006年第5期。

王飞、郑弘：《系统重要性银行的国际监管经验及启示》，《国际金融》2012年第10期。

王婧、胡国辉：《中国普惠金融的发展评价及影响因素分析》，《金融论坛》2013年第2期。

王启富、马志刚：《权利的成本——效益分析》，《政法论坛》1999年第4期。

王清：《系统重要性金融机构国际监管改革进展及对中国的启示》，《金融发展评论》2011年第8期。

王胜邦：《如何识别系统重要性金融机构》，《财经国家周刊》2010年第12期。

王廷惠：《外部性与和谐社会的制度基础——兼论政府角色定位》，《广东经济管理学院学报》2006年第1期。

王兆星：《大而不倒与系统重要性机构监管》，《中国金融》2013年第15期。

魏建、黄少安：《经济外部性与法律》，《中国经济问题》1988年第4期。

吴竞择：《金融外部性的性质》，《华南金融研究》2001年第3期。

吴竞择：《金融外部性与金融制度创新》，经济管理出版社2003年版。

解正山：《系统重要性金融机构监管法律问题研究》，中国政法大学出版社2017年版。

向昀、任健：《西方经济学界外部性理论研究介评》，《经济评论》2002年第3期。

肖扬：《我国系统重要性金融机构道德风险的法律监管研究》，博士学位论文，安徽大学，2013年。

星焱：《宏观波动、市场冲击与银行业系统性风险：基于中国92家银行的面板数据分析》，《金融评论》2014年第6期。

熊彼特：《经济发展理论》，北京出版社2008年版。

徐联初：《金融外部性问题与中央银行监管的理论基础》，《武汉金融》2000年第1期。

徐孟洲等：《金融监管法研究》，中国法制出版社2008年版。

徐孟洲、杨晖：《金融功能异化的金融法矫治》，《法学家》2010年第5期。

徐忠：《中国稳健货币政策的实践经验与货币政策理论的国际前沿》，《金融研究》2017年第1期。

薛昊旸：《金融创新与监管及其宏观效应研究》，经济管理出版社2014年版。

薛昊旸：《系统重要性金融机构的外部性及宏观效应研究》，《经济问题》2013年第7期。

薛克鹏：《国家干预的法律分析》，《法学家》2005年第2期。

阳建勋：《大而不倒、利益冲突与权义平衡——系统重要性金融机构监管制度的法理构造》,《现代法学》2014 年第 3 期。

杨松:《银行法律制度改革与完善研究》,北京大学出版社 2011 年版。

杨小凯、张永生:《新兴古典经济学和超边际分析》,中国人民大学出版社 2000 年版。

应飞虎:《为什么"需要"干预》,《法律科学》2005 年第 2 期。

于海:《西方社会思想史》,复旦大学出版社 1993 年版。

袁达松、卢伊丽:《系统重要性金融机构监管法律问题研究》,《政治与法律》2013 年第 2 期。

张军:《经济随笔集》,复旦大学出版社 1998 年版。

张俊浩:《民法学原理》,中国政法大学出版社 2000 年版。

张路:《从金融危机审视华尔街改革与消费者保护法》,法律出版社 2011 年版。

张维迎:《信息、信任与法律》,生活·读书·新知三联书店 2006 年版。

张文显:《二十世纪西方法哲学思潮研究》,法律出版社 2006 年版。

张文显:《法哲学范畴研究》,中国政法大学出版社 2001 年版。

张五常:《经济解释》,商务印书馆 2000 年版。

张晓慧:《宏观审慎政策在中国的探索》,《中国金融》2017 年第 11 期。

张晓朴:《系统性金融风险研究:演进、成因与监管》,《国际金融研究》2010 年第 7 期。

张晓燕、何德旭:《系统重要性银行监管框架设计:基于金融包容视角》,《甘肃社会科学》2017 年第 1 期。

张晓燕、何德旭:《系统重要性银行外部性:基于法学视角的分析》,《金融评论》2017 年第 1 期。

张晓燕、王晓婷、沈沛龙:《金融包容理念下的中国银行业监管研究》,《经济问题》2016 年第 4 期。

张照侠、龚敏:《收入不平等、经济增长与财政支出偏向》,《经济问题》2015 年第 7 期。

赵洁、薛成容:《加强商业银行社会责任的思考》,《上海金融》2006 年第 12 期。

中国人民银行:《中国金融稳定工作报告(2007)》,中国人民银行网站，2017年7月25日。

钟震：《系统重要性金融机构的识别与监管研究》，经济管理出版社2014年版。

周路：《银行风险外部性问题探讨》，《新金融》2004年第11期。

周强：《中国银行业系统性风险与监管研究》，博士学位论文，浙江大学，2013年。

周小川：《金融政策对金融危机的响应——宏观审慎政策框架的形成背景、内存逻辑和主要内容》，《金融研究》2011年第1期。

周仲飞：《提高金融包容：一个银行法的视角》，《法律科学》2013年第1期。

朱波：《中国金融体系系统性风险研究》，西南财经大学出版社2014年版。

朱文忠：《商业银行企业社会责任的基本内涵与做法》，《金融研究》2007年第4期。

主父海英、白钦先：《国际金融危机中的金融负外部性考察》，《上海金融》2010年第1期。

主父海英：《金融负外部性研究》，博士学位论文，辽宁大学，2010年。

庄少绒：《后金融危机时代的金融法治思考》，《法治论坛》2013年第29期。

邹先德：《论经济外部性的法律特征》，《西安石油学院学报》（社会科学版）1999年第1期。

Acharya V., Pedersen L., Philippon T., Richardson M., Measuring Systemic Risk. *NYU Working Paper*, 2010.

Adrian T., Brunnermeier M. K., CoVaR, Working Paper 17454, National Bureau of Economic Research, 2011.

Allen F., Gale D., Financial Contagion, *The Jouranal of Political Economy*, 2000, 8 (1).

Allyn Young, Increasing Returns and Economic Progress, *The Economic Journal*, 1928.

Arnoud W. A. Boot, Anjan V., *Thakor*: Can Relationship Banking Survive Competition? Blackwell Publishers, Inc., 2000.

Austin, J. , *The Province of Jurisprudence Determined*, London: Weidenfeld & Nicolson, 1954.

Basel Committee on Banking Supervision, *A Framework for Dealing With Domestic Systemically Important Banks*. Bank for International Settlements, Basel, 2012.

Basel Committee on Banking Supervision, *An Assessment of the Long – Term Economic Impact of Stronger Capital and Liquidity Requirements*. Bank for International Settlements, August, 2010c.

Basel Committee on Banking Supervision, *Basel Ⅲ: International Framework for Liquidity Risk Measurement, Standards and Monitoring*. Bank for International Settlements, Switzerland, 2010b.

Basel Committee on Banking Supervision, *Basel Ⅲ: A Global Regulatory Framework for More Resilient Banks and Banking Systems*, Bank for International Settlements, December, 2010a.

Basel Committee on Banking Supervision, *Countercyclical Capital Buffer Proposal*. Bank for International Settlements, 2010d.

Basel Committee on Banking Supervision, *Global Systemically Important Banks: Assessment Methodology and the Additional Loss Absorbency Requirement*. Basel Committee on Banking Supervision, 2011.

Basel Committee on Banking Supervision, *Global Systemically Important Banks: Updated Assessment Methodology and the Higher Loss Absorbency Requierment*. Bank for International Settlements, Basel, 2013.

Basel Committee on Banking Supervision, *Group of Governors and Heads of Supervision Announces Higher Global Minimum Capital Standards*. Bank of International Settlements, 12 Sep. , 2010.

Basel Committee on Banking Supervision, *Guidance for National Authorities Operating the Countercyclical Capital Buffer*. Bank for International Settlements, 2010e.

Basel Committee on Banking Supervision, *Guiding Principles for the Replacement of IAS 39*. Bank for International Settlements , August 2009.

Basel Committee on Banking Supervision, *Recent Innovation in International Banking* . Bank for International Settlements, 1986.

Basel Committee on Banking Supervision, *The New Basel Captital Accord* (*Base* Ⅲ). Bank for International Settlements, June 2004.

Beck, T., Demirguc – kunt, A., Levine, R.: Bank Concentration, Competition, and Crises: First results. *Journal of Banking and Finance*. 2006.

Bernanke, B. S., *Dodd – Frank Implementation: Monitoring Systemic Risk and Promoting Financial Stability*, Statement before the Committee on Banking, Housing, and Urban Affairs. U. S. Senate: IMF, 2011.

Bierbrauer, F., *On the Incidence of a Financial Transactions Tax in a Model with Fire Sale*. CESifo Working Paper No. 3870, 2012.

Billio, M., Getmansky M., Lo A. W., et al., Econometric Measures of Connectedness and Systemic Risk in the Finance and Insurance Sectors, *Journal of Financial Economics*, 2012, 104 (3).

BIS. Annual Report 2009. Bank for International Settlements, 2009.

BIS. *Assessment of the Macroeconomic Impact of Higher Loss Absorbency for Global Systemically Important Banks*. Bank for International Settlements, 2011.

BIS. *Global Systemically Important Banks: Assessment Methodology and thd Additional Loss Absorbency Requirement*. Bank for International Settlements, 2011.

Bowen, H. R., *Social Responsibility of the Business*. New York: Harper, 1952.

Carroll, A. B., Corporate Social Responsibility: Evolution of a Definitional Construct. *Business & Social* (USA), No. 3, 1999.

Carroll, A. B., *Stakeholder Thinking in Three Models of Management Morality*. University of Toronto Press, 1998.

Chan – Law, J. A., Regulatory Capital Charges for Too – Connected – to – Fail Institutions; A Practical Proposal. *IMF Working Paper*, WP/10/98, 2010.

Cont, R., Moussa, A., Santos, E., Network Structure and Systemic Risk in Banking Systems, 2010, December 1.

Cooter, R. and Ulen, T., *Law and Economics*. Pearson Education, Inc., Publishing, 2003.

Cull R., Demirgü – kunt A., Lyman T., Financial Inclusion and Stability What does Research Show? *World Bank Other Operational Studies*, 2012.

David, An Approach to Corporate Social Responsibility, *Stanford Law Re-*

view, 1979, (1).

Dean Baker & Travis Mc Arthur. Center For Econ & Policy Research, The Value of the Too Big to Fail Big Bank Subsidy. http://www.cepr.net/index.php/publications/reports/too-big-to-fail-subsidy, 2009.

Devereux M., Yetman J., Leverage Constraints and the International Transmission of Shocks. *Journal of Money*, Credit and Banking, 2010, 42 (6).

Dijkman, M., A., Framework for Assessing Systemic Risk. *The World Bank Policy Research Working Paper*, No. 5282, 2010.

Drik Matten, Jeremy Moon, Implicit and Explicit CSR: Conceptual Framework for a Comparative Understanding of Corporate Social. *Academy of Management Review*, 2008, 33 (2).

Elsinger H., Lehar A., Summer M. Risk Assessment for Banking Systems. *Management Science*, 2006, 52 (9).

Emiel Maasland, Sander Onderstal: Auctions with Financial Externalities. Springer, 2007.

Eric Posner, E. Glen Weyl, Benefit-Cost Paradigms in Financial Regulation. *The University of Chicago Coase-Sandor Institute for Law and Economics Working Paper*, October 2013.

Ewards, R., *Contested The Transformation of the Workplace in the Twentieth Century*. New York: Basic Books, 1979.

E. Merrick Dodd Jr., For Whom Are Corporate Managers Trustees. *Harvard Law Review*, 1932, 45 (7).

Financial Services Authority, *Systemically Important Financial Institution: An International Perspective*. http://www.fsa.gov.uk/pubs/speeches/slides070610.pdf, 2009.

Financial Services Authority, FSA Estimate of Incremental Compliance Costs for Retail Distribution, *Review Proposals*, March, 2010.

Financial Stability Board, Assessment Methodologies for Identifying Non-Bank Non-Insurer Global Systemically Important Financial Institutions. 2014.

Financial Stability Board, Consultative Document: Strengthening Oversight and Regulation of Shadow Banking, 2012.

Financial Stability Board, Key Attributes of Effective Resolution Regimes for

Financial Institutions, 2011.

Financial Stability Board, Progress and Next Steps towards Ending "Too Big Too Fail", 2013c.

Financial Stability Board, *Shadow Banking*：*Scoping the Issues.* 2011.

Financial Stability Board, *Shadow Banking Banking* Monitoring Report, 2013b.

Financial Stability Board, *Strengthening Oversight and Regulation of Shadow Banking*, 2013a.

Francesc Prior, Antonio Argandona, Best Practices in Credit Accessibility and Corporate Social Responsibility in Financial In‐stitutions. *Journal of Business Ethics*, 2009, Vol. 87.

Franklin Allen, Douglas Gale. Financial Contagion. *Journal of Political Economy*, 2001.

Fredric S., Mishkin, Philip E. Strahan, What Will Technology Do to Financial Structure? *NBER Working Papers*, Jan., 1999.

Freeman, R. E., *Strategic Management*：*a Stakeholder Approach.* Boston：Pitman, 1984.

Fricke and Lux T., The Effects of Financial Transaction Tax in an Artificial Financial Market. *Kiel Working Paper*, No. 1848, August, 2013.

FSB – IMF – BIS. Guidance to Assess the Systemic Importance of Financial Institutions, Markets and Instruments：Initial Current Issues Considerations. *Report to the G20 Finance Ministers and Governors*, October, 2009.

FSB – IMF – BIS. *Macroprudential Policy Tools and Frameworks*, 2011.

George J. Stigler., The Theory of Economic Regulation, *Bell Journal of Economics. The RAND Corporation*, 1971, Vol. 2（1）.

Giovanna Prialé Reyes, Financial Inclusion and Consumer Protection in Peru：the branchless banking business, CGAP Report, 2012.

Global Systemically Important Banks：Assessment Methodology and the Additional Loss Absorbency Requirement Consultative Document, 2010.

Haldane Andrew, Banking on the State, Paper Presented at the Twelfth Annual Federal Reserve Bank of Chicago International Banking Conference, 2009.

Huang X., Zhou H., Zhu H., A Framework for Assessing the Systemic

Risk of Major Financial Institutions. *Journal of Banking & Finance*, 2009, 8 (3).

Huang, X., Zhou H., Zhu H., Assessing the Systemic Risk of a Heterogeneous Portfolio of Banks During the Recent Financial Crisis. *Journal of Financial Stability*, 2012, 9, 8 (3).

IMF, Deepening and International Monetary Stability, October, 2011.

Internantional Association of Insurance Supervisors (2013a), Global Systemically Important Insurers: Initial Assessment Methodology.

Internantional Association of Insurance Supervisors (2013b), Global Systemically Important Insurers: Policy Measures.

Isaac ALfon and Peter Andrew, Cost – Benefit Analysis in Financial Regulation: How to Do it and How It Adds Value, *FSA Occasional Paper Series*, No. 3, 1999.

Jacob Viner, Jakob Viner, *Cost Curves and Supply Curves*. Julius Springer, 1931.

John L., Campbell, Why Would Corporations Behave in Social Responsible Way? An Institutional Theory of Corporate Social Responsibility. *Academy of Management Review*, 2007, 32 (3).

Joseph Norton, Taking Stock of the "First Generation" of Financial Setor Legal Reform. *World Bank Law & Development Working Paper Series*, No. 4, April 2007.

Keeley Michael C., Furlong Frederick T.: A Reexamination of Mean – variance Analysis of Bank Capital Regulation, North – Holland, 1990.

Leeladhar S. V., Taking Banking Services to the Common Man – financial Inclusion. *Reserve Bank of India Bulletin*, 2006.

Lenn Hoggarh and Victoria Saporta, Costs of Banking System Instability: Some Emprirical Evidence. *Financial Stability Review*, 2011.

Leyshon A., and Thrift N., Geographies of Financial Exclusion: Financial Abandonment in Britain and the United States, *Transactions of the Institute of British Geographers*, New Series, 1995, (3).

Ludwig von Mises: The Preconditions of Eternal Peace. American Journal of Economics and Sociology, 1984. Mahendra Dev., Financial Inclusion: Issues and

Challenges. *Economic and Political Weekly*, 2006, (41).

Markose S., Giansante S., Gatkowski M., et al., Too Interconnected to Fail: Financial Contagion and Systemic Risk in Network Model of CDS and Other Credit Enhancement Obligations of Us Banks. *Analysis*, 2009, 50 (8).

Matheson, T., Taxing Financial Transactions: Issues and Evidence. IMF Working Paper, WP/11/54, 2011.

Mc Guire, J. W., *Business and Society*. New York: McGraw – Hill, 1953.

Michael S. Aβländer, Corporate Social Responsibility as Subsidiary Co – Responsibility A Macroeconomic Perspective. *Journal of Business Ethics*, 2011, 99 (1).

Nick Donovan, Guy Palmer, Meaningful Choices: The Policy Options for Financial Exclusion, *The New Policy Institute*, 1999.

Nicola Cetorelli, Philip E. Strahan: Finance as a Barrier to Entry: Bank Competition and Industry Structure in Local U. S. Markets. Blackwell Publishers, 2006.

Nikola Tarashev: Measuring Portfolio Credit Risk Correctly: Why Parameter Uncertainty Matters. Elsevier B. V., 2010.

OECD Principles of Corporate Governance, 2005.

Paul Krugman, *The Theory of Interstellar Trade*. Blackwell Publishing Ltd., 2010.

Paul Rose, and Christopher J., Walket. Dodd – Frank Regulations, Cost – Benefit Analysis, and Agency Capture. Stanford Law Review Online, 2013.

Perotti, E. and Suarez J., A Pigovian Approach to Liquidity Regulation, *International Journal of Central Banking*, 2011 (12).

Ross Levine, Financial Development and Economic Growth: Views and Agenda. *Journal of Economic Literature*, 1997, 35 (2).

Satya R., Chakravarty, Rupayan Pal Measuring Financial Inclusion: an axiomatic. Working Paper, India Grandhi Institute of Development, Mumbi, 2010.

Sinclair, S. P., Financial Exclusion, An Introductory Survey. Report of Centre for Research in Socially Inclusive Services. Heriot – Watt University, Edinburgh 2001.

Steiner, G. A., *Business and Society*. New York: Random House, 1971.

Stigler, G. J., *The Theory of Price*. New York: MacMillan, 1996.

Summer M., Banking Regulation and Systemic Risk. *Open Economies Review*, 2003, 14 (1).

Tarashev N., Borio C., Tsatsaronis K. Allocating Systemic Risk to Individual Institutions: Methodology and Policy Applications. *BIS Working Papers*, 2009.

US Treasury Department, *Financial Regulatory Reform: A New Foundation*. US Treasury, Washington DC., June, 2009.

Wong, E. M., Tetlock P. E., The Effects of Top Management Team Integrative Complexity and Decentralized Decision Making on Corporate Social Performance. *Academy of Management Journal*, 2011, 54 (6).

Xin Huang, Hao Zhou, Haibin Zhu: Assessing the Systemic Risk of a Heterogeneous Portfolio of Banks During the Recent Financial Crisis. *Journal of Financial Stability*, 2011.

索 引

B

《巴塞尔协议Ⅲ》 3—4，78，103，106—108，148，153—155，166，168，223

C

差异化监管 60，109，147，184，185，193—195，218，221
成本收益法 13，25，33，52，53，62，215
CARPALs 监管体系 104，105

D

《多德—弗兰克华尔街改革与消费者保护法案》 22
大而不倒 1，4，8，12，16，22，23，61
道德风险 1，5，8，13，15—17，22，27，28，50，61，80，85，89，91，95—98，106，113，114，142，152，155，161，164，169—171，175，185，186，196，203，206，208，215，218—222

G

《关于完善系统重要性金融机构监管的指导意见》 4，101，113，156
《关于中国银行业实施新监管标准的指导意见》 4，24，25，28，78，82，101，103，106，107，172，176，185，186，192，194
国际系统重要性金融机构监管实践 170

J

《金融控股公司监督管理试行办法（征求意见稿）》 101，115

S

《商业银行杠杆率管理办法》 4，103，108，145，148，156
《商业银行流动性风险管理办法》 4，78，101，103，111，112，156
《商业银行资本管理办法（试行）》 4，72，101，109，110，130，140，145，146，148

索 引

F

法经济学 5,13,28,38,53,59,186
风险防范机制 143
风险预警系统 142
负外部性的传导机制 5,23,64
负外部性治理 45,62

H

宏观审慎评估体系（MPA） 3,117,120
后危机金融监管发展趋势 163
回归分析法 24,25,28
货币政策与宏观审慎政策 20,21,24,70,121,124,139—141,148,210,211,219,221

J

金融安全 5,8,17,18,69,164,174,175,184,185
金融包容 2,4,5,14,18,19,23,24,27,28,64,70,98,170—176,183—188,193,194,196,200,212—215,218,220—223
金融排斥 18,19,172,173,187,188
金融外部性 6,7,14,32,33
金融消费者权益 24,69,160,197,199,200,202
金融效率 17,18,22,174,175

Y

逆周期 3,22,105—107,109,110,118,120,124,125,139—141,154,209,211,223

Q

权益冲突 5,15,24,27,40—42,44,58—60,63,174,187—191,198,218,221
权益冲突的处置机制 5,27,189,221

S

社会责任 5,14,17,19,20,24,43,60,187,212—215,218,221,222
双支柱调控框架 3,20,121,124,140,141,148,209—211,219,221
事前解决机制 59,60
事后解决机制 60,63

W

外部性的法学内涵 23,40
外部性法学的历史进阶 36
危机处置机制 24,60,143,160,166,187
完善权利救济制度 29,60,63,187,215,222

X

系统重要性金融机构 1,3,4,6,8,

12—15, 17, 22, 24, 25, 43, 49, 61, 81, 101, 106, 113—115, 118, 144, 150—153, 155—163, 165, 166, 170, 171, 210

系统重要性银行 1—8, 11, 13—17, 20, 22—25, 27, 28, 30, 33—36, 42—45, 47—50, 52—64, 78—99, 102—110, 113, 121, 124—128, 130—134, 136—157, 160, 161, 166, 171, 172, 176, 177, 179—196, 198, 202—206, 208, 209, 212—224

系统重要性银行监管指标 27

系统重要性银行外部性 5, 6, 17, 23, 27, 30, 33, 42, 43, 44, 50, 54, 55, 56, 57, 215

Y

一委一行两会 69, 70, 100, 148, 200, 209

Z

征税理论模型 23, 27, 45, 62

正负效应 7, 43

中国系统重要性银行 4, 5, 23—25, 27, 28, 63, 64, 82, 84, 91, 92, 94—99, 102, 103, 106, 125—128, 130, 132, 133, 136, 139, 142, 143, 146, 148—150, 171, 172, 187, 191, 204, 205, 220, 223

中国系统重要性银行负外部性的表现 91

中国系统重要性银行负外部性监管框架 24, 27, 106, 220, 223

后　记

本书是笔者在中国社会科学院财经战略研究院从事博士后研究期间，在博士学位论文的基础上修改完成的。在此，向博士后指导老师何德旭教授以及博士指导老师沈沛龙教授表示最衷心的感谢！

同时，本书的部分成果接受山西省科技厅软科学项目（2018041061-2）、国家社会科学基金项目（18BJY231）以及教育部人文社会科学研究青年基金项目（18YJC790020）的资助，在此表示感谢！

张晓燕

2019 年 11 月 10 日

第八批《中国社会科学博士后文库》专家推荐表1

《中国社会科学博士后文库》由中国社会科学院与全国博士后管理委员会共同设立，旨在集中推出选题立意高、成果质量高、真正反映当前我国哲学社会科学领域博士后研究最高学术水准的创新成果，充分发挥哲学社会科学优秀博士后科研成果和优秀博士后人才的引领示范作用，让《文库》著作真正成为时代的符号、学术的标杆、人才的导向。

推荐专家姓名	钟春平	电 话	
专业技术职务	研究员	研究专长	金融学
工作单位	中国社会科学院财经战略研究院	行政职务	
推荐成果名称	中国系统重要性银行负外部性监管研究		
成果作者姓名	张晓燕		

（对书稿的学术创新、理论价值、现实意义、政治理论倾向及是否具有出版价值等方面做出全面评价，并指出其不足之处）

书稿为国家社会科学基金重点项目"'十三五'时期我国的金融安全战略研究"（15AJY017）的阶段成果，也是国家社会科学基金项目"健全系统性金融风险预警、防控与应急处置机制研究"的阶段成果，是山西省科技厅软科学项目"构建中国系统重要性银行负外部性监管框架建议——以山西省为例"（2018041061-2）的最终成果。

学术创新方面表现在：<u>第一，采用法学与经济学相结合的研究视角</u>。基于经济学系统重要性银行外部性内涵引出法学外部性内涵；从经济学角度出发给出系统重要性银行负外部性的政府解（构建征税理论模型）和市场解；从法学视角提出构建纠正系统重要性银行与利益相关主体权益冲突的处置机制解决负外部性的问题；运用比较分析法，对国际国内有关系统重要性银行立法实践进行分析，并运用经济学中的数据处理法对当前中国系统重要性银行监管指标进行了定量分析。<u>第二，在研究理念上，创造性地提出运用金融包容理念进行金融监管</u>。提出金融包容所崇尚公平的监管目标有助于金融机构不唯利益至上，不对利润无限疯狂的追求，是对加强系统重要性银行监管的补充。并且通过系统重要性银行践行金融包容理念的社会责任来解决负外部性作为社会性的问题，弥补法学与经济学监管中的不足，防范监管机构预期救助下的道德风险，减弱监管制度不合理带来的社会成本的增加，并进而有助于对全体消费者利益的保护，有利于破解银行业金融服务缺位矛盾的激化，在金融深化改革的背景下构筑隔离风险的防火墙。<u>第三，在研究内容上，采用法学的思路，赋予金融学的内涵</u>。创造性地提出构建中国系统重要性银行负外部性监管框架的政策建议，为中国系统重要性银行负外部性的监管实践提供了现实依据。<u>第四，在研究方法上，采用法经济学的方法</u>。运用计量经济学中的回归分析法验证《关于中国银行业实施新监管标准的指导意见》发布后对中国银行业安全、效率与公平的影响，为本书研究过程和结论科学性与可靠性提供了有力的支撑。

书稿基于经济学中的外部性理论，结合法学原理的演绎，阐释外部性正确的法学内涵，形成以经济学的系统重要性银行外部性研究为起点，而以法学系统重要性银行负外部性监管为终点的研究路径，达到既有利于金融监管理论的夯实，又有利于防范系统重要性银行引发的系统性风险的研究目标。最终形成构建纠正系统重要性银行与相关利益主体权益冲突的处置机制，以及基于金融包容理念加强对系统重要性银行的监管框架，对指导当前金融监管治乱循环模式具有较强的理论指导意义。

就其现实意义来看，第一，书稿系统阐述了当前中国系统重要性银行负外部性的传导机制，对我国政府有效隔断经由系统重要性银行负外部性引致的系统性风险具有一定的参考价值，对我国监管当局防范系统性风险具有一定的借鉴意义。第二，书稿提出构建中国系统重要性银行负外部性监管框架的政策建议，为中国系统重要性银行负外部性的监管实践提供了现实依据。第三，书稿通过系统重要性银行负外部性的研究，督促系统重要性银行应加强自身风险管理，避免在未来金融危机中首当其冲遭受损失，对于系统重要性银行自身而言具有现实意义。

书稿政治理论倾向正确，具有出版价值。

该书稿在防范系统性风险、防范由"大而不倒"引致的负外部性的监管实践中还需要进一步验证、拓展、提升。

签字：钟春平
2024年1月30日

说明：该推荐表须由具有正高级专业技术职务的同行专家填写，并由推荐人亲自签字，一旦推荐，须承担个人信誉责任。如推荐书稿入选《文库》，推荐专家姓名及推荐意见将印入著作。

第八批《中国社会科学博士后文库》专家推荐表 2

《中国社会科学博士后文库》由中国社会科学院与全国博士后管理委员会共同设立，旨在集中推出选题立意高、成果质量高、真正反映当前我国哲学社会科学领域博士后研究最高学术水准的创新成果，充分发挥哲学社会科学优秀博士后科研成果和优秀博士后人才的引领示范作用，让《文库》著作真正成为时代的符号、学术的标杆、人才的导向。

推荐专家姓名	王力	电话	
专业技术职务	研究员	研究专长	金融学
工作单位	中国社会科学院金融所	行政职务	
推荐成果名称	中国系统重要性银行负外部性监管研究		
成果作者姓名	张晓燕		

（对书稿的学术创新、理论价值、现实意义、政治理论倾向及是否具有出版价值等方面做出全面评价，并指出其不足之处）

目前对我国系统重要性银行负外部性的监管研究尚处在起步阶段，对监管者以及理论研究者来说，还处于接受和吸收的阶段。书稿立意新颖，采用经济学与法学相结合的研究范式，运用比较分析法、回归分析法、成本收益法等研究方法，做到了研究过程和结论的科学性与可靠性。

相比以往的研究，书稿在如下几个方面有所突破：（1）研究视角：法学与经济学相结合。书稿对系统重要性银行负外部性监管问题从经济学与法学的两个层面去分析，并基于经济学系统重要性银行外部性内涵引出法学外部性内涵；同时在如何解决系统重要性银行负外部性问题上，一方面从经济学角度出发给出政府解（构建征税理论模型）和市场解；另一方面从法学角度提出构建纠正系统重要性银行与利益相关主体权益冲突的处置机制。（2）研究理念：创造性地提出运用金融包容理念进行金融监管。金融包容理念是一个新的视角，约束"道德风险"的新理念，是一种具有约束力的监管新导向，是国际金融监管改革的新趋势。金融包容所崇尚公平的监管目标有助于金融机构不唯利益至上，不对利润无限疯狂地追求，是对加强系统重要性银行监管的补充。书稿创设性地提出通过系统重要性银行践行金融包容理念的社会责任来解决负外部性作为社会性的问题，弥补法学与经济学监管中的不足。（3）研究内容：创新性地提出构建中国系统重要性银行负外部性监管框架的相关政策建议。书稿首次对系统重要性银行的负外部性基础理论进行阐述、分析，采用法学的思路，并在对其监管进行系统性的梳理和总结基础上，结合现有的国际监管实践经验和审慎监管的基本理论，赋予金融学的内涵，创新性地提出构建中国系统重要性银行负外部性监管框架的政策建议，注重理论与实践相结合，确保研究上的针对性、政策上的时效性和工具选择上的可操作性，为中国系统重要性银行负外部性的监管实践提供了理论支持。**（4）研究方法：法经济学方法的适用。**通过选取指标进行实证分析进而得出监管规则有效与否是法经济学中常采用的方法，也是对本书研究过程和结论科学性与可靠性有力的支撑。

  书稿的研究对于正处于经济逐步企稳回升关键时刻的我国维护金融安全、构建良好金融生态具有理论价值及现实意义。就其理论价值而言，（1）从经济学与法学的两个层面对系统重要性银行负外部性加以认识并寻求理论破解之法，提出构建纠正系统重要性银行与利益相关主体权益冲突的处置机制。（2）通过运用计量经济学中的回归分析法，验证原银监会2011年出台的《关于中国银行业实施新监管标准的指导意见》实施后对银行安全、效率和公平的影响，提出基于金融包容理念加强对系统重要性银行的监管框架。金融包容具有金融稳定、保护金融消费者权益的正向作用，对指导当前金融监管治乱循环模式具有重要的理论意义。**其现实意义表现在**，（1）通过系统地阐述分析当前中国系统重要性银行负外部性的传导机制，为我国政府有效隔断经由系统重要性银行负外部性引致的系统性风险提供现实思考。（2）对当前中国针对系统重要性银行负外部性监管的立法现状进行总结分析，选取16家上市银行相关数据，探究中国系统重要性银行在监管中存在的问题，并运用比较分析法回顾分析当前最新的国际金融监管改革实践成果，对我国监管当局防范系统性风险具有现实意义。（3）书稿提出构建中国系统重要性银行负外部性监管框架的政策建议，为中国系统重要性银行负外部性的监管实践提供了现实依据。

  书稿政治理论倾向正确，具有出版价值。

  防范系统性风险是一项复杂而长远的工程，该书稿提出了较好的建议，在实践运用过程中相应对策也有待进一步验证，仍需要后续不断的研究、深化。

签字：

2018年2月1日

说明：该推荐表须由具有正高级专业技术职务的同行专家填写，并由推荐人亲自签字，一旦推荐，须承担个人信誉责任。如推荐书稿入选《文库》，推荐专家姓名及推荐意见将印入著作。